高等职业教育旅游类专业系列教材

旅行社业务管理

LÜXINGSHE YEWU GUANLI

◎主　编　高春璐　雷巧莉

◎副主编　罗　能　王华志　陈淑萍

重庆大学出版社

图书在版编目（CIP）数据

旅行社业务管理/高春璐,雷巧莉主编.—重庆：
重庆大学出版社,2018.7(2024.1 重印)
高等职业教育旅游类专业系列教材
ISBN 978-7-5689-1026-2

Ⅰ.①旅…　Ⅱ.①高…　②雷…　Ⅲ.①旅行社—业务
管理—高等职业教育—教材　Ⅳ.①F590.63

中国版本图书馆 CIP 数据核字(2018)第 034650 号

高等职业教育旅游类专业系列教材
旅行社业务管理
主　编　高春璐　雷巧莉
副主编　罗　能　王华志　陈淑萍
策划编辑:顾丽萍
责任编辑:李桂英　　版式设计:顾丽萍
责任校对:关德强　　责任印制:张　策

*

重庆大学出版社出版发行
出版人:陈晓阳
社址:重庆市沙坪坝区大学城西路 21 号
邮编:401331
电话:(023) 88617190　88617185(中小学)
传真:(023) 88617186　88617166
网址:http://www.cqup.com.cn
邮箱:fxk@ cqup.com.cn（营销中心）
全国新华书店经销
重庆愚人科技有限公司印刷

*

开本:787mm×1092mm　1/16　印张:17.5　字数:393 千
2018 年 8 月第 1 版　　2024 年 1 月第 2 次印刷
印数:2 001—2 500
ISBN 978-7-5689-1026-2　定价:49.00 元

前　言

"旅游是不同国家、不同文化交流互鉴的重要渠道,是发展经济、增加就业的有效手段,也是提高人民生活水平的重要产业。"国家主席习近平在致联合国世界旅游组织第 22 届全体大会的贺词中这样评价旅游的作用。

国务院总理李克强出席 2016 年夏季达沃斯论坛开幕式并发表特别致辞。他明确提出旅游、文化、体育、健康、养老"五大幸福产业"的概念,旅游业被置于"五大幸福产业"之首。

由此可见,旅游产业在国民经济社会发展全局中日益重要,而旅行社作为旅游服务供应系统的中心,是连接旅游者和旅游服务供应部门的纽带。

本书的编写是为了满足高职高专旅游管理专业教学改革的需要,强化旅行社业务流程教学,与旅行社行业、企业之间紧密互动,使教学与行业发展有效接轨,从而提升旅游管理专业学生的能力,让学生掌握更多的实用技能。

教材的编写贯彻了"项目化教学、任务驱动教学"的设计理念。紧随行业发展的脉络,将旅行社的组建、旅行社产品设计、采购、销售、接待、售后业务等环节进行模拟,在教材的每个单元,首先提出具体的学生工作任务,通过案例引入分析,然后讲解完成任务所需要的相关知识,做到了结构严谨、环环相扣、内容丰富、科学实用。在教材的表现形式上,尽量采用以图代文、以表代文的表达方式,通过大量丰富的案例、图表等形式,增强了直观性和可读性。

教材的特色是强调实践性和可操作性,坚持做到理论与实践相结合、叙述与评价相结合、论证与个案相结合,具体体现在:增设有特点的栏目,如"学生工作任务书""任务引入""任务分析""拓展阅读""拓展学习""相关链接""业界语录""同步思考""同步讨论"环节,并在每个项目的结尾安排了"项目回顾"和"同步练习",以便学生更好地掌握知识。将旅行社财务管理、人力资源、危机管理融入各项目,使项目具有连贯性,更符合旅行社管理实际。全书将建议学时、能力目标、知识目标、师生活动、完成成果细分到每一个知识点,加大了案例和实际操作、模拟教学的比例,以方便学生理解理论知识,扩大学生的视野,做到知识性和趣味性相结合。

本书第一主编是重庆航天职业技术学院高春璐(负责项目 3、4 及附录),第二主编是重庆航天职业技术学院雷巧莉(负责项目 1、2),副主编是重庆航天职业技术学院罗能(负责项目

5)、王华志(负责任务 6.1)、陈淑萍(负责任务 6.2)。重庆黄金假期国际旅行社、重庆乐畅国际旅行社、重庆朗观文化传播有限公司等企业对本书的编写工作给予了大力的支持和帮助。在此,对参与本书编写的各位旅游行业专家和企业表示深深的感谢。

本书在编写过程中,参阅了诸多书籍和报刊,查询了许多相关网站,在此,对各位作者、专家、学者表示诚挚的感谢,并由衷欢迎各位作者与我们联系,共同探讨与本书教学内容相关的问题。

本书可作为高职院校旅游管理类专业教材,也可供高等院校相关专业师生和从事相关工作的人员进修或自学使用。由于编者能力、水平有限,不足之处在所难免,恳切希望广大读者提出宝贵的意见和建议,以便修订时加以完善。

编 者
2018 年 1 月

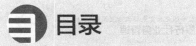

目　录

项目 **1**
组建旅行社

【项目导读】

　　旅行社是各类旅游产品的组织销售者,是游客与旅游企业之间的媒介。旅行社的组建是旅行社业务管理的前提,也是学生对旅行社业务认识的开始。本项目包含设立旅行社和招聘旅行社员工两个方面的学习任务。

【项目主要内容】

项目1　组建旅行社		
项目任务	学习内容	内容分解
任务1.1 设立旅行社	1.1.1　旅行社的概述	1)旅行社的定义
		2)旅行社的权利和义务
		3)旅行社的主要业务
		4)旅行社的监管部门
	1.1.2　旅行社的性质特点	1)营利性
		2)中介性
		3)服务性
	1.1.3　旅行社的设立条件	1)旅行社经营国内和入境旅游业务的设立条件
		2)旅行社经营出境旅游业务的设立条件
		3)外商投资旅行社的设立条件
		4)旅行社分社和服务网点的设立条件
	1.1.4　旅行社的申办准备	1)前期市场调研
		2)建立供需关系
		3)准备资金、场所和人员
		4)确定名称和LOGO
		5)准备申办材料
	1.1.5　旅行社的申办程序	1)申请营业许可
		2)缴纳质量保证金
		3)办理注册登记
		4)办理税务登记

续表

项目任务	学习内容		内容分解
任务 1.2 招聘 旅行社员工	1.2.1	旅行社的组织管理制度	1)目标责任制
			2)岗位责任制
	1.2.2	旅行社各岗位职责	1)经理岗位职责
			2)计调岗位职责
			3)销售岗位职责
			4)导游岗位职责
			5)财务岗位职责
	1.2.3	旅行社岗位应聘	1)旅行社的招聘要求
			2)旅行社应聘的注意事项
			3)应聘的仪容仪表
	1.2.4	旅行社岗位招聘流程	1)分析招聘岗位
			2)确定招聘方式
			3)发布招聘信息
			4)进行招聘面试
			5)录用招聘人员

【学生工作任务书】

学生工作任务书 1						
任务 1.1	项目编号	建议学时	能力目标	知识目标	师生活动	完成成果
设立旅行社	1-1	2 学时	①能按照要求及程序完成旅行社设立的申请手续 ②能运用网络查找旅行社的相关资料	①掌握旅行社的设立条件 ②熟悉设立旅行社所需的申请文件 ③掌握设立旅行社应该履行的手续	①请学生自行组成小组,成立模拟旅行社,每组4~5人 ②请学生自行在网上查找最新的"中国百强旅行社"前20强名单,选择其中一家旅行社作为介绍对象,并在网上查找该旅行社的概况、组织结构等相关信息,制成PPT	每组上网学习和查找申办旅行社所需要的材料及具体要求,撰写相关的申办材料并装订成册,封面写上模拟旅行社的名字、LO-GO、小组成员的名字

续表

学生工作任务书 2						
任务 1.2	项目编号	建议学时	能力目标	知识目标	师生活动	完成成果
招聘旅行社员工	1-2	2 学时	①能够进行旅行社的组织结构设计 ②能按招聘要求准备应聘 ③能按照标准对旅行社工作人员进行招聘	①掌握旅行社需要的基本岗位 ②掌握旅行社各基本岗位的招聘要求、岗位职责 ③熟悉应聘的注意事项	①请学生分组举行模拟招聘会,准备招聘和应聘材料 ②教师对学生的现场招聘进行指导,帮助学生充分理解旅行社基本岗位的职责要求	撰写个人简历和旅行社计调、导游、外联岗位的求职应聘书 撰写旅行社计调、导游、外联岗位的招聘书

任务 1.1　设立旅行社

【教学目标】

知识目标

掌握旅行社的设立条件。

熟悉设立旅行社所需的申请文件。

掌握设立旅行社应该履行的手续。

能力目标

能按照要求及程序完成旅行社设立的申请手续。

能运用网络查找旅行社的相关资料。

【任务引入】

请阅读下面的案例,并分组思考和讨论:怎样开办一家出色的旅行社?

中国第一家旅行社

1923 年 8 月 1 日,第一家由中国人创办的旅行社——上海商业储蓄银行(简称"上海银行")旅行部宣告成立。创办人是上海银行的创始人、著名银行家陈光甫。1927 年,旅行部改为中国旅行社,脱离上海银行,社址设在当时上海的四川路 420 号大楼内。陈光甫满腔热血,以"服务社会"为宗旨,确立"发扬国光,服务行旅,阐扬名胜,改进食宿,致力货运,推进文化"的 24 字方针。

中国旅行社于 1927 年创刊《旅行杂志》,为中国第一本旅行类杂志,初为季刊,后改为月刊,由名家执笔,特约撰稿,内容丰富,每期印有数十幅精美照片,公开发行,并分送中外交通机构及其高级职员,以求加强社会各界对中国旅行社的印象。

组织旅行游览是中国旅行社的主要业务,社内专设游览部,组织过海宁观潮、惠山游湖、超山探梅、富江览胜及游览各地名胜古迹。1935年8月起,中国旅行社还主办了一种旨在营造集体旅游氛围、领略祖国名胜风光的经常性旅游团体——"中旅社旅游团",凡参加者可以得到各种优惠,并在总社辟有专室供团员聚会、消闲、联络感情。到1937年春,团员人数已从初创时的150人增加到900人。

中国旅行社有着一套严格的管理制度和独到的宣传教育方法。陈光甫要求旅行社人员对顾客要笑脸相迎、衣着整洁、手面清洁。对员工一律招考录用,通过培训、实习,达到一定水平后才安排工作,工作后先在各部门轮流循环工作。至于人员的升降,一律以才能学识为标准,学历仅作参考,但对导游则要求基本上是大学文科毕业生,上岗后先经培训,还选择优秀人才送往英美深造,并经常请外国专家来授课。

图1-1 中国第一家旅行社
创办人——陈光甫

中国旅行社在设立之初是亏本的,因此银行内部不少人反对这项生意,但陈光甫始终坚持。至20世纪30年代中期,中国旅行社以其服务态度和实际行动,赢得了众多顾客的好评,逐渐开始盈利,从成功走向辉煌。旅行社也在与洋商的竞争中站稳了脚跟,并逐渐扭亏为盈,1936年即盈利60万元。

陈光甫(图1-1)首创中国旅行社,以服务社会为理念,悉心经营,开拓发展,使之成为民国史上第一家大型旅游服务企业,并跻身世界级旅行社之列。作为中国近代第一家正规的旅行社,中国旅行社自1923年成立直至1953年宣告结束,以其30多年的不凡旅程,为后人留下了服务社会的宝贵理念和丰富经验,值得后人借鉴与仿效。

【任务分析】

了解了"中国第一家旅行社",如果想要自己开办一家出色的旅行社,首先要知道这些问题:什么是旅行社?它最基本的性质是什么?旅行社应该尽哪些义务?其经营范围和主要业务有哪些?下面先来学习相关知识。

【相关知识】

1.1.1 旅行社的概述

1)旅行社的定义

《旅行社条例》第二条规定:旅行社,是指从事招徕、组织、接待游客等活动,为游客提供相关旅游服务,开展国内旅游业务、入境旅游业务或者出境旅游业务的企业法人。

旅行社是指以营利为目的,从事旅游业务的企业。旅行社业务是指以营利为目的,预先或者按照游客的要求安排行程,提供或者通过履行辅助人提供交通、住宿、餐饮、游览、娱乐、导游或者领队等两项以上旅游服务,并以总价销售的活动。旅行社也可以接受委托提供交通、住宿、餐饮、游览、娱乐等各类代订服务。

不属于经营旅行社业务的有:交通、景区和住宿经营者在其交通工具上或者经营场所内,提供交通、住宿、餐饮等单项或者多项服务的;社会团体组织会员、机关企事业单位组织员工、学校组织学生进行旅游活动的;家庭成员、朋友、同学等彼此相识的群体自发组织旅游活动的。

2)旅行社的权利和义务

(1)旅行社的权利

①要求游客提供真实、准确的履行旅游合同所需的信息资料。

②拒绝游客提出的违反法律法规、社会公德、职业道德、包价旅游合同约定的要求。

③法定情形下变更旅游行程、解除旅游合同。

④要求游客对其造成的损失承担赔偿责任。

⑤拒绝有关行政管理部门违法的检查、收费或者摊派。

(2)旅行社的义务

《旅行社国内旅游服务规范》(LB/T 004—2013)规定,旅行社提供服务时应遵循诚信履约、安全第一和积极救助的原则,遵守法律法规,履行合同约定,遵循社会公德。

旅行社在经营活动中应当遵循自愿、平等、公平、诚信的原则,提高服务质量,维护游客的合法权益。

3)旅行社的主要业务

(1)根据经营范围划分

根据经营范围,旅行社业务分为国内旅游和入境旅游、出境旅游。

①国内旅游:指旅行社招徕、组织和接待中国内地居民在境内旅游的业务。

②入境旅游:指旅行社招徕、组织、接待外国游客来我国旅游,中国香港特别行政区、澳门特别行政区游客来内地旅游,中国台湾地区居民来大陆旅游,以及招徕、组织、接待在中国内地的外国人,在内地的香港特别行政区、澳门特别行政区居民和在大陆的台湾地区居民在境内旅游的业务。

③出境旅游:指旅行社招徕、组织、接待中国内地居民出国旅游,赴中国香港特别行政区、澳门特别行政区和台湾地区旅游,以及招徕、组织、接待在中国内地的外国人、在内地的香港特别行政区、澳门特别行政区居民和在大陆的台湾地区居民出境旅游的业务。

(2)根据业务流程划分

根据业务流程,旅行社的主要业务可以划分为以下五种:

①产品设计:旅行社通过对游客消费需求的了解,在结合旅游资源与旅游设施配置的基础上,合理地对资源进行配置与整合,设计出各种能够对游客产生较强吸引力的产品。

②产品采购:旅行社为组合旅游产品而以一定的价格向其他旅游企业及相关部门购买旅游服务项目的行为。

③产品销售:旅行社根据目标市场的特点和自身的经营实力选择适当的销售渠道,并采取

灵活的价格策略把产品推向市场,促使游客购买。

④产品接待:旅行社为游客提供旅行过程中实地服务的一系列工作。

⑤产品售后:旨在主动解决遗留问题并保持与游客的联系。

4)旅行社的监管部门

旅游主管部门和公安、工信、交通运输、商务、文化、海关、税务、工商、质检、安全生产、价格、外事、保险、外汇等主管部门,应当按照职责分工,依法对旅行社及其相关业务经营活动进行监督管理。上述部门在旅游旺季、重大旅游节庆活动期间要组织执法队伍进行联合检查。

1.1.2 旅行社的性质特点

旅行社为社会提供的是服务产品,它是旅游服务供应商与旅游需求者之间的中介。它具有营利性、中介性、服务性。(图1-2)

1)营利性

营利性是所有企业的共性,也是旅行社的根本性质。旅行社的最终目的是运用和调配一定的资源,在最小的成本投入下,追求最大的产出和经济效益。旅行社是一个独立自主、自负盈亏的企业,与追求社会效益最大化的社会组织不同。

图1-2 旅行社的性质

2)中介性

旅行社是连接旅游产品要素供应商与游客,使旅游交易活动顺利实现的中介性企业。旅行社既要收集各种旅游要素的信息,组合旅游产品并直接向游客推介,同时还要向旅游相关部门和行业及时反馈旅游市场信息。旅行社本身并没有更多的生产资料,要完成其生产经营过程,主要依托各类旅游目的地的吸引物和各个旅游企业及相关服务企业提供的各种接待服务设施。由于旅行社在了解需求以及指导供给方面的重要作用,决定了旅行社是旅游业的前锋。

3)服务性

从行业性质来讲,旅行社属于服务业,其主要业务是为游客提供服务,包括吃、住、行、游、购、娱六个方面,全方位地为游客服务。旅行社可以为游客提供单项服务,也可以将各项服务组合成包价旅游产品提供给游客。提供优质高效服务是旅行社竞争的有效手段,好的服务能通过口碑相传提升企业知名度,帮助企业增加回头客,带来更多新顾客,减少投诉行为。好的服务同时可提升员工的职业道德、工作满意度和忠诚度,有利于培养更好的企业人际关系。

此外,旅行社还具有以下特点:旅行社经营的资金投入较少,容易进入;旅行社经营依附性较强;旅行社经营对无形资产的要求较高,是智力密集型行业;旅行社经营风险较大,敏感性强;旅行社的产品创新无专利保护,替代性强。

【业界语录】

人争近利，我图远功，人嫌细微，我宁繁琐。这个旅行社虽说年年亏本，但为国家挽回了不少的利权，不然又多送入外国许多钱了。

——中国第一家旅行社创办人，陈光甫

1.1.3 旅行社的设立条件

1）旅行社经营国内和入境旅游业务的设立条件

申请经营国内旅游业务和入境旅游业务的，应当向所在地省、自治区、直辖市旅游行政管理部门或者其委托设区的市级旅游行政管理部门提出申请，并提交符合《旅行社条例》第六条规定的相关证明文件。受理申请的旅游行政管理部门应当自受理申请之日起20个工作日内作出许可或者不予许可的决定。予以许可的，向申请人颁发旅行社业务经营许可证；不予许可的，书面通知申请人并说明理由。

申请旅行社业务经营许可，经营国内旅游和入境旅游业务的，应当取得企业法人资格，并且符合下列条件：

（1）有固定的经营场所。申请者拥有产权的营业用房，或者申请者租用的、租期不少于一年的营业用房；营业用房应当满足申请者业务经营的需要。

（2）有必要的营业设施。两部以上的直线固定电话；传真机、复印机；具备与旅游行政管理部门及其他旅游经营者联网条件的计算机。

（3）注册资本不少于30万元。经营国内旅游业务和入境旅游业务的，有不少于30万元的注册资本。

2）旅行社经营出境旅游业务的设立条件

申请经营出境旅游业务的，应当向国务院旅游行政主管部门或者其委托的省、自治区、直辖市旅游行政管理部门提出申请，受理申请的旅游行政管理部门应当自受理申请之日起20个工作日内作出许可或者不予许可的决定。予以许可的，向申请人换发旅行社业务经营许可证；不予许可的，书面通知申请人并说明理由。

申请经营出境（出国和赴港澳）旅游业务的旅行社，必须符合下列条件：

（1）连续开展旅行社业务经营活动两年以上。

（2）近两年未因侵害游客合法权益或者经营旅行社业务受到行政机关罚款以上处罚。

3）外商投资旅行社的设立条件

外商投资旅行社，包括中外合资经营旅行社、中外合作经营旅行社和外资旅行社，以及我国港澳台地区的投资者在内地投资设立的旅行社。

设立外商投资旅行社，应当向所在地省、自治区、直辖市旅游主管部门提出申请，并提交符合《旅行社条例》规定条件的相关证明文件。省、自治区、直辖市旅游主管部门应当自受理申请之日起30个工作日内审查完毕。予以许可的，颁发旅行社业务经营许可证；不予许可的，书面通知申请人并说明理由。设立外商投资旅行社，还应当遵守有关外商投资的法律、法规。

【同步讨论】

外商投资的旅行社跟非外商投资的旅行社经营范围一样吗?

4)旅行社分社和服务网点的设立条件

旅行社可以在全国范围内设立分社。分社的经营范围应当与设立分社的旅行社经营范围一致,但对经营边境旅游和赴台旅游业务另有规定的除外。

旅行社可以在所在地的省、自治区、直辖市,以及其分社所在地设区的市的行政区域内,设立招徕游客的服务网点(以下简称服务网点)。

旅行社设立分社、服务网点的,应当向工商行政管理部门办理设立登记,并自登记之日起3个工作日内,向分社、服务网点所在地的旅游行政管理部门备案;旅游行政管理部门应当在收到备案后3个工作日内,向旅行社出具备案登记证明。

旅行社应当对其设立的分社、服务网点实行统一的人事、财务管理。分社不得超出设立分社的旅行社的经营范围经营旅行社业务;服务网点不得从事招徕、咨询以外的活动,不得超出设立服务网点的旅行社的经营范围从事招徕活动。分社、服务网点不得擅自为其他旅行社代理招徕。

1.1.4 旅行社的申办准备

根据旅行社的设立条件,旅行社在申办之前,要做以下准备。

1)前期市场调研

设立旅行社,首先要进行前期的市场调研,主要有:熟悉国家有关的政策法规;了解全国及本地区旅游业的发展水平和发展趋势;学习全国及本地区优秀旅行社的先进管理经验;调查本地区竞争对手的经营动态、竞争优势、主营线路、产品特色、价格策略、目标群体等。

【拓展阅读】

"十三五"旅游业发展趋势

国务院2016年12月7日公开发布《"十三五"旅游业发展规划》(国发〔2016〕70号),确定了"十三五"时期旅游业发展的总体思路、基本目标、主要任务和保障措施,是未来五年我国旅游业发展的行动纲领和基本遵循。根据规划,"十三五"期间,我国旅游业将呈现以下发展趋势:

消费大众化。随着全面建成小康社会持续推进,旅游已经成为人民群众日常生活的重要组成部分。自助游、自驾游成为主要的出游方式。

需求品质化。人民群众休闲度假需求快速增长,对基础设施、公共服务、生态环境的要求越来越高,对个性化、特色化旅游产品和服务的要求越来越高,旅游需求的品质化和中高端化趋势日益明显。

竞争国际化。各国各地区普遍将发展旅游业作为参与国际市场分工、提升国际竞争力的重要手段,纷纷出台促进旅游业发展的政策措施,推动旅游市场全球化、旅游竞争国际化,竞争领域从争夺客源市场扩大到旅游业发展的各个方面。

发展全域化。以抓点为特征的景点旅游发展模式向区域资源整合、产业融合、共建共享的全域旅游发展模式加速转变,旅游业与农业、林业、水利、工业、科技、文化、体育、健康医疗等产业深度融合。

产业现代化。科学技术、文化创意、经营管理和高端人才对推动旅游业发展的作用日益增大。云计算、物联网、大数据等现代信息技术在旅游业的应用更加广泛。产业体系的现代化成为旅游业发展的必然趋势。

(资料来源:中国国家旅游局官网)

2)建立供需关系

"供"是指与旅行社共同开展业务活动的合作伙伴,"需"是指旅行社的客源——游客。前面已经介绍旅行社具有中介性,作为宾馆、交通景区等相关行业与游客的连接桥梁,与合作伙伴建立协作网络是旅行社开展业务的前提和保障,客源组织情况将最终决定旅行社的经营状况,二者缺一不可。因此,旅行社在开业前就要建立良好的协作网络和客源渠道,并在营业过程中不断发展。

3)准备资金、场所和人员

根据旅行社的设立条件,申办旅行社要筹措相关的资金,如注册资本、咨询费、营业场所租金、人员工资、各类耗材费等。申办前还要按规定准备好经营场所以及相关的办公设施设备,建立科学的预订系统和办公软件。关于人员的招聘在任务1.2里详细介绍。

4)确定名称和LOGO

旅行社在申办前,需要设计好名称和LOGO,设计时应该考虑旅行社的发展定位、市场细分、价值理念、良好意愿等因素,使名称和LOGO让人过目不忘。如中国国际旅行社(CITS)标识图形为地球形状,上下左右呈经纬线分布,象征着中国国际旅行社事业遍布全球;球形上部是"中国国旅"四个中文字,呈弧形分布;球形零度纬线上部分分布着"CITS"四个英文字母,是中国国际旅行社英文名称的缩写;在球形零度经纬线处,自左至右分布着三条弧形箭头,象征着中国国际旅行社事业腾飞。(图1-3)

图1-3　中国国际旅行社LOGO

5)准备申办材料

为了能够顺利地办理旅行社的申办手续,申办人应当准备好申办过程中所需的各种文件和证明材料。这些文件是:设立申请书、可行性研究报告、旅行社章程、旅行社负责人的履历、验资证明、营业场所证明、经营设备情况证明。

1.1.5 旅行社的申办程序

1）申请营业许可

（1）旅行社申请营业许可的规定

企业法人登记注册的经营范围包括旅行社业务的，应当在工商行政管理部门核准登记注册之日起 30 日内，向旅游主管部门申请旅行社业务经营许可。工商行政管理部门知道其逾期未申请的，应当责令变更经营范围；拒不变更的，工商行政管理部门直接变更或者注销登记。旅游主管部门作出许可后，应当逐级报国务院旅游主管部门备案。

经营赴台旅游业务的旅行社，由国务院旅游主管部门会同有关部门从取得出境旅游业务经营许可的旅行社范围内指定。

未取得旅行社业务经营许可的，不得经营旅行社业务。旅行社未取得相应许可或者未经指定的，不得经营出境旅游业务、边境旅游业务、赴台旅游业务。

（2）旅行社变更、终止时营业许可的规定

旅行社变更名称、营业场所、投资人、法定代表人等登记事项的，应当到工商行政管理部门办理相应的变更登记，并在登记办理完毕之日起 10 个工作日内，向原许可的旅游主管部门备案，换领旅行社业务经营许可证。

旅行社终止旅行社经营业务的，应当向原许可的部门交回旅行社业务经营许可证后，到工商行政管理部门办理相应的变更登记或者注销登记。

旅行社的分社、服务网点变更名称、营业场所、负责人等登记事项或者终止经营的，旅行社应当到工商行政管理部门办理相应的变更登记或者注销登记，并在登记办理完毕之日起 10 个工作日内，向原备案的旅游主管部门换领或者交回备案登记证明。

2）缴纳质量保证金

（1）缴纳质量保证金的规定

国家对旅行社实行旅游服务质量保证金（以下简称质量保证金）制度。旅行社应当自取得旅行社业务经营许可证之日起 3 个工作日内，在国务院旅游行政主管部门指定的银行开设专门的质量保证金账户，存入质量保证金，或者向作出许可的旅游行政管理部门提交依法取得的担保额度不低于相应质量保证金数额的银行担保。

（2）质量保证金的缴纳金额

经营国内和入境旅游业务的旅行社，质量保证金不少于 20 万元；每设立一个分社，应当向分社质量保证金账户存入 5 万元。经营出境旅游业务的旅行社，质量保证金不少于 140 万元；每设立一个分社，应当向分社质量保证金账户存入 35 万元。

（3）质量保证金的使用规定

质量保证金为保障游客权益的专用款项，当旅行社违反包价旅游合同约定，损害游客权益的事实清楚，造成的直接损失明确、具体，旅游主管部门作出赔偿决定后，旅行社拒不赔偿时；当旅行社因解散、破产或者其他原因造成游客预交旅游费用损失时；当游客人身安全遇有危险，旅行社申请垫付紧急救助费用时，旅游主管部门可以动用质量保证金。

另外,人民法院判决、裁定及其他生效法律文书认定旅行社损害游客合法权益,旅行社拒绝或者无力赔偿的,人民法院可以从质量保证金账户划拨赔偿款。

除上述情形之外,任何单位和个人不得划拨和使用。质量保证金的利息属于旅行社所有。

【拓展学习】

户外俱乐部、公众号可否经营旅行社业务?

随着自助户外旅游的流行,一些户外俱乐部、驴友俱乐部、自驾游俱乐部、保健品销售企业、户外论坛、协会等通过微信群、QQ群等方式,非法发布旅游产品,宣传旅游线路,面向社会招徕、组织、接待市民或驴友们外出旅游,其行为违反了我国旅游法的禁止性规定。

旅行社是依法成立且取得经营许可证的旅游企业,其行为是在《中华人民共和国旅游法》的规范下,承担招徕、组织、接待游客外出旅游的业务,对游客在旅游过程中的生命、财产安全承担相应责任。旅行社依法缴纳了旅游服务质量保证金和旅行社责任险(一般旅行社缴纳保证金20万元,具有出境业务的旅行社缴纳保证金140万元)分别用于游客权益损害赔偿和垫付游客人身安全遇有危险时紧急救助的费用和因旅行社责任引起的游客人身伤亡、财产遭受的损失及由此发生的相关费用的赔偿。

户外运动俱乐部、协会等不具有经营一般意义上旅游业务的资质,不具备为游客提供旅游服务的能力,更不能为游客在游览过程中的人身财产提供安全保障。另外,由于通过微信群或QQ群平台,驴友们不知道组织者的真实姓名,在旅游中一旦出现纠纷或意外伤害事件时,很难进行维权。

违反《中华人民共和国旅游法》规定,未经许可经营旅行社业务的,由旅游主管部门或者工商行政管理部门责令改正,没收违法所得,并处1万元以上10万元以下罚款;违法所得10万元以上的,并处违法所得1倍以上5倍以下罚款;对有关责任人员,处2000元以上2万元以下罚款。旅行社违反《中华人民共和国旅游法》规定,未经许可经营本法第二十九条第一款第二项、第三项业务,或者出租、出借旅行社业务经营许可证,或者以其他方式非法转让旅行社业务经营许可的,除依照前款规定处罚外,并责令停业整顿;情节严重的,吊销旅行社业务经营许可证;对直接负责的主管人员,处2000元以上2万元以下罚款。

3)办理注册登记

按照国家旅游局的有关规定,设立旅行社的申请经有关旅游行政管理部门审核批准后,申办人可持旅游行政管理部门的批准文件及旅行社业务经营许可证向有管辖权的工商行政管理部门申请领取营业执照,办理登记注册手续。工商行政管理机关收到申办人提交的全部文件后,进行登记注册,并应在30个工作日内作出核准登记或不予核准登记的决定。经核准登记,工商行政管理部门发给旅行社企业法人营业执照。旅行社营业执照签发日期,就是该旅行社的成立日期。

4)办理税务登记

旅行社在领取营业执照后30个工作日内,向当地税务部门办理税务登记,申请税务登记证。税务登记结束后,旅行社即可依据营业执照刻制公章,开立银行账户,申领发票。至此,旅行社正式成立,并可签订合同,进行经营旅游业务的活动。

【教学互动】

◎请学生自行组成小组,成立模拟旅行社,每组4~5人。

◎请学生自行在网上查找最新的"中国百强旅行社"前20强名单,选择其中一家旅行社作为介绍对象,并在网上查找该旅行社的概况、组织结构等相关信息,制成PPT。

【相关链接】

2015年度中国百强旅行社

2016年12月7日,中国国家旅游局公布2015年度全国旅行社统计调查百强名单。全国百强旅行社是国家旅游局在组织开展全国旅行社年度统计调查后,根据各旅行社的净资产、旅游业务营业收入、净利润、实缴税金、全部从业人员年平均人数五项指标,进行综合评比得出的排名,并要求旅行社在统计年度内未受过行政处罚,无重大安全责任事故、重大质量责任事故和重大投诉。(表1-1)

表1-1 2015年度中国百强旅行社前20强

位次	许可证号	旅行社名称
1	L-SH-CJ00009	上海春秋国际旅行社(集团)有限公司
2	L-GD-CJ00004	广州广之旅国际旅行社股份有限公司
3	L-BJ-CJ00003	中青旅控股股份有限公司
4	L-GD-CJ00002	广东省中国旅行社股份有限公司
5	L-BJ-CJ00071	北京众信国际旅行社股份有限公司
6	L-BJ-CJ00001	中国国际旅行社总社有限公司
7	L-BJ-CJ00051	北京凯撒国际旅行社有限责任公司
8	L-BJ-CJ00127	中青旅国际会议展览有限公司
9	L-SH-CJ00025	上海携程国际旅行社有限公司
10	L-HUB-CJ00019	湖北万达新航线国际旅行社有限责任公司
11	L-CQ-CJ00001	重庆海外旅业(旅行社)集团有限公司
12	L-BJ-CJ00043	竹园国际旅行社有限公司
13	L-ZJ-CJ00008	浙旅控股股份有限公司
14	L-HUN-CJ00001	湖南华天国际旅行社有限责任公司
15	L-BJ-CJ00099	北京携程国际旅行社有限公司
16	L-GD-CJ00019	广东南湖国际旅行社有限责任公司
17	L-FJ-CJ00002	福建省中国旅行社
18	L-HUB-CJ00020	湖北康辉国际旅行社有限责任公司
19	L-BJ-CJ00020	北京凤凰假期国际旅行社有限公司
20	L-SH-CJ00005	上海锦江旅游有限公司

(资料来源:中国国家旅游局官网)

【完成成果】

◎每组上网学习和查找申办旅行社所需要的材料及具体要求,撰写相关的申办材料并装订成册,封面写上模拟旅行社的名字、LOGO、小组成员的名字。

任务 1.2 招聘旅行社员工

【教学目标】

知识目标

掌握旅行社需要的基本岗位及各基本岗位的岗位职责和招聘要求。

熟悉应聘的注意事项。

能力目标

能够进行旅行社的组织结构设计。

能按招聘要求准备应聘。

能按照标准对旅行社工作人员进行招聘。

【任务引入】

教师在网上和旅行社找到相应的招聘广告,要求学生分组讨论:旅行社需要哪些岗位? 每个岗位需要什么样的员工? 招聘广告要怎么写文案? 怎样设计图片才能吸引人员来应聘?

【任务分析】

各小组的模拟旅行社申办成功后,需要安排小组成员的岗位,才能正式营业。因此必须先了解各业务部门的岗位职责。

【相关知识】

1.2.1 旅行社的组织管理制度

旅行社组织管理制度的有效建立、组织结构的设置,对旅行社生存和发展影响重大,是决定旅行社是否能有效运行的关键。目前,我国旅行社普遍采用的管理制度,主要有目标责任制和岗位责任制。

1)目标责任制

旅行社目标责任制是指以部门为中心,把应完成的经济指标,尤其是利润指标,分解落实到各部门。

2)岗位责任制

旅行社岗位责任制是指将固定时间内需要完成的任务进行分解,通过定岗、定人、定责,最终把责任落实到具体的个人。同时,将员工的工资、奖金与员工完成任务的情况相联系。实行岗位责任制要对各个岗位的任务的质量、数量进行科学的测量。

【拓展阅读】

旅行社的组织结构

旅行社的组织结构一般来说有两种形式,一种是按工作或业务的职能来划分部门,另一种是按业务涉及的地区或语种来划分部门。

1.按职能划分部门

按职能划分部门的旅行社组织结构模式,是目前大部分中小旅行社采用的组织结构模式。这种组织结构模式的基本特征是权力高度集中,部门职能明确,分工各不相同。由于在这种组织结构中,上下级之间实行单线从属管理,总经理拥有全部权限,尤其是经营决策与指挥权,因此称为直线制组织结构模式。这种组织结构模式的优点是:部门之间分工明确,组织结构稳定,符合专业化协作原则,能提高管理者的权威,提高工作效率;缺点是削弱旅行社实现整体目标的能力,增加各个职能部门之间协作的困难,组织机构缺乏弹性。(图1-4)

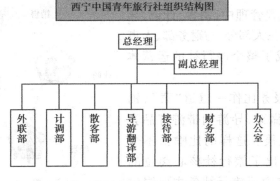

图1-4　按职能划分部门的旅行社组织结构图

2.按地区或语种划分部门

按地区或语种划分部门的组织结构又称事业部制组织结构,是指将旅行社划分成与各个细分市场相关的部门。它是旅行社内对于具有独立的产品和市场、独立的责任和利益的部门实行分权管理的一种组织形态。从目前我国旅行社的经营实践来看,大、中型旅行社由于客源地和旅游目的地都涉及地域多、语言复杂等情况,许多旅行社多采用这种组织结构。

它的优点是:使最高管理部门摆脱日常行政事务,有利于各个部门的业务衔接和利益分配,是培养管理人才的组织形式之一;它的缺点是:对部门经理的管理水平和知识水平要求较高,集权与分权关系比较敏感,一旦处理不当,可能削弱整个旅行社的协调一致性。(图1-5)

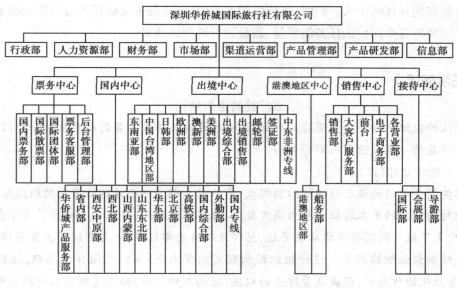

图1-5 按地区或语种划分部门的旅行社组织结构图

1.2.2 旅行社各岗位职责

在旅行社的业务流程管理中,销售、计调、导游是旅行社具体操作的三大部分,与财务部、人事部等后勤部门一起构成了整个旅行社的运营体系。(图1-6)

有人将旅行社的服务比作一道道"菜",销售是买菜的,计调负责做菜,导游则带游客品尝菜,最后总经理来洗碗筷。这样的比喻虽不全面,却也比较形象地道出了旅行社核心岗位的作用。下面我们来具体学习旅行社各主要岗位的职责。

图1-6 旅行社岗位群

1)经理岗位职责

(1)负责旅行社质量管理工作

严格按照服务标准和程序,对所管辖各分部进行控制,督导其为客人提供优质服务。组织对所属职工进行考核,确定职工待遇方案,按规定处理违法、违规事件,定期组织部门进行业务沟通及培训;并对售后和投诉进行把关,确保旅行社各项工作安全、高效、运转正常。

(2)负责组织市场调研

组织市场策略的制订和相关计划的编制工作及信息分析工作。开展调查研究,分析旅行社经营管理情况,随时收集同行业和市场信息,完成公司经营指标和工作任务。

(3)负责开发旅游产品

负责协调所属部门与社会各行各业的关系,不断拓宽业务关系网;广泛收集信息,审定各项业务指标和工作计划,并指导执行。

（4）严格管理旅行社财务

按月审核上报财务报表,完成各项经济指标及其他各项工作任务。保证财务运转正常,对财务报表的真实性负全责。

2）计调岗位职责

计调人员工作的好坏,直接影响和决定着公司的正常运作。因此,应该提高工作效率和工作效益,本着"当好管家,搞好管理,努力服务,不断学习"的态度,做公司的基础和后台。

（1）做好计价报价工作

计调人员应随时做到:广泛收集和了解不断变化的旅游市场信息及竞争对手的相关行情。对竞争对手推出的各种产品进行全方位分析,找出对手的弱点,完善本社产品,针对对手弱点力推本社特色线路及旅游方案;在不同的时间,有针对性地修改和完善公司各常规线路的行程及具体安排,及时制订出符合实时旅游市场需求的旅游线路及报价,并按规定定期整理公司团队资料档案。

（2）负责合作单位的联络与维护

对公司正常办公用品、软件、公司网站前后台能熟练使用。交接工作必须以书面形式,一旦接手业务则需尽心尽职完成;掌握与合作单位的谈判技巧;对合作单位态度友善,具有亲和力,任何时候不得与合作单位发生争吵。

（3）负责采购票、房、车、餐、导等

计调要熟练掌握各景点门票及折扣价、长期合作酒店的挂牌价和淡旺平季团队报价、陪同床价格及成团房间数、餐费标准、各类型旅游车价等。负责协助财务款项,确保公司资金安全。在保证质量的前提下尽量降低操作成本,坚决执行并按时完成上级领导安排的任务,及时向部门领导汇报工作进度及完成情况。

3）销售岗位职责

销售在旅行社中常称为"外联",其主要岗位职责有:

（1）收集信息

详细了解、分析市场,进行市场调查,随时收集市场动态与同行竞争信息,掌握区域市场动态、特点和趋势;将所收集到的有用信息及时反馈给计调部门,提出合理改进意见,并且详细沟通交流客户情况,以便为客户提供优质服务。

（2）销售产品

热情主动、礼貌待客、公平合理地接洽业务。执行公司规定的销售政策,根据公司的业务扩张量去完成销售任务并签订合同,遵守职业道德,保守商业机密,不断学习业务知识,提高业务素质,扩大公司市场影响和企业的知名度,做到公司利益和游客需求的双赢。

（3）维护客户

挖掘客户信息,进行有效过滤;按计划及要求拜访客户,与客户沟通,建立客户关系,对有意向的客户进行跟踪,并认真填写客户拜访跟踪表;按要求建立客户档案,并保持良好的客户关系;挖掘有市场潜力的客户,维护新老客户,不断开发新市场。

4）导游岗位职责

（1）执行合同

根据旅行社与游客签订的合同或约定，按照接待计划安排和组织游客参观、游览。

（2）讲解服务

负责为游客导游、讲解，介绍中国（地方）文化和旅游资源。

（3）维护安全

配合和督促有关单位安排游客的交通、食宿等，保护游客的人身和财物安全。

（4）答疑解难

耐心解答游客的问询，协助处理旅途中遇到的问题。

（5）反馈意见

反馈游客的意见和要求，协助安排游客会见、座谈等活动。

5）财务岗位职责

（1）当好经理的决策助手

负责公司财务的直接管理，对资金的供应、回收、监督和调节负主要责任。应建立商业经营意识，特别对可能产生欠款、坏账、呆账的财务危险提高警惕，提前采取预防措施。

（2）做好成本管理和监督

熟悉财务管理，以及具备旅游市场管理的必要常识，对团队每个环节的金额使用实施监督，把好报账结算关。督促外联部及计调部对成本进行多层次控制，尤其对间接成本要做到心中有数。

（3）与相关部门建立健康和谐的合作关系

应与银行、税务、工商、物价等管理部门建立健康和谐的关系。及时缴纳税金、提交报表或提供所需数据，理顺债务管理的各个环节。按财务管理制度管账，做到日清月结，账目清楚，合理准确。

1.2.3 旅行社岗位应聘

要应聘旅行社的岗位，首先要了解旅行社需要什么样的人才。

1）旅行社的招聘要求

（1）忠诚度

旅游行业面临员工的频繁跳槽，往往会看重应聘人员对忠诚度的看法。

（2）实践能力

旅游行业是个实践性非常强的行业，在注重学生学习成绩的同时，旅行社招聘时非常重视应聘者的实践经历。因此，在校期间实习、兼职、家教的经验都是积累社会经验的好机会，都应该引起学生的重视。

（3）团队协作精神

旅游行业是个分工很细的行业，任何一个任务都需要团队协作才能完成，因此是否具有团队精神是旅行社非常看重的一点。

（4）创新精神

面对旅行社的线路产品变化快、竞争激烈的特点，是否具有创新精神也是旅行社在招聘时考虑的一个因素。

（5）对企业文化的认可程度

员工是否能够认可和适应该企业的价值观和企业文化，将决定员工是否能够很好地为企业服务。

（6）人际交往能力和良好的沟通能力

作为旅游行业的员工，应聘者一定要具有与客户沟通、协调的能力。

（7）对新知识、新能力的求知态度和学习能力

除了能用基本的软件进行计算机操作外，还要具备虚心学习的态度，新进员工基本上都要经过系统的培训，所以学习能力和求知欲应该是重点考查的内容。

2）旅行社应聘的注意事项

（1）切忌迟到

迟到是旅游从业人员的大忌，在接到面试通知后，首先要做的就是通过网络、地图，或者咨询亲朋好友，掌握其具体的地理位置，选择适当的交通工具，然后估算路上要花费的时间。对于不熟悉的地方，必要时可以提前去"探路"，了解其确切位置。

（2）掌握公司概况

掌握旅行社的信息越多，对于你今后顺利开展工作、了解企业运作、适应工作环境越大有裨益。在和领导、同事首次交谈中，他们也会发现你预先做了功课，从另一个侧面也反映了你对这个旅行社的关注和重视。掌握旅行社的概况，主要包括旅行社的规模、各项经济指标（营业额、利润、市场份额等）、主营范围、业界名声、企业文化等内容。收集的途径主要有浏览旅行社网站、实地考察、向亲朋好友打听、向专业人士（如实习指导老师等）咨询等。

（3）注意衣着打扮

面试的衣着绝对不要过于随意，以着装正式为好。通过你的着装可以表明你的态度，正式的服装胜过千言万语的表达。

（4）带上工作物品

笔和笔记本是必须携带的物品，这也是你虚心好学的最好证明。

（5）准备自我介绍

面试时简要的自我介绍是必不可少的。大致包括这些内容：姓名、学校、表明自己学习及工作的诚恳态度、提出希望得到对方指导和帮助的愿望等。也可以谈到你曾经学过的一些专业课程、专业特长和社会实践经历。

3）应聘的仪容仪表

旅游业从业者一定要注意修饰自己，外表的修饰其实是一个信号，首先说明你把到公司来面试当作很郑重的一件事；其次，表明你是一个很重礼仪的人；最后，正装使人显得更精神，让你更容易被注意到。下面的内容不仅是应聘时的要求，平时工作中也应该注意。

（1）着装礼仪

合适的穿着除了体现职业人良好的仪态外，更是尊重他人的表现。着装需要注意以下几个方面：

首先，着装要符合自身的青春形象，给人以干净利落、有鲜明专业精神的职业印象。男同学要显得简洁、大方，总体偏向传统、正规；女同学的服装要让人感觉端庄、高雅。旅游从业人员的服饰一般不能过分华丽、时髦，以表现严谨、活泼、热情的职业特点。

其次，着装要干净、平整，在旅行社工作，不管有无专用工作制服，男、女同学的着装均以整齐、清洁为第一要求。男同学要注意衣领、袖口的洁净；穿着西装或者西装式制服要熨烫平整，皮鞋要干净、锃亮。女同学穿裙装要求裙子过膝盖而且平整。

再次，在服装的颜色与款式的选择上，应该有一套颜色合适的职业装，男同学应选择稳重的颜色，如灰色、炭黑、深蓝。款式上，上装宜穿着西装、夹克、有领 T 恤；下装可用西裤搭配，但一定要合身。女同学在颜色选择上弹性较大些，如淡蓝、暗红、米色、栗色、黑色都可以，但一定要搭配好。一般以纯色为宜，掌握上浅下深、里浅外深的原则。款式上可选择套装、裙装。

最后，服装与配饰的搭配要协调，巧妙地佩戴饰品能够起到画龙点睛的作用。男同学的领带、皮带，女同学的小丝巾、小坠链等都可以给服装增添色彩。在搭配时，应尽量选择同一色系，要与服饰整体和谐统一。

（2）妆容礼仪

男、女同学对于妆容礼仪应各有所侧重，男同学应注意自己的发型，女同学应注重化妆。

发型方面，美容学家认为"发式是人的第二面孔"。发型的修饰最重要的是要整洁，适当的发型会使人神采奕奕、容光焕发。具体要求是：男同学前发不附额，侧发不掩耳，后发不及衣领。女同学前额的刘海可以齐眉，但不要遮住眼睛；后发超过肩膀的最好用发卡或者发箍把头发束起来。奇异的发型不适宜服务接待的工作环境。头发要保持洁净，没有头皮屑，染发颜色应避免红、黄等过于鲜艳的色彩。男同学要尽量刮干净胡子，给人以精神、干练的印象。

化妆方面，女同学化妆的基本要求是自然、协调。自然，就是力求化妆之后没有雕饰的痕迹；协调则指与自身服装搭配相协调、与环境相协调、与自己的年龄相协调，给人以天生丽质的感觉。旅行社工作人员一般要求化淡妆，素雅清淡，而不宜浓妆艳抹。如果要使用香水，应选择与自身的气质相配，闻上去给人以清淡、舒畅感觉的香水，香水浓度以一米之内能嗅及为宜。

【同步讨论】

在旅行社工作的女性每天上班应该化妆吗？

（3）仪态礼仪

仪态美是外在的行为举止，能展示一个人从内到外所具有的优雅气质和风度，包括站姿、坐姿、走姿、微笑、握手。

站姿方面，要求挺拔、典雅。站立时，重心自然落于双脚中间，抬头挺胸平视，肩膀放松。谈话时，尽量保持身体的挺直，面带微笑，面对对方并保持一定的距离。身体歪斜，靠着墙壁、桌椅而站,手里玩弄无关的物品,这些行为都会显得你心不在焉,且都是不雅观和失礼的。

坐姿方面,要求冷静、沉着、稳重。女同学应双膝自然并拢,双腿正放或侧放。交谈时,一般坐于椅子的 2/3 处,脊背不要靠椅背。

走姿方面,要求挺拔和优雅。男、女同学行走的基本要求是:靠路的右侧行走,注意从容、稳健。上体正、直,抬头挺胸,双臂动作不要僵硬,做到精神饱满。

微笑方面,要求发自内心、自然、大方。以真诚和谦逊的微笑示人,能显示你的信任和理解、亲切和自信。

握手方面,要求微笑着注视对方的眼睛,以表示诚意。握手时应伸出右手;握手应注意力度适中,一般停留 2~3 秒钟即可,切不可为了显示热情而使劲摇晃。

(4)语言礼仪

首先,要使用文明、礼貌用语,如"您好、请、谢谢、对不起、再见"应该作为旅行社员工的"口头禅"。

其次,要使用适当的称呼,如与客人交谈时,一般要称"您",以表示尊敬和客气。另外,要使用准确和规范性的语言,如与非本地客人交谈时不能使用本地方言和口头禅,以免使客人在理解上感到困难。回答客人的提问要确定、要详细,不可信口开河,或模糊不清。尽量不用"好像""大概""基本上"之类的弹性词语。

最后,要控制好谈话的语速和语调。这有利于表现你的热情、稳重、可信。

1.2.4 旅行社岗位招聘流程

旅行社是人才密集型的服务企业,通过招聘获得优秀人才,为旅行社注入新鲜活力,并做到人尽其用,将其安排到恰当的工作岗位,使其能够发挥自己的聪明才智,从而促进企业的发展。招聘的流程如下(图 1-7):

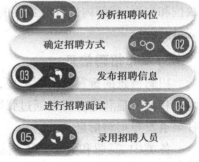

图 1-7 旅行社岗位招聘流程

1)分析招聘岗位

招聘岗位的分析是整个招聘工作的基础,通过分析,能够明确招聘方式、途径、面试审核等具体工作安排。招聘岗位分析时应主要考虑的问题包括:

①设置本岗位的目的是什么? 对其他岗位工作有什么帮助与影响?

②本岗位需要什么知识和技能? 有什么学历、特殊技能或体能要求?

③本岗位具体做些什么工作? 需要多少人? 薪酬是多少?

④本岗位的业务流程和管理人员方面上下级分别是什么?

⑤本岗位的工作场所设在什么位置? 需要哪些办公设施设备?

【同步思考】

同学们除了要掌握应聘的要求和注意事项外,学习旅行社如何进行招聘对今后应聘有什么实际帮助?

2)确定招聘方式

招聘方式分为外部招聘和内部招聘两种。

外部招聘是指旅行社向外界发布招聘信息,吸引外界人员前来应聘。外部招聘适合基层岗位、非关键岗位、企业内部缺乏岗位或具有特殊技能人员的招聘。外部招聘选择范围大,有利于吐故纳新,为旅行社带来新力量、新经验和新方法,对老员工而言能促使他们为了避免被新人员超越或替代而更努力地工作。但外部招聘一般成本较高,招聘周期较长,新员工需要一定的工作适应期。

内部招聘是指当旅行社内部岗位出现空缺时,首先向公司内部现有员工发布岗位空缺信息,接受其他部门或岗位的员工应聘。内部招聘主要适用于选拔中高层管理人员或部门人员数量结构不合理的情况。内部招聘的招聘成本较低,而且对招聘对象情况了解比较真实可靠,应聘者工作适应期较短,但容易造成内部员工队伍"近亲繁殖"的现象,不利于企业纳新除垢。

除了按照上述招聘范围划分招聘方式外,还可以根据用工时限划分为正式招聘和临时招聘。正式招聘是指吸纳应聘者作为正式岗位的员工,而临时招聘就是对外招聘临时工和对内临时调动岗位。因为旅行社行业的工作具有较强的季节性特点,因此所需的员工也呈现一定的波动性。旅行社可以在旺季根据企业运行的情况,增加一些临时性岗位,协助旅行社完成必要的对客服务工作,如聘用兼职人员、招纳实习生等。一方面,可以避免大客流量引起的服务缺位和失误,缓解内部现有员工的工作压力;另一方面,可以降低旅行社的营业成本,避免出现冗员。

3)发布招聘信息

招聘信息的撰写要简明扼要,突出招聘的岗位名称、任职学历、知识能力等要求以及工作内容和薪酬福利等。可以通过张贴招聘广告、校园招聘、人才交流会、网络招聘、校企合作等多种渠道发布招聘信息。

各类中、高职和大学是不同层次专业人才集中的地方,专业学生经过专业化的学习,具有一定的专业知识,旅行社可以定期到各旅游院校进行宣传,吸引优秀人才加盟。另外,旅行社可以通过人才交流会得到大量的应聘者信息,这些应聘者往往都具有一定的工作经验。因此,通过人才交流会发布招聘信息往往能提高招聘效率,找到与企业"门当户对"的应聘者。网络发布招聘信息是近年来企业使用最多的招聘渠道,速度快,成本低,招聘信息更新快。

4)进行招聘面试

在应聘者向旅行社投递简历后,首先旅行社应根据其提供的简历和证明材料进行初步筛选,重点审核学历专业、工作经历、专业技能等方面,排除不具备该岗位需求能力的人员。然后根据招聘岗位的具体特点,安排剩余应聘人员进行再次考核,考核形式可以面试、笔试、实际操作或多种形式综合考核等,具体考察应聘者的实际工作能力及与招聘岗位的适应度,从多角度了解应聘者。各项考核人员应由人事主管、部门主管和岗位技术骨干三方组成。

面试时提出的问题可以是针对简历表中所涉及的内容进行拓展,也可以问及下述问题:

①你为什么想在旅行社工作?

②你觉得我们旅行社和你原来工作的旅行社有什么不同?

③你的短期和长期职业目标是什么?

④谈谈你从事实践工作的成功经验。

⑤假如你接待了一位客人……(描述某接待案例),你应该怎么办?

⑥除了薪资方面,你对加入我们旅行社还有什么要求或希望?

【业界语录】

员工个人形象代表组织形象,员工个人形象代表产品和服务问题。

——著名公共关系与礼仪专家,金正昆

5)录用招聘人员

(1)确定名单

旅行社经过上述步骤,在对前期各项评分进行综合分析比较后,得出最终录用人员的数量和名单,呈报总经理或人事主管最终审核。

(2)通知录用

确定正式录用名单后,旅行社即可发放录用通知。为表示郑重,录用通知应以书面为宜,也可以采用电话、短信或邮件等方式辅助通知。通知一般包含签订合同的时间地点、工作报到时间地点、薪资待遇、试用期、工作指标、领取工作服装和用品时间地点、直接上级人员、正式开始工作时间、工作排班情况等内容。

(3)工作准备

为减轻新员工在新的工作环境中产生的不适应和压力,尽快进入工作状态,适应工作要求,一般应安排老员工作为带教师傅,以各种方式让其熟悉旅行社的各方面情况,如旅行社的组织机构、部门设置、主要管理人员、工作时间、就餐方法、工资支付形式、办公室布局、仪表要求和工作服发放等。同时,还要向新员工介绍其工作岗位和具体的工作内容,并将其介绍给同事。这些介绍可以结合带领新员工在旅行社各处参观,熟悉内部和周边环境等一并进行,也可以结合观看旅行社有关的介绍录像和集中提问答疑时进行。假如旅行社有规范的员工手册,也应尽快发放给新员工。

【教学互动】

◎请各小组为各自的旅行社设立部门,分配人员的岗位。具体操作步骤如下:

第一步,小组自选。

请学生对自己小组的 5 位成员进行岗位分配,每组对自己的经理进行考核以确定其是否能胜任。每组应设有经理岗位、销售岗位、计调岗位、财务岗位、导游岗位。

第二步,小组互选。

全班进行模拟现场招聘,先将 2~3 个小组定为一个大组,再由每个小组的经理对其他小组的成员进行现场招聘,通过考核确定其是否能胜任该岗位。

小组成员分别扮演面试官和应聘者,准备相关岗位的面试问题和应聘材料,模拟面试的过程。

【相关链接】

"十三五"旅游人才发展规划的具体目标

2017 年 6 月 27 日国家旅游局办公室发布《"十三五"旅游人才发展规划纲要的通知》(旅办发〔2017〕177 号),指出旅游人才是指旅游人力资源中能力和素质较高,具有一定旅游专业知识、专门技能,能够进行创造性劳动,提供高质量服务,并对旅游业发展作出一定贡献的人。旅游人才是推动我国旅游业发展的第一资源。其中谈到发展目标,提出到 2020 年,要形成一支数量充足、结构优化、素质优良、充满活力、与旅游业发展相适应的旅游人才队伍。具体目标如下:

1.旅游人才规模更加壮大。"十三五"期间,旅游业年新增直接就业人数 100 万人左右,到 2020 年,旅游业直接就业人数由"十二五"末的 2798 万人增至 3300 万人,旅游人才数量由"十二五"末的 670 万人增至 825 万人。

2.旅游人才素质显著提高。到 2020 年,旅游人才接受行业培训覆盖率明显提高,实现省级、地市级和重点区域旅游行政管理部门领导干部、导游、乡村旅游扶贫重点村村干部培训全覆盖。实现旅游职业经理人培训规范化、标准化、常态化。中高级专业技术人才比例进一步扩大,中高级导游、高星级导游占持证导游比例大幅提升。

3.旅游人才结构更加优化。到 2020 年,旅游人才的分布和层次、类型等结构更加合理。新产品、新业态、新技术人才数量显著增加,产业领军人才和急需紧缺人才队伍明显壮大,在全域旅游重点区域、"旅游+"重点领域、"互联网+旅游"重点平台、龙头旅游企业、重点旅游院校和科研机构等形成一批旅游人才高地。

4.旅游人才发展环境明显改善。到 2020 年,旅游人才发展体制机制更加健全,人才开发投入大幅增加,人才发展环境明显改善,旅游人才的职业荣誉感和职业吸引力显著提升,社会认可度和社会影响力进一步增强,旅游人才发展满意度明显提高。

(资料来源:中国国家旅游局官网)

【完成成果】

◎每个人撰写个人简历和旅行社计调、导游、外联岗位的求职应聘书,每个小组撰写旅行社计调、导游、外联岗位的招聘书,撰写相关的材料装订成册,封面写上模拟旅行社的名字、LOGO、小组成员的名字。

【项目回顾】

目前我国将旅行社分为两类,一类是可以经营入境旅游业务及国内旅游业务的旅行社;另一类是除上述旅游业务外,还可以经营出境旅游业务。在项目1中,我们学习了旅行社的定义、权利义务和主要业务,以及旅行社的监管部门;旅行社的性质有营利性、中介性、服务性;旅行社的设立条件和申办准备;旅行社的申办程序是:申请营业许可、缴纳质量保证金、办理注册登记、办理税务登记。

目前我国旅行社普遍采用的管理制度,主要有目标责任制、岗位责任制。旅行社的主要岗位有经理、销售、计调、导游、财务。到旅行社应聘岗位要提前准备自我介绍、了解公司概况,要注意衣着打扮,切忌迟到,带上工作物品。旅行社岗位招聘的流程是分析招聘岗位、确定招聘方式、发布招聘信息、进行招聘面试、录用招聘人员。

【同步练习】

一、填空题

1.中国第一家旅行社的创办人是( )。

2.女同学化妆的基本要求是( )。

3.旅行社的组织管理制度有( )。

4.旅行社的性质有( )。

5.经营出境旅游业务的旅行社,质量保证金不少于( )万元。

6.在旅行社的业务流程管理中,( )是旅行社具体操作的三大部分。

二、多项选择题

1.除有关规定外,外商投资旅行社不得经营( )业务。

A.国内旅游   B.出境旅游   C.边境旅游

D.入境旅游   E.提供旅游咨询

2.以下不属于旅行社经营的业务有( )。

A.交通、景区和住宿经营者在其交通工具上或者经营场所内,提供交通、住宿、餐饮等单项或者多项服务的

B.社会团体组织会员、机关企事业单位组织员工、学校组织学生进行旅游活动的

C.接受委托提供交通、住宿、餐饮代订服务

D.家庭成员、朋友、同学等彼此相识的群体自发组织的旅游活动的

E.接受委托提供游览、娱乐代订服务

3.根据业务流程,旅行社的主要业务有( )。

A.产品设计 B.产品采购 C.产品销售

D.产品接待 E.产品售后

4.旅行社的申办程序是( )。

A.申请营业许可 B.缴纳质量保证金 C.办理注册登记

D.办理税务登记 E.办理执照

5.导游岗位职责有( )。

A.执行合同 B.讲解服务 C.维护安全

D.答疑解难 E.反馈意见

三、名词解释

1.旅行社

2.质量保证金

3.岗位责任制

四、问答题

1.旅行社员工在发型方面的具体要求是什么?

2.旅行社有哪些义务?

3.申请经营出境旅游业务的旅行社,必须符合哪些条件?

五、案例分析

2000 年 12 月至 2001 年 1 月 1 日,黎剑、杜伟等人,以北京中天旅行社接待部的名义,租用北京崇文门饭店一房间作为经营场所,并以北京中天旅行社名义发布广告,在收取游客大量旅游款或者购票定金后携款潜逃。而此案的受害者交款后拿到的都不是正式发票而是收据,有的甚至是白条,而且所签旅游合同和收据上的章都是部门章,相关游客因而蒙受巨大损失。

学了项目 1 后,如果你的亲朋要找旅行社报名参团,又担心遇到非法旅行社,向你咨询如何避免上述案例中遇到的情况,你应该怎样告诉亲朋选择合适的旅行社呢?

【实操考核】

1.考核内容:介绍模拟旅行社。

2.考核标准:介绍详尽、语言表达准确、PPT 制作精美、讲解、生动到位。

3.考核方法:

①各小组以 PPT 形式进行比赛,比赛内容为各自小组组建的模拟旅行社介绍(包括旅行社名称、网站及 LOGO、经营范围及主要业务、部门及人员设置等)。

②教师在学生小组演示过程中提出相应问题,要求学生解答。教师和学生通过自评和互评的方式评选出介绍做得最好的一个小组。

表 1-2 模拟旅行社介绍评分表

小组成员：		模拟旅行社名称：			
测试项目	评分要点		分值	得分	备注
模拟旅行社介绍（共60分）	内容翔实、观点正确		10分		
	条理清晰、逻辑性强		10分		
	详略得当、重点突出		15分		
	讲解生动、有感染力		15分		
	讲解具有沟通性、现场感		10分		
PPT制作（共20分）	逻辑清晰、文字精练		10分		
	图表清楚、美观		5分		
	适当使用动画效果		5分		
语言表达（共10分）	普通话标准、清晰、流畅		5分		
	用词准确、恰当,态势语言自然得体		5分		
团队合作（5分）	小组分工合作,齐心配合		5分		
仪表礼仪（共5分）	着装打扮得体、整洁,言行举止大方		3分		
	符合旅行社人员服务礼仪礼貌规范		2分		
合计（共100分）			100分	得分：	
评语：					

项目 ②

旅行社产品
设计业务管理

【项目导读】

旅行社产品是旅行社存在和发展的基础,旅游产品是经过精心策划、特别包装的,具有独特性,且难以在短期内被复制和替代,或只是被局部复制和替代的旅游创新服务。旅行社只有开发出适合旅游市场需要的产品才能获得经济利益。本项目主要针对旅行社产品的内涵、特征、设计原则和流程等基本知识进行学习,包含认识、设计和包装旅行社产品三个方面的内容。

【项目主要内容】

项目2 旅行社产品设计业务管理		
项目任务	学习内容	内容分解
任务2.1 认识旅行社产品	2.1.1 旅行社产品的构成	1)旅游交通
		2)旅游住宿
		3)旅游餐饮
		4)游览观光
		5)娱乐项目
		6)购物项目
		7)导游服务
		8)旅游保险
	2.1.2 旅行社产品的特点	1)综合性
		2)文化性
		3)不可分离性
		4)公共性
		5)敏感性
		6)无形性
		7)差异性
	2.1.3 旅行社产品的类型	1)包价旅游
		2)单项服务
		3)组合旅游

续表

项目任务	学习内容	内容分解
任务 2.2 设计旅行社产品	2.2.1 旅行社产品设计的原则	1)市场优先原则
		2)特色突出原则
		3)安全第一原则
		4)效益兼顾原则
		5)时效优先原则
		6)结构合理原则
	2.2.2 旅行社产品设计的内容	1)确定线路名称
		2)突出行程特色
		3)策划线路行程
		4)选择交通方式
		5)安排住宿餐饮
		6)留出购物时间
		7)筹划娱乐活动
		8)制订产品价格
	2.2.3 旅行社产品设计的流程	1)进行市场调查
		2)筛选现有产品
		3)制订开发方案
		4)试产试销产品
		5)投放目标市场
		6)检查完善产品
		7)收集反馈信息
任务 2.3 包装旅行社产品	2.3.1 制作旅行社产品说明书	1)旅行社产品说明书的表述要求
		2)旅行社产品行程单的表述方法
		3)旅行社产品说明项的表述方法
	2.3.2 制作旅行社产品的宣传资料	1)制作旅行社产品宣传资料的要求
		2)制作旅行社产品宣传资料的形式

续表

项目任务	学习内容	内容分解
任务 2.3 包装旅行社产品	2.3.3　制作辅助销售人员的资料	1) 产品广告报刊样张
		2) 产品宣传单及详细解释
		3) 产品优势要点介绍
		4) 产品销售价格计算
		5) 目的地相关旅行知识
	2.3.4　发送产品包装资料的渠道	1) 销售人员直接发送
		2) 报纸杂志和电视广播
		3) 户外媒体和网络、手机
		4) 新闻事件和社会活动

【学生工作任务书】

学生工作任务书 3						
任务 2.1	项目编号	建议学时	能力目标	知识目标	师生活动	完成成果
认识旅行社产品	2-1	2学时	能够对旅行社产品进行要素分析，找准其特色	①掌握旅行社产品的构成要素 ②了解旅行社产品的类型 ③熟悉旅行社产品的特点	①教师给出某一旅行社产品行程单，请学生分组分析出旅行社产品的构成要素 ②教师对学生的分析进行指导，帮助学生充分理解旅行社产品的构成	①登录某一旅行社的网站，按不同的划分方法对其产品进行分类 ②分组画出该旅行社某一产品的构成分析图
学生工作任务书 4						
任务 2.2	项目编号	建议学时	能力目标	知识目标	师生活动	完成成果
设计旅行社产品	2-2	4学时	能按旅行社产品设计的流程设计和优化旅行社产品	①掌握旅行社产品设计的流程 ②掌握不同旅行社产品设计的重点	①教师结合案例讲解旅行社产品设计的原则、流程和操作要领 ②各组通过学习和上网查找资料以及进行实地调研，了解旅游产品设计的原则和内容、流程，设计周边线、国内线、出境线产品	每组上交三条线路产品的行程单。要求:有突出主题和具有吸引力的线路名称，写明线路特色，具备"吃、住、行、游、购、娱"六要素，标出该线路的价格

续表

任务 2.3	项目编号	建议学时	能力目标	知识目标	师生活动	完成成果
学生工作任务书5						
包装旅行社产品	2-3	2学时	①能查找地图并能绘制简单的地图 ②能够制作旅行社产品说明书和宣传资料	①掌握产品销售辅助资料的内容 ②了解旅行社产品包装资料的发送渠道	①教师针对具体的案例引导学生分析旅行社产品宣传资料的构成要素,并讲解必要的旅行社产品包装策划知识 ②各小组对自己设计的三条线路产品进行包装策划,制作出一套该产品的宣传资料	分组上交所设计的旅行社产品的宣传资料(包括 PPT、广告单等)

任务 2.1　认识旅行社产品

【教学目标】

知识目标

掌握旅行社产品的构成要素。

了解旅行社产品的类型。

熟悉旅行社产品的特点。

能力目标

能够对旅行社产品进行要素分析,找准其特色。

【任务引入】

教师给出某一旅行社产品行程单,请学生分组讨论旅行社产品的构成。

大理+双廊半自由行双飞五日游

一、行程安排

日期	行　程	住宿	餐饮
D1 重庆— 大理	机场指定地点集合,乘飞机抵达大理(机上无导游,全程约90分钟),导游接机后预计乘车60分钟,前往游览大理标志景点"崇圣寺三塔"(游览时间90~120分钟),三塔是大理文化及建筑艺术的象征,是我国现存古代佛塔中造型最精美的建筑之一,三塔公园分为三塔、崇圣寺、雨铜观音殿等景区,在唐、南宋时期,是南诏、大理国的皇家寺院,规模宏大,有"佛都"之誉。接着乘车45分钟,前往蝴蝶泉用中餐,餐后前往白族青年男女定情圣地"蝴蝶泉"公园(游览时间90~120分钟),然后前往游览"文献名邦""大理古城"(已含古城维护费)。漫步驰名中外的洋人街,感受南诏古国的韵味(游览时间约120分钟),入住酒店休息	大理挂三星酒店	含中晚餐
D2 大理	早餐后,参观大理最大的珠宝加工厂"大禧城",了解中国五千年玉文化(参观时间不低于90分钟)。随后乘车前往观看"寸发标大师"银器制作过程及银器成品展销(参观时间60~90分钟),午餐后乘"洱海游船"游览高原明珠"洱海",登南诏风情岛,品尝白族三道茶,观赏白族歌舞表演,结束约180分钟的游船行程后,入住酒店休息	大理挂三星酒店	含早中餐
D3 大理— 双廊	早餐后,乘车游览"喜州古镇""段氏茶庄"后,前往双廊自由活动,体会人与自然和谐共处,金梭锁景,白帆点点,洱海泛舟,鱼鹰戏水,让您乐在其中,在这里放飞您的心,回归宁静,晚上入住双廊的客栈休息	双廊客栈	含早
D4 双廊	早上睡到自然醒,全天在双廊自由活动	同上	无
D5 大理— 重庆	早上自由活动后,前往大理机场,乘飞机回重庆	无	无

二、服务标准

交通标准	重庆—大理/大理—重庆往返为直飞经济舱。航班以出团前通知为准,航空公司航班调整、延误、取消等系意外事件,造成行程延期或取消等,由客人自行承担;机票政策性调价,补差价由客人承担。成人持有效期内身份证,16周岁以下儿童持户口本或身份证登机(不带有效证件以及未能在规定时间内到达造成无法登机产生的损失由客人自行负责)。机票价格为团队机票,不得改签、换人、退票

续表

住宿标准	大理:挂三星酒店,如泛美酒店、怀仁酒店等 双廊:如双廊聆海轩客栈、驿旅阳光客栈等 说明:1.以上住宿标准均有热水器、彩电、空调、独立卫生间等基本设施 2.团队中单男单女,在无法拼房时,安排三人间或加床或由客人补单房差价 3.当地的住宿条件有限,请游客理解,其住宿条件不可与城市住宿条件相比,部分酒店空调定时开放,具体情况根据当地的气候而定,烦请特别注意
用餐标准	全程用餐2早3正,15元/人/正,早餐为酒店赠送不用不退。正餐10人一桌,八菜一汤,温馨提示:餐标不含酒水
用车	全程旅游资质车辆(每人一座)。按我社成团人数选择车型,每人确保1个正座
景点标准	费用已经包含行程中景点的第一道门票(不含景区内索道和电瓶车,但单独注明了已经包含的除外),需要乘坐的费用自理。旅行社根据所订航班,在保证不降低标准的情况下对行程游览顺序进行前后调整
导游服务	云南持证导游服务:40元/人
自由活动	全程自由活动2次,时间为2小时以上
旅游报价不包含的服务内容	1.保险:为确保人身安全,强烈建议每位游客购买"旅游人身意外伤害险",保费10元/人,保险金额10万元/人,具体赔付细则详见保险公司相关理赔条款 2.市区至机场的往返交通费用 3.国际油价波动引起的机票燃油附加费的临时上涨,上浮具体金额遵照各大航空公司的有关通知执行 4.旅游期间一切私人性质的消费,如洗衣、通信、娱乐等 5.因战争、台风、海啸、地震等不可抗力而引起的一切费用
特别备注	云南为高海拔地区,为确保游客人身安全,65岁以上的老人,应注意所存在的风险,并需开具医院健康证明及直系亲属陪同
特别提醒	凡参加旅游团的团员请主动出示合法有效证件(包括老年证、残疾证、军人证等),按景区规定享受相应优惠。若因未出示或使用伪造证件导致的一切责任及后果应由游客自行承担
儿童	小于12岁(不含12岁),只含往返机票、当地车位、半餐(不占餐位),不含早餐、不含景点门票、不占床,其他费用自理

三、温馨提醒

(一)出发前准备

1.旅行证件:成人持有效期内身份证,16周岁以下儿童持户口本正本登机(不带有效证件以及未能在规定时间内到达造成无法登机产生的损失由客人自行负责),请您务必携带本人身份证。另外,航空公司规定,经济舱客人托运行李重量不超过20千克。

2.着装:准备衣物要根据季节的变化而定,云南地处云贵高原,一里不同俗,十里不同天,气候变化较快,请出团前注意当地天气预报。当地昼夜温差大,请带足保暖防寒衣物。

3.应带物品:出团时请自备洗漱用品、拖鞋,因多数酒店不配备此类物品,主要是为环保及个人卫生。云南日照长,紫外线强,长时间在户外活动,请戴上太阳帽、太阳镜、涂抹防晒霜,以保护皮肤。天气变化多端,请携带雨具。

(二)云南购物提示

1.云南特殊的气候适宜很多品种花卉的生长,鲜花、干花很便宜,建议您多看,一饱眼福,根据需求购买。

2.云南玉石和银器、普洱茶比较出名,客人可以根据需要和爱好购买。

(三)云南游览期间注意事项

1.游客不得参观或者参与违反我国法律、法规、社会公德和旅游目的地的相关法律、风俗习惯、宗教禁忌的项目或者活动。

2.云南饮食与其他地区有较大区别,可能有不合口味的情况发生。

3.云南少数民族众多,要尊重当地的风俗习惯,尽量不要与当地人发生矛盾,避免不必要的争执和不快。

4.当地各民族都有自己别具特色的称谓,具体如下:

石林:男——阿黑哥　女——阿诗玛　　大理:男——阿鹏　　　女——金花
中甸:男——扎西　　女——卓玛
丽江:男——胖金哥　女——胖金妹　　版纳:男——猫多里　女——骚多里

整个云南境内,无论什么民族,都极其反感"小姐"这个称谓,请用"小姑娘"代替。

5.云南寺庙众多,在游历寺庙时有四大忌讳需牢记心头,以免引起不必要的争执与不快:

与僧人见面常见的行礼方式为双手合十,微微低头,或者单手竖掌于胸前,头略低,忌握手、拥抱、抚摸僧人头部等不当行为;

在寺庙中不得吸烟、随地乱扔垃圾、大声喧哗、指点议论、随便走动;

在大殿中切忌拍照、摄影、乱摸乱刻神像、踩踏大殿门槛;

如遇佛事活动应静立默视或悄然离开,同时,要照看好自己的孩子,以免其因无知而做出不礼貌的行为。

(四)安全事项

1.晚间休息,注意检查门窗是否关好,贵重物品可放在酒店保险柜或贴身保管。

2.身份证件及贵重物品随身携带,请勿交给他人或留在车上、房间内。行走在街上特别注意小偷、抢劫者,遇紧急情况,尽快报警或通知领队、导游。

3.下车时记住车号、车型。如遇迷路,请站在曾经走过的地方等候,切不可到处乱跑,最好随身携带酒店卡,在迷路时打车回酒店。

4.飞机起飞、降落时一定要系好安全带,如要互换座位,必须待飞机平飞后进行。在船上按要求穿好救生衣。

5.在参加活动时,一定要听从号令指挥,排位、坐落等有序进行,预留足够安全空间,避免拥挤或推搡及发生挤压、拉伤、跌伤、落水、坠落等意外事件,注意保持安全间距。不要过于流连景点或购物点而导致掉队或拖延,听从导游和团队领导的指挥和安排,按时到达指定地点集合,按时上车,避免耽误行程。不要单独行动,如有个人临时的活动安排或路线变化,必须提前征得领队和导游同意。

6.外出旅游必须注意饮食饮水卫生,不要购买或食用包装无厂家、无日期、无食品质量安全认证标志或过期的食品,以防饮食后有不良反应。若有不适,及时报告领队或导游并设法就医。

7.去风景名胜地旅游时,必须遵守参观地点旅游规定,攀爬高处,要防止跌落受伤,同时也要预防脚被尖锐物扎伤或被山区蛇虫咬伤。经过高处或钢索栈道时,必须扶好栏杆或钢索;不要拥挤追逐,小心踏空。经过台阶和狭窄、路滑地段,谨防跌倒。如经过正在施工的工地段,需保持安全距离,走安全通道,不要随意进入施工现场,防止跌落、扎伤、触电、坍塌等事故。如遇恶劣天气,必须注意预防暴雨山洪暴发、雷电伤害、山体滑坡、泥石流等

8.旅游过程中应遵守公民良好的道德文明规范(如尊老爱幼,排队候车、购物、就餐,不乱扔纸屑、果皮,爱护公共财物,公共场所不要高声喧哗或打闹,不讲脏话等),避免与他人发生口角或冲突;始终注意维护个人良好形象。禁止吸烟、随地吐痰、乱扔垃圾和随意进入非参观游览区内拍照等不良行为。与游客和当地居民交往时,注意文明礼貌,尊重当地习俗

补充协议

甲方:

乙方:

甲乙双方根据《中华人民共和国合同法》《中华人民共和国旅游法》及相关法律法规的规定,在平等、自愿、充分协商一致的基础上,就甲乙双方签订的旅游合同达成如下补充协议,甲乙双方共同遵守。为甲方进一步了解当地特色产品、文化,在不影响旅游团队中其他游客行程安排的前提下,甲方有意向在旅游行程中由乙方安排,进入甲乙双方协商确定的购物点进行购物活动。甲乙双方协商确定的购物点如下:

购物场所						
具体时间	地点	购物场所名称	主要商品信息	最长停留时间/分钟	其他说明	游客签名同意
第二天	大理	大禧城	玉器	90		
第二天	大理	寸发标大师	银器	90		
第三天	大理	段氏茶庄	茶叶	90		

本协议经甲乙双方签订之日起生效,协议一式两份,双方各执一份,本协议为双方签订的旅游合同的组成部分,与旅游合同具有同等法律效力。

乙方就上述自愿购物的内容、特色,自愿增加的自费项目对我进行了全面告知、提醒,我经慎重考虑后,自愿选择并参加上述购物,乙方无强迫。并提示我理性消费和注意自身的人身财产安全,如因我自身原因取消或因乙方不能控制因素无法安排的,甲方予以理解。我同意本"补充协议书"作为双方签署的旅游合同不可分割的组成部分。

甲方签章:　　　　　　　　　　　　乙方签章:

签约地点:　　　　　　　　　　　　签约地点:

【任务分析】

要分析"大理+双廊半自由行双飞五日游"这条线路产品的构成,应首先运用学过的知识,通过列表来分析这条线路包含哪些要素,下面具体学习相关知识。

【相关知识】

2.1.1　旅行社产品的构成

旅行社产品是旅行社根据市场需求,通过采购并整合景点、交通、住宿、餐饮、购物、娱乐等单项服务产品,并将自己的服务贯穿于其中的、向游客提供在旅游活动过程中的全部产品和服务的总称。旅行社产品的基本构成如下:

1) 旅游交通

旅游交通是指旅游者利用某种手段和途径,实现从一个地点到达另外一个地点的空间转移过程。它既是游客抵达目的地的手段,也是在目的地内活动往来的手段。旅游交通是旅游业的一个重要支柱,为旅游业及旅游活动本身的发展提供了重要的工具,旅游交通本身也是吸引游客的重要资源,如现在广受欢迎的邮轮旅游。

旅游交通为游客在旅游过程中提供运输工具及其配套的服务系统,是构成旅行社产品的重要因素。旅行社编排产品时,对安排旅游交通方式的原则是:便利、安全、快速、舒适、平价。

2) 旅游住宿

旅游住宿是为游客在旅游过程中提供的住宿设施及其服务的总和,它是涉及旅行社产品质量的重要因素,销售旅行社产品时,必须注明下榻饭店的名称、地点、档次以及提供的服务项目等,一经确定,不能随便更改,更不能降低档次、改变服务项目。

旅游住宿服务是旅行社产品的重要组成部分,在一定程度上已经成为评价一个国家旅游业接待能力的重要标志,旅行社如果不能依照客人要求安排饭店,或者安排的饭店服务不符合客人要求,将会直接影响到游客的满意度,不但可能给旅行社带来声誉上的损害,还直接关系到旅行社的经济利益。旅游住宿的安排原则通常是根据游客的消费水平来确定的,对普通游客而言就是:卫生整洁、经济实惠、服务周到、美观舒适、位置便利。

3) 旅游餐饮

旅游餐饮是旅行社产品中的要素之一,为游客在旅行游览过程中提供的餐饮服务。旅游餐饮安排的原则是:卫生、新鲜、味美、量足、价廉、营养、荤素搭配适宜。

4) 游览观光

游览观光是游客最主要的旅游动机,是旅行社产品产生吸引力的根本来源,也反映了旅游目的地的品牌与形象。游览观光的安排原则是:资源品位高、环境氛围好、游览设施齐全、可进入性好、安全保障强等。

5) 娱乐项目

娱乐项目是旅行社产品构成的基本要素,也是现代旅游的主体。许多娱乐项目都是参与性很强的活动,能极大地促进游客游览兴趣的保持与提高,加深游客对旅游目的地的认识。

6）购物项目

购物项目的安排原则是：购物次数要适当（不能太多），购物时间要合理（不能太长）；要选择服务态度好、物美价廉的购物场所，切忌选择那些服务态度差（如强迫交易）、伪劣商品充斥的购物场所。购物项目分为定点购物和自由购物两种，前者是游客到旅行社指定的商店购物，后者是游客利用自由活动时间自己选择商店购物。

7）导游服务

旅行社为游客提供导游服务是旅行社产品的本质要求，大部分旅行社产品中都含有导游服务。导游服务包括地陪、全陪、景点陪同和领队服务，主要是提供翻译、向导、讲解和相关服务。导游服务必须符合国家和行业的有关标准及有关法规，并严格按组团合同的约定提供服务。

8）旅游保险

旅游保险是涵盖意外、医疗、出行不便，如航班延误、财务损失、个人损失等保护在内的综合保险。旅行社提供产品时，必须向保险公司投保旅行社责任险，保险的赔偿范围是由于旅行社的责任致使游客在旅游过程中发生人身和财产意外事故而引起的赔偿。

旅行社产品是一个完整、科学的组合概念，以上各种要素的有机结合，构成了旅行社产品的重要内容。（图 2-1）

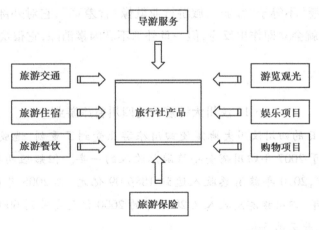

图 2-1　旅行社产品的构成

2.1.2　旅行社产品的特点

旅行社产品是以固化形态的"产品包"的形式出现，将旅行社的各项承诺和服务融入其中。当它具体到旅行社产品的组合中并成功交换之后，服务也就贯穿到旅游活动的整个过程。因此，旅行社产品具有服务的共同属性，同时又具有自身的特征。主要表现在以下几个方面：

1）综合性

综合性是旅行社产品的最基本特征，游客在旅游活动中购买、使用、利用和消费各种物质产品和服务产品，其中不仅包含劳动产品，而且包含非劳动的自然创造物，既有物质成分，又有社会精神成分，是一种组合型产品。旅行社产品的综合性是由旅游活动的性质决定的。

2）文化性

旅游本质是一种审美活动过程，旅游活动就是游客为满足其精神文化需求而进行的活动。产品之所以会被购买、消费，原因就在于它具有审美愉悦的使用价值和文化色彩鲜明的主题。

3）不可分离性

产品一般都是在游客来到生产地点时，供给方才开始生产并交付使用的。也就是说旅游从业人员生产产品时，也正是游客消费的时刻，即产品的生产过程与消费过程是同时进行的，生产与消费不但在时间上不可分离，而且在空间上也是不可分离的。

4）公共性

旅行社产品的构成要素具有公共性，如任何旅行社都可经营旅游吸引物。

5）敏感性

因旅游的敏感性，旅行社产品也具有敏感性，另外，旅行社产品的综合性也使它具有很多不确定因素。但"敏感"不等于"脆弱"，旅游行业就像"含羞草"，它对外部因素的变化非常敏感，一有"风吹草动"就会立即作出反应，但一旦外部不利因素消除，它很快就会恢复常态。

【相关链接】

5·12 汶川大地震后的四川省旅游业

2008 年 5 月 12 日的四川汶川大地震使四川旅游业受到了重创，造成当年四川旅游业损失达 624 亿元，相当于 2007 年四川省全年旅游总收入的一半。但短短两年，四川旅游灾后恢复重建取得巨大成就，2010 年旅游总收入达到 1886.09 亿元，比 2005 年（721.26 亿元）增加 1164.83 亿元。2015 年，四川旅游总收入从 2011 年的 2000 亿元突破到 6000 亿元，旅游总收入排名从全国第 9 位上升至第 5 位。

（资料来源：四川省人民政府网）

【同步讨论】

有人说："旅游业太脆弱了，一有个风吹草动，就会停掉旅游，旅行社经常会因为各种灾害受到损失。"你认为这种说法对吗？旅游业中还有哪些你所知道的类似 5·12 汶川大地震所表现的"敏感性"特点的现象呢？

6）无形性

旅行社产品的主体部分是服务产品,在消费者购买前表现为无形无质。另外,在销售过程中,旅行社产品不会导致某些实物所有权的转移,或产品实物形态的改变。

7）差异性

旅行社是以"人"为中心的服务产业,由于人类个性的存在,服务产品没有严格的界定标准,可变化的因素比较多,使得人们对于旅行社产品的质量评价很难采用统一的标准。旅行社产品因服务提供者、环境等不同而体现出差异性。比如,同是参加某地一日游,有人乐而忘返,有人败兴而归;而对同一位导游的讲解,有人兴致勃勃,有人昏昏欲睡。(图2-2)

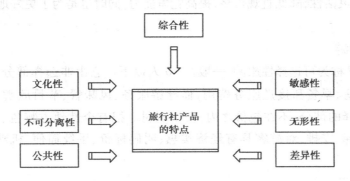

图 2-2 旅行社产品的特点

2.1.3 旅行社产品的类型

按照旅行社产品和所包含的内容,可以将旅行社产品的形态分为:包价旅游、单项服务和组合旅游。

1）包价旅游

包价旅游是将各个旅游产品的单项要素(住宿、交通、餐饮、景点等)组合起来,添加旅行社自身提供的服务和附加价值(咨询服务、导游服务、后勤保障、手续办理、保险购买等),并赋予品牌,形成整体的旅行社产品。包价旅游是游客在旅游活动开始之前,将全部或部分旅游费用预付给旅行社,并签订旅游合同,由旅行社根据计划行程,安排食、住、行、游、购、娱乐等活动。组合和包价产品是旅行社产品中的核心,是旅行社利润的主要来源。包价旅游又可细分为团体包价、半包价、小包价和零包价旅游。

【业界语录】

参加旅行社组织的团队游客所付出的价格就是航空、酒店、地面交通、餐饮、景区景点、导游等旅游要素在内的"服务包"。目前,旅游在内的服务业正在成为国民经济的支柱产业,服务的价值应得到应有的尊重和实现。

——中国旅游研究院院长,戴斌

（1）团体包价旅游

团体包价旅游又称为全包价旅游，一般由 10 人或以上的人员组成一个旅游团，参加旅游的游客采取一次性预付旅费的方式，将各种相关旅游服务全部委托一家旅行社办理。对于旅行社而言，团体包价旅游预定周期较长，易于操作，而且批量操作可以提高工作效率，降低成本，同时又能获得较高的批量采购折扣。对于游客而言，参加团体包价旅游可以获得较优惠的价格，预知旅游费用，一次性购买便可获得全部旅游安排和导游全陪服务，简便、安全。

（2）半包价旅游

半包价旅游一般是由团体包价组合中除去中晚餐费用的一种包价形式，其目的是增加游客活动的自主性、灵活性，降低直观价格，提高竞争能力，同时也是为了更好地满足游客在用餐方面的不同要求。

（3）小包价旅游

小包价旅游又称为可选择性旅游，一般在 10 人以下。它由非选择部分和可选择部分构成。游客预付客房、早餐和接送服务费用，而导游服务、风味餐、节目欣赏和参观游览活动则属于可自由选择的部分，不在包价之内，费用现付。把有个性地方特色、民族意味的东西留给游客自主选择、安排，对游客具有经济实惠、明码标价、手续简便、机动灵活、安心可靠等优势。

（4）零包价旅游

零包价旅游又称为"团体进出，分散旅游"。参加这种旅游的游客须随团前往和离开旅游目的地，但在旅游目的地的活动是完全自由的，形同散客。旅行社只提供游客的来回机票，给予优惠并统一代办签证。签证、订票等环节相对烦琐，耗时较多，将其交由旅行社代办方便省力，中间游程又不受羁绊，这种类型的旅行社产品是一个发展趋势。

2）单项服务

单项服务又称为委托代办业务，是旅行社根据游客的具体需求而提供的具有个性化色彩的各种有偿服务。诸如导游服务、交通集散地接送服务、代订酒店和交通票据服务、代办签证、博物馆、美术馆旅游、艺术欣赏旅游等。随着游客个性化、时尚化和人性化的需求日臻显现，对旅行社产品提出了更新、更高的要求，产品本身的内涵和外延在不断地丰富和延伸，旅行社产品的单项销售也变得十分重要。

3）组合旅游

组合旅游又称为散客拼团，即"分散进出，团体旅游"，是一种较为灵活的旅行社产品。这种产品的经营者是旅游目的地旅行社根据对旅游客源市场需求的调查和分析，设计出一批固定的旅游线路，通过客源地旅行社的推广、宣传、销售，把来自各地的零散游客汇集起来，组成旅游团体，实现旅游活动。这样做避免了一些旅游客源地旅行社因游客人数少，不能单独组团而造成客源浪费的弊病。一般来说，组合旅游团的组团时间短，游客选择性强。

【拓展阅读】

江苏省"十三五"旅游业发展规划之旅游产品建设规划

1.观光旅游产品

以世界遗产和精品旅游景区为支撑,通过整合资源、挖掘内涵实现产品提档升级,重点打造八类观光系列产品。

名胜遗产旅游产品。以大运河等世界文化遗产以及古镇古村落、汉朝文化遗迹、明朝文化遗址、六朝遗迹、名山景区等名胜遗产为基础,形成一批具有国际吸引力的观光产品。

滨海风光旅游产品。打造沿海岸线多类滩涂湿地观光产品,推出一批沿海旅游产品,打造经典滨海文化旅游产品。

城市景观旅游产品。打造城市开放式景区,优化城市景区周边环境。重点旅游城市开通观光巴士,开辟"环城游"线路,打造城市夜景系统,丰富游客体验。

特色农业旅游产品。发展体验农业、创意农业等新产品。

珍稀动植物旅游产品。以盐城丹顶鹤等珍稀动植物资源为主要吸引物,推出特色游览方式,重视玩偶纪念品、饰品等特色旅游商品的开发。

自然生态旅游产品。开发体验式旅游项目,赋予科学教育内涵,促进自然生态旅游产品可持续发展。

书画观光旅游产品。加强对历史文化景区书画景观的旅游解说。

主题公园旅游产品。深入挖掘历史内涵,借助声光电等科技手段,打造不同凡响的主题公园,提升并完善一批主题乐园项目。

2.休闲度假旅游产品

打造一批国内一流、国际知名的综合型旅游度假区,重点打造八类休闲度假产品。

都市休闲度假产品。拓展都市休闲空间,为游客和居民打造良好的休闲和消费空间。

乡村休闲度假产品。发展高品质的乡村民宿、度假农庄、养生基地、乡村俱乐部等系列旅游度假产品。

温泉休闲度假产品。挖掘温泉养生资源,构建温泉生活方式,打造精品温泉旅游度假区。

养老休闲度假产品。开发养老休闲度假产品,形成以银龄人群为主要客源的养老休闲度假旅游产品系列。

情感休闲度假产品。依托江南古镇等特色旅游资源,营造浪漫和温情氛围,开发蜜月、亲子、家庭、情侣主题等系列旅游产品。

海滨休闲度假产品。打造特色鲜明的滨海休闲旅游产品。推出海鲜特色美食、海钓、邮轮等度假产品,打造集滨海度假、游乐体验于一体的国家级滨海休闲度假区。

运动健康休闲度假产品。重点建设一批生态休闲和运动健身相结合、具有地域特色的运动健康休闲度假基地。推出登山、跑步、骑行等山地户外体验旅游产品,推出漂流、水上飞机、帆船、野钓、索道滑水等体验性强的运动旅游产品。

研修体验度假产品。依托并深入提炼我省丰富的文化资源,结合昆曲、评弹、评话等艺术形式,推出文化研修体验度假产品。充分挖掘现代农业科技园、高科技制造基地的娱乐元素,推出科技研修体验旅游产品。

3.专项旅游产品

适应大众旅游时代需要,大力开发专项旅游产品,重点打造九类专项旅游产品。

商务会展旅游产品。打造生物医药、机械制造、电子信息、新能源、纺织、旅游用品制造等领域的国际级展会,自主培育和积极引进国内外大型会展品牌。

研学旅游产品。推出一批具有江苏特色的科普教育、历史文化、红色旅游等主题的研学旅行基地,积极探索文化体验、科技体验、娱乐体验等不同研学旅游产品。将现代农业科技园、高科技制造业基地、科研院所、知名高校培育为研学旅游吸引物。

自驾旅游产品。依托江苏通达的交通网络,推动自驾旅游基地建设,推出集装箱主题旅馆,自驾车、旅居车营地等系列自驾游产品。

低空飞行旅游产品。支持依托各地通用机场,开展低空飞行、热气球、固定翼等特色航空旅游。

红色旅游产品。重点提升淮安周恩来故居、侵华日军南京大屠杀遇难同胞纪念馆等红色观光旅游景区的建设与管理水平,推出一批红色旅游景点线路。

宗教旅游产品。积极打造禅修、研修等体验性旅游产品。

体育旅游产品。推出攀岩、探险、骑行、极限运动、赛车等体育旅游产品。大力发展水上体育旅游产品与航空体育旅游产品。沿江沿湖、城市滨水空间推出龙舟、赛艇和垂钓等水上体育旅游产品。

工业旅游产品。大力发展融参观、游览、体验、保健、购物于一体的工业旅游产品。支持常熟隆力奇、镇江恒顺醋业等知名企业打造工业旅游项目。支持南京云锦、苏州刺绣等产业打造旅游工艺品类的旅游项目,支持连云港等地打造现代水上运输业旅游产品。支持无锡等城市打造近代民族工商业遗址旅游产品。

书香旅游产品。依托历代书院、藏书楼、名人读书处等阅读文化遗存和图书馆、实体书店、特色书屋等现代阅读设施,打造书香体验之旅经典景区和产品。

(资料来源:江苏省人民政府网,编者节选)

【同步思考】

结合当地特色,想一想你所在地区的旅游产品有哪些类型?

【教学互动】

◎教师给出"大理+双廊半自由行双飞五日游"行程单,请学生分组分析出旅行社产品的构成要素,教师对学生的分析进行指导,帮助学生充分理解旅行社产品的构成,并列举构成表的完成示例(构成表可以有各种形式,鼓励学生创新,设计不同形式的构成表)。

表 2-1　大理+双廊半自由行双飞五日游产品的构成表举例 1

线路名称	序号	线路要素	要素解析
大理＋双廊半自由行双飞五日游产品的构成	1	旅游交通	大交通:双飞往返 区间交通:全程旅游资质车辆(每人确保正座)
	2	旅游住宿	大理:挂三星酒店,如泛美酒店、怀仁酒店 双廊:如双廊聆海轩客栈、驿旅阳光客栈
	3	旅游餐饮	全程用餐 2 早 3 正,15 元/人/正,正餐 10 人一桌,八菜一汤,不用不退(早餐为酒店赠送)
	4	游览观光	崇圣寺三塔(90~120 分钟)、蝴蝶泉(90~120 分钟)、大理古城(约120 分钟)、洱海(洱海游船约 180 分钟)、南诏风情岛、喜州古镇
	5	娱乐项目	南诏风情岛上品尝白族三道茶,观赏歌舞表演
	6	购物项目	大禧城玉器(90 分钟)、寸发标大师银器(90 分钟)、段氏茶庄茶叶(90 分钟)
	7	导游服务	全国散拼团,无全陪。地陪为云南当地持证导游,费用 40 元/人
	8	旅游保险	旅行社责任险,建议购买"旅游人身意外伤害险"保费 10 元/人,保险金额 10 万元/人

表 2-2　大理+双廊半自由行双飞五日游产品的构成表举例 2

景 精选景点	崇圣寺三塔(90~120 分钟)	蝴蝶泉(90~120 分钟)	大理古城(约 120 分钟)	洱海(洱海游船约 180 分钟)	南诏风情岛喜州古镇
住 舒适住宿	第一晚大理挂三星酒店	第二晚大理挂三星酒店	第三晚双廊客栈	第三晚双廊客栈	餐:2 早 3 正
特 当地特产	大禧城玉器(90 分钟)、寸发标大师银器(90 分钟)、段氏茶庄茶叶(90 分钟)	行 出行	大交通:双飞;区间交通:全程旅游资质车辆(每人确保正座)	导 导游	无全陪地陪为云南当地持证导游

【完成成果】

◎登录某一旅行社的网站,按不同的划分方法对其产品进行分类。找出该旅行社某一产品的行程单,分组画出该产品的构成分析图(表),通过小组自评、互评、教师评价等方法讨论最佳创新创意构成图(表)。

任务 2.2　设计旅行社产品

【教学目标】

知识目标

掌握旅行社产品设计的流程。

掌握不同旅行社产品设计的重点。

能力目标

能按旅行社产品设计的流程设计和优化旅行社产品。

【任务引入】

阅读下面的案例,分组思考和讨论:通过任务 2.1 中对"大理+双廊半自由行双飞五日游"这条线路的解析,如何设计周边线、国内线、出境线三条线路。

旅游产品中的场景设计

2017 年国庆节期间,有些游客在朋友圈晒"我的大片",有开机、杀青仪式,导演、剧组服务人员也一样不少。之所以有这样的旅游项目,是因为某影视城发现了"为普通人拍微电影"这个商机,据称这种流水线作业,最快半小时就能拍出来,"从几百到几万元,根据服务内容来定价"。

同理,作为旅行社若还是以观光为主导,以景区门票作为抓手,从景区出发去设计产品,未必能讨好客人,因为客人需要的不单纯是观光,更多的是一种新的生活场景的转换,一种生活方式的转变,一种以实现家庭团聚为目的的离家聚合。

港中旅贵州旅行社就深有体会,因此在他们的产品中设计了许多不同的场景,包括让孩子们亲自动手做扎染、进入苗寨等一系列活动,丢开了传统旅行社设计产品的思路,为家庭出游的客人制造出了多种多样的体验。

创造更多满足客人愿望的旅游场景,让旅游产品更饱满,是吸引客人的最大亮点。让客人在不同的场景中享受旅游带来的快乐,才是设计旅游产品的一个重要思路。

【任务分析】

随着社会经济活动的不断改变,个性化、时尚化和人性化的需求日臻显现,对旅行社产品提出了更新、更高的要求,产品本身的内涵和外延在不断地丰富和延伸。在设计线路时,要考虑怎样创造满足客人愿望的场景,带领游客深度体验。在设计这三条线路之前,先要了解旅行社产品设计的原则、流程和操作要领。

【相关知识】

2.2.1 旅行社产品设计的原则

《旅行社服务通则》(GB/T 31385—2015)和《旅行社出境旅游服务规范》(GB/T 31386—2015)规定,旅游服务产品设计应符合以下要求:符合国家法律法规、部门规章、国家或行业标准要求,具备可操作性和可实现性,以及突发事件应急预案。旅行社产品应优化旅游资源的配置与组合,控制游客消费成本,产品明码标价,质价相符,不断推出创新产品。充分考虑旅游资源的时令性限制;确保旅游目的地及其游览/观光区域的可进入性。突出线路的主题与特色、产品多样化,能满足不同消费档次、不同品位的市场需求,符合游客的愿望。根据以上要求,设计旅行社产品的基本原则是:

1)市场优先原则

旅游线路设计的关键是适应市场需求,它必须最大限度地满足游客的需求。游客对旅游线路选择的基本出发点是:时间省、路径短、价格低、景点内容丰富有价值。

当然,不同的游客群有不同的需求。总的来说,分为:观光度假型、娱乐消遣型、文化知识型、商务会议型、探亲访友型、主题旅游型、修学旅游型、医疗保健型等。

多数人外出旅游是为了游览名山大川、名胜古迹。轻松、娱乐、增长见识是他们的主要需求。另外,现在越来越多的年轻人喜欢富于冒险、刺激的旅游活动,包括野外露营、攀岩、漂流、蹦极、沙漠探险等为一体的户外运动,因为既充满挑战性,又满足了人们的猎奇心理,很快受到年轻人的喜爱,成为流行时尚。

因此,旅游线路设计者应根据不同的游客需求、不同的旅游市场设计出各具特色的线路,而不能千篇一律,缺少生机。

2)特色突出原则

由于人类求新求异的心理,单一的观光功能景区和旅游线路难以吸引回头客,即使是一些著名景区和游线,游客通常的观点也是"不可不来,不可再来"。因此,在产品设计上应尽量突出自己的特色,唯此才能具有较大的旅游吸引力。

如云南的少数民族风情旅游线路:昆明—大理—丽江—西双版纳旅游线路展现了我国26个少数民族绚丽的自然风光、浓郁的民俗文化和宗教特色。古老的东巴文化、大理白族欢迎客人的"三道茶"的饮茶习俗、"东方女儿国"泸沽湖畔摩梭人母系氏族的生活形态、美丽而淳朴的丽江古城、纳西族妇女奇特的服饰"披星戴月"装等,都以其绚丽多姿的魅力深深吸引着广大的中外游客流连忘返。这些旅游线路和旅游项目在世界上都是独一无二的,具有不可替代性,这也即人们常说的"人无我有,人有我特"。

3)安全第一原则

《旅行社安全规范》(LB/T 028—2013)要求,产品设计应遵循安全第一原则;应审核旅游产品是否违反国家交通相关法规,如旅游车的行驶时间不得导致司机疲劳驾驶等;是否涉及受突发事件影响而列入橙色以上预警的地区或我国外交部建议中国公民暂勿前往的国家或地区;出境旅游线路是否未经主管部门批准的国家或地区作为旅游目的地;是否包含相关法律法规禁止的其他内容。

另外,旅游产品应有针对突发事件的应急预案或应对措施;应符合目标人群特质,对特殊人群应列明健康要求;对旅游线路履行辅助人的安全资质证明有备案。设计规模较大的团队旅游产品的,应了解旅游目的地的相关安全要求或规定,需要申报、备案的应提前向相关行政管理部门申报、备案。设计特种旅游产品时,应制订相应的安全告知、安全防范措施和应急救援预案。

为了满足游客的多种需求,可以在旅游线路中先安排常规的、一般性的游览活动,把那些较惊险刺激的旅游项目或者特色餐、海鲜餐列为自费项目,供游客自由选择。总之,在旅游活动中,保证安全是游客最基本的要求。只有那些能够确保游客人身、财产安全的旅游线路,才能让旅游者放心购买,放心游玩,才是有市场活力的旅游线路。

4)效益兼顾原则

设计旅游线路时,要兼顾旅游的经济效益、社会效益和生态效益,尽可能做到效益最大化。旅行社作为企业,当然要追求经济效益,旅行社要想长久经营,靠的是"回头客"而不是做"一次性的生意",因此,旅行社也必须要注意其在社会上的声誉,但兼顾生态效益却是多数旅行社没有做到的。

生态旅游是经济发展、社会进步、环境价值的综合体现,是以良好生态环境为基础,保护环境、陶冶情操的高雅社会经济活动。生态旅游提倡的"认识自然,享受自然,保护自然"的旅游概念是旅游业的发展趋势。因此,在旅游线路设计中,必须要注意保护旅游生态效益。

5)时效优先原则

产品设计必须考虑在何种时段进行研发和市场推广最为合适,因此在设计时要尽量注意旅游景观的时效性,比如根据景观的季节性变化和旅游目的地的气候环境变化进行线路设计,或者根据民间节庆活动来设计线路,再比如紧扣社会热点推出相应的旅游线路。

旅行社应该针对不同的季节推出旅游线路,比如春季有春节档、赏花线路、踏青线;夏季有漂流线路、暑期游学、夏令营;秋季有红叶节、夕阳红、节庆游;冬季有养生游、冰雪节、反季节线(澳洲等)。

6)结构合理原则

设计旅游线路时,应慎重选择构成旅游线路的各个旅游点,并对之进行科学的优化组合。

比如要避免重复经过同一城市、同一旅游点;各旅游点之间的距离不宜太远,以免在旅途中耗费大量的时间和金钱;设计旅游线路要择点适量,不宜选择过多的旅游点,使游客过度疲劳。

【同步讨论】

有人说:"设计旅行社产品是个太复杂的工程,需要大量的人力物力财力,新进旅行社员工根本不可能设计出旅行社产品。"你认为这种说法对吗?

2.2.2 旅行社产品设计的内容

旅游线路设计主要包括的内容有:确定线路名称、突出行程特色、策划线路行程、选择交通方式、安排住宿餐饮、留出购物时间、筹划娱乐活动、制订产品价格。

1)确定线路名称

线路名称是线路的性质、大致内容和设计思路的高度概括,因此确定线路名称应考虑各方面的因素,并力求体现简约、突出主题、时代感强、富有吸引力等原则,如"大理+双廊半自由行双飞五日游"这一线路名称表明主要游览景点是大理、双廊,时间是 5 天,性质是"半自由行"。

2)突出行程特色

行程特色是旅游线路的亮点和卖点,设计旅游线路时一定要突出特色,醒目地指出本线路与其他类似线路相比的优势在哪里。"大理+双廊半自由行双飞五日游"这一线路的特色就是"半自由行",表示该旅游线路既有旅行社安排的行程,又有一定的自由度,有时间让游客自主安排行程。(图 2-3)

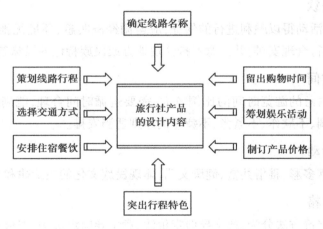

图 2-3 旅行社产品设计的内容

3)策划线路行程

从形式上看,旅游线路是以一定的交通方式将线路各节点进行的合理连接,节点是构成旅游线路的基本空间单元,可以是城市,也可以是独立的风景名胜区。线路的始端是该线路的第一个节点,终端是线路的最后一个节点,而途经地则是线路中除始端和终端外的其他节点,是为主题服务的旅游目的地。

策划旅游线路就是策划从始端到终端以及中间途经地之间的游览顺序,在线路上合理布局节点。因此,要对符合线路主题特色的节点城市或风景区进行筛选和安排顺序,应合理搭配出时间最短、费用最少、交通便利、特色突出的行程。

合理布局各节点后,就应对节点中具体的旅游项目、内容和地点及各项活动的时间进行安排,要能体现出整个行程劳逸结合、丰富多彩、节奏感强、高潮迭起的优势。

【业界语录】

在旅游产品的研发上,要与地域特色和多元文化有机结合,避免千山一景、千人一面,使游客在体验过程中引起内心的共鸣。

——北京交通大学旅游系主任,张辉

4)选择交通方式

交通方式的选择要体现"安全、舒适、经济、快捷、高效"的原则,首先要了解各种交通方式的游览效果;其次要了解各种交通工具的适用旅程;最后要了解国内外交通现状,如类型、分布、形式、网络等。

在具体选择交通工具时要注意多利用飞机,尽量减少旅途时间,避免游客疲劳;合理使用短途火车以及高铁,选择设备好、直达目的地的车次;用汽车做短途交通工具,机动灵活。总之,要综合利用各种交通方式与工具,扬长避短,合理衔接。

5)安排住宿餐饮

吃、住是使旅游活动得以顺利进行的保证,应遵循经济实惠、环境优雅、交通便利、物美价廉、有特色等原则进行合理安排,并注意安排体现地方或民族特色的风味餐。

6)留出购物时间

购物时间通常占总的游览时间的比例较大,需要遵循时间合理,能满足大部分游客的需要,以不重复、不单调、不欺诈、不紧张、不疲惫的原则适当安排。

7)筹划娱乐活动

娱乐活动要丰富多彩、雅俗共赏、健康文明,体现民族文化的主旋律和文化交流的目的。

8)制订产品价格

旅行社产品的定价方法分为:成本导向定价法、竞争导向定价法、需求差异定价法。

(1)成本导向定价法

成本导向定价法即在产品单位成本的基础上,加上预期利润作为产品的销售价格。这种定价方法主要有四种:

成本加成定价法(盈利):将产品的变动成本总额和一定比例的利润加在一起后确定价格。

目标利润定价法(盈利):旅行社为所投入的资金确定一个回收期限和目标利润,根据产品成本和目标利润、预期销售量制订价格。

盈亏平衡定价法(保本):旅行社根据产品的成本和估计销量计算出产品的价格,使销售收入等于生产总成本。

边际贡献分析定价法(不求盈利,只求少亏):旅行社在定价时只计算变动成本,不计算固本成本。

（2）竞争导向定价法

这种定价方法是为了在竞争对手面前能占一定的优势,从而使旅行社产品在较短的时间内在市场竞争中取得客源。

【同步思考】

影响旅行社产品价格的因素有哪些?

（3）需求差异定价法

需求差异定价法是对单位成本相同或相近的同类产品,根据不同细分市场的需求,制订不同的价格,也就是所谓的"看客下菜"。

如"醉美泸沽湖"这个行程就定了三个价格:"特价、常规、品质"。(图2-4)三个价格的行程景点和接待标准基本一样,不同的是品质行程包含了所有景点,没有自费项目,而特价和常规行程将品质行程中某些景点作自费进行二次销售,其中特价行程在签合同时告知游客这个价格要约定保底消费400元,常规行程签合同时告知游客要签自费项目补充协议书。

图2-4 醉美泸沽湖广告单

同一个产品通过略微调整自费或购物从而定出三个不同的价格,将会是旅行社今后定价的一个趋势,这种定价对于游客来说在购买之前可以清楚明白消费,对于旅行社来说可以减少售后的不必要纠纷。

【拓展学习】

旅行社产品定价的流程

旅行社在制订产品价格时,应遵循市场导向原则,以旅游市场需求为导向,根据市场需求的变化制订和调整产品的价格,坚持质价相符原则,按质论价,优质优价,并使产品的价格在一段时间内保持相对稳定,以增加游客对旅行社产品价格的信心。旅行社产品价格制订的流程如图2-5所示。

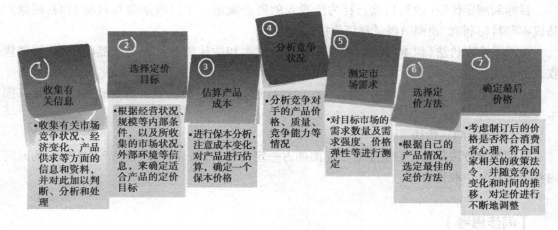

图 2-5　旅行社产品定价的流程

2.2.3　旅行社产品设计的流程

旅行社产品的设计通常有两种方式:一种是供给方根据旅游市场需求而进行的设计,这种产品具有广泛的适应性,具有满足各层次消费者需求的特点;另一种是购买方提出要求,为其需要进行的设计,这种产品往往含有特殊需求。总之,在设计旅行社产品前,都要对市场进行调查,以便了解目标市场的需求。

1)进行市场调查

产品市场调查的目的在于获得大量的旅行社产品市场信息资料,它是旅行社产品开发、设计、生产和销售活动的出发点。一般来说,旅行社产品设计需要掌握以下信息:国内旅行资源的发展状况,包括供给条件的变化(如住宿、交通、环境、卫生方面的变化);国际旅游市场对于旅游路线、旅游项目(如宗教旅游、新婚旅游)、旅游形式(如全包价、半包价、零星委托、选择旅游等)要求的变化;旅行社经营特色的要求(如对产品专题性、新奇性、适应性的要求)等。

【拓展阅读】

市场调查的内容

搞好产品市场调查,对改善经营管理,提高经济效益,促进产品的开发与销售,具有十分重要的意义。产品市场调查的重点应围绕产品的开发、设计、生产、促销等环节,其主要内容包括以下七个方面:

1.旅游市场需求调查:旅游客源市场的需求状况、游客的流向、外出旅行的规模、旅游方式的变化、市场需求的发展趋势等情况;国家经济政策的变化以及当今新闻时事热点对旅游市场需求结构所产生的影响等。

2.游客消费行为调查:一般采取"7O调查法"来了解游客的消费结构及其发展变化趋势,"7O调查法"是指7个英文首字母为"O"的要素,具体为:游客的类别(Occupants)、购买对象(Objects)、购买目的(Objectives)、购买组织(Organizations)、购买方式(Operations)、购买时机(Occasions)、购买渠道(Outlets)。

3.产品调查：了解市场上各种产品的现状和发展趋势，以及本旅行社产品的价值能否实现，能否盈利。如本旅行社产品的生命周期、市场占有率、是否具有品牌优势以及游客的认可度。

4.价格调查：了解本旅行社产品的价格在市场上是否具有竞争力、淡旺季的差价如何、游客对产品价格变动能否接受、旅行社的市场营销组合是否合理。

5.销售渠道调查：主要包括旅游批发商和零售商的数量、实力、合作意向、在旅游市场上的声誉等。

6.旅游服务供应状况调查：主要是旅游线路涉及的各地旅游资源、交通、住宿、餐饮、安全状况等供应情况的调查。

7.竞争情况调查：主要有同行业竞争者的数量与规模；竞争者产品的种类、数量、成本、价格和利润水平；竞争者产品的市场占有率及其发展变化趋势；本旅行社各种营销策略所引起的竞争者的销售变化及其对市场需求量的影响；竞争者所采取的竞争策略和手段；每个竞争者所具有的优势和劣势。

2）筛选现有产品

筛选现有产品是旅行社产品设计中的一项重要内容，也是开发新产品的基础。旅行社产品设计人员应根据市场调查和信息收集汇总的结果，对现有产品进行分类和比较，从中选出畅销产品、经济效益好的产品和具有发展前途的产品，并淘汰滞销产品、经济效益差的产品和没有发展前途的产品。

【拓展学习】
旅行社新产品的类型

1.完全创新产品

完全创新产品是指本企业以前从未生产和销售过的新产品、新开辟的旅游线路、新开发的旅游景点、新建成的旅游饭店等，这些全新产品投资的风险较大，开发的周期较长。旅行社应根据市场和游客的不同需求，适时制订新产品开发计划，不断开发满足游客需求的创新产品。

2.改进新产品

对原有产品不进行重大改革，只对它进行局部形式上的改进。这是旅游企业吸引游客、保持和拓展市场的一种重要手段。

3.仿制新产品

仿制新产品是指市场上已经存在，本企业对其进行模仿后经营的产品。这种仿制产品还应该包括国际市场上已出现过的新产品，但国内市场尚属首次问世的。

从新产品的类型上可以看出，全新型产品因为成本和风险大，对于多数中小型旅行社来说，开发全新产品虽然不常见，但对于现有产品的改进和仿制市场上的产品却是经常性的。因此，即使是刚入旅行社的员工，也不应该认为产品设计是旅行社高层或老员工的工作，事实上对于产品为适应市场而做出的不断修改和优化，也可以看作旅游产品的设计。

3)制订开发方案

旅行社在市场调查和对现有产品的筛选过程中获得的信息将帮助形成产品设计的构思，对众多产品构思进行筛选和可行性研究，与各合作商洽谈，通过整合资源形成基础线路，经过核算明确产品的成本，产生最终的产品设计方案。

【相关链接】

从 OTA 和智慧旅游平台上查找旅行社线路产品

OTA，全称为 Online Travel Agent，中文译为"在线旅行社"，是旅游电子商务行业的专业词语，是指"旅游消费者通过网络向旅游服务提供商预订旅游产品或服务，并通过网上支付或者线下付费，即各旅游主体可以通过网络进行产品营销或产品销售"。

智慧旅游是信息技术面向旅游业的集成创新和应用创新，是为满足游客个性化需求，提供高品质、高满意度服务，实现旅游资源及社会资源的共享与有效利用的系统化、集约化的管理变革。江苏省镇江市于 2010 年在全国率先创造性地提出"智慧旅游"概念，开展"智慧旅游"项目建设，开辟"感知镇江、智慧旅游"新时空。

在设计旅游产品时，一定要尽可能地多看市场上正在销售的旅行社产品，不仅限于本地区的，还应看全国各地的。可以通过实地走访当地的旅行社门店，还可以通过查找 OTA 和智慧旅游平台上发布的信息。

下面是根据《互联网周刊》& eNet 研究中心选择排行的 2017 智慧旅游服务平台 TOP20。（图 2-6）

图 2-6 2017 智慧旅游服务平台 TOP20

4)试产试销产品

在产品设计方案确定后，旅行社即可与有关部门达成协议，将产品设计方案付诸实施，进行试验性销售。新产品投入销售前应组织内部评审，必要时应听取销售人员、游客的意见。产品试产与试销的目的主要有三个：了解产品的销路，检验市场经营组合策略的优劣，发现问题、解决问题。

在试产试销阶段，旅行社应该注意保持产品规模适中，保证产品质量，充分估计各种可能的情况，争取做到有备无患。经过试销证明无销路的产品，切忌勉强投入市场。

5）投放目标市场

通过产品的试销，效果良好的产品应该成批量地投放市场，以便获得预期的经营利润。在将产品正式投放市场时，计调部应协同销售部等部门运用销售渠道策略、促销策略和价格策略等市场营销手段，尽量扩大产品在市场中的占有份额，提高产品的销售率和利用率。

6）检查完善产品

产品投入市场并非产品设计过程的终结，旅行社还应对产品进行定期的检查、改进，使产品不断得到必要的完善，同时广泛收集各种反馈信息，为新产品的开发提供依据。

产品的检查，除在发展趋势、销售市场、竞争态势、价格和内部条件等几个方面进行外，还应着重就产品销售量、销售收入和成本等几个变量进行比较分析，明确旅行社的盈亏状况。并进行价格分析，主要是根据产品质量和产品需求的价格弹性等因素，对产品的价格进行衡量，如果销售价格偏高，往往会失去大量客源，使产品滞销；反之，价格偏低，则会影响旅行社的盈利水平。

7）收集反馈信息

旅游产品的设计，原本在将设计好的产品交到销售环节的时候，就可以说是结束了。收集反馈意见的程序，是基于对产品质量、销售效果直接掌控的需要而进行的，因此，应放在产品制作程序当中。这样做的好处是可以避免企业内部工序之间的扯皮推诿，使优秀旅游产品能真正成为拉动企业发展的主线。

由于在许多旅行社中，产品销售实行的是单团结算方法，常常会使产品的销售好坏成为评判产品优劣的基本指标。这样一种简单机械的管理方式，对产品评价不能说是科学的。事实上，销售人员及与导游、领队等环节所出现的操作不到位，都可能导致对产品优劣的评判不够客观公正，影响信息采集的准确性。因此，在旅游产品销售后还要收集游客及分销商反馈的信息，进而对产品进行修改。（图 2-7）

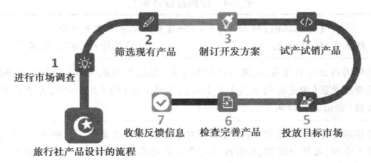

图 2-7 旅行社产品设计的流程

【教学互动】

◎通过以上相关知识的学习,列举周边线、国内线、出境线三个线路产品的案例,要求各组通过学习和上网查找资料以及进行实地调研,了解旅游产品设计的原则和内容、流程,设计周边线、国内线、出境线产品。

◎周边线设计举例(表2-3):

表2-3 周边线设计举例

春耕亲子体验一日游	
线路特色:春耕游、亲子游 线路价格:168元/人	
活动时间	**活动项目**
07:10—09:00	指定地点出发,前往水稻农业科技示范园区
09:00—09:30	亲子互动游戏
09:30—10:30	参观水稻农业园区
10:30—11:30	前往中山古镇
11:30—13:00	包饺子、推石磨豆花
13:00—14:00	捉春鱼
14:00—14:30	划分稻田
14:30—15:00	观看并可体验水牛耕田
15:00—15:30	分发秧苗,稻田插秧
15:30—16:00	梯田边挖野菜
约16:00	结束愉快行程,返程

◎国内线设计举例(表2-4):

表2-4 国内线设计举例

		【纯玩江南】华东六市+乌镇+荡口双水乡双飞6日游 线路价格:2120元/人 线路特色:纯玩、双水乡	
D1	重庆 常州 南京	机场国内出发大厅集合,乘飞机前往常州,抵达常州机场后,导游接机,赠送游览春秋淹城景区(游览时间不低于2小时),车赴南京(约1.5小时),夫子庙老门东自由活动(自由活动时间不低于1小时)	南京
D2	南京 杭州	早餐后游览中山陵(注:游客可根据自身情况自费乘坐景区电瓶车)(游览时间不低于1小时,每周一闭馆,如因政策因素无法游览则改游雨花台公园,游览时间不低于50分钟),接着参观南京大屠杀纪念馆(游览时间不低于45分钟)(周一闭馆则取消游览)。车赴杭州(约3.5小时)	杭州 早中

续表

D3	杭州 乌镇	早餐后前往西湖景区的苏堤春晓、花港观鱼(游览时间不低于90分钟),参观杭州丝绸博物馆。车赴桐乡(约2小时),游览乌镇东栅(游览时间不低于90分钟),游览江南百床馆、蓝印花布坊、矛盾故居等	乌镇 早中
D4	乌镇 上海	早餐后车赴上海(车程约1.5小时),游览外滩风光带,接着去城隍庙老街自由活动(游览时间不低于60分钟)	上海 早中
D5	上海 苏州	早餐后车赴苏州(约1小时),参观苏州珍珠博物馆,游览定园	苏州 早中
D6	无锡 重庆	早餐后车赴无锡(车程约1小时)游览荡口古镇,然后乘旅游车前往机场(行车时间约30分钟),乘坐飞机返回重庆	早中

◎ 出境线设计举例(表2-5):

表2-5 出境线设计举例

韩国首尔一地半自由澳航6天
线路价格:3180元/人 　　　　线路特色:半自由、澳航
D1:重庆—澳门
参考航班 NX181 1520/1730 13:30 机场国际出发大厅集合,搭乘国际航班。 全天餐食自理 　　住宿:飞机上
D2:澳门—仁川
参考航班 NX826 　0100/0540 桑拿温泉浴(停留时间不低于60分钟)、景福宫(游览时间不低于30分钟)(遇周二闭馆,导游视情况调整为昌德宫或其他行宫,约60分钟)、民俗博物馆、青瓦台(游览时间不低于15分钟,外观) 全天含餐 　　住宿:指定酒店
D3:首尔
首尔塔(不登塔)(游览时间不低于20分钟)、广藏市场、汉江游轮、新罗 IPARK 免税店 早餐:含餐 　午餐:含餐 　晚餐:自理 　　住宿:指定酒店
D4:首尔
紫菜博物馆+韩服体验(体验时间不低于20分钟)、明洞商业区(游览时间不低于30分钟),之后前往新罗免税首尔总店,特别赠送蚕室乐天免税+乐天世界大型主题乐园(通用套票)(停留时间不低于120分钟)(晚餐乐园内自理) 早餐:含餐 　午餐:含餐 　晚餐:自理 　　住宿:指定酒店

续表

D5：首尔
首尔自由活动（自由活动不含车、餐、导游） 全天餐食自理　　住宿：指定酒店

D6：仁川—澳门—重庆
首尔—澳门参考航班 NX825　0750/1100 澳门—重庆参考航班 NX182　1225/1430 请各位贵宾于指定时间集合，赴仁川国际机场，乘机返回重庆。 全天餐食自理　　住宿：温馨的家

【完成成果】

◎每组上交三条线路产品的行程单。要求：有突出主题和具有吸引力的线路名称，写明线路特色，具备"吃、住、行、游、购、娱"六要素，标出该线路的价格。

任务 2.3　包装旅行社产品

【教学目标】

知识目标

理解制作旅行社产品说明书的表述方法。

掌握产品销售辅助资料的内容。

了解旅行社产品包装资料的发送渠道。

能力目标

能查找地图并绘制简单的地图。

能够制作旅行社产品说明书和宣传资料。

【任务引入】

阅读下面的案例，并再次分析任务2.1中"大理+双廊半自由行双飞五日游"这条线路和任务2.2中"醉美泸沽湖广告单"，思考辅助旅行社产品销售的包装材料有哪些，怎样才能更好地包装旅行社产品，如何对自己小组设计的周边线、国内线、出境线进行产品包装。

旅行社+博物馆能否做好"文旅大餐"？

近年来，文化作为旅行中鲜活且个性化的元素之一，散发的吸引力越来越强。伴随着文化旅游在旅行市场上的逐渐升温，旅行社对开发相关产品投注了越来越多的精力。在众多文化旅游产品中，博物馆游几乎是必选项。

如果说博物馆是一盘摆在游客面前"色香味俱全"的精神文化大餐，那么旅行社就是这盘大餐里那点特殊的"料"，没了那点"料"，菜也可以吃，但多了这味"料"，仿佛这"菜"品尝起来才格外美味。

包装开发博物馆产品，旅行社有自己的独特优势。一方面，旅行社更容易从博物馆宏大的主题中找到可以突出包装的特点和亮点；另一方面，专业导游的讲解也容易让游客的文化之旅更加尽兴。尤其是对于普通游客而言，虽然大部分博物馆都有义务讲解员，但义务讲解大多有固定的时间段，很容易错过，跟着旅行社参观博物馆，听听专业导游的重点讲解，能够引导大家看出更多"门道"。

几年前，康辉苏州国际旅行社有限公司与苏州戏曲博物馆合作，共同包装苏州戏曲博物馆古戏台曾被业界传为佳话。戏曲博物馆与康辉旅行社合作以后，博物馆负责布置演出场地，联系剧团，安排演出内容，而康辉旅行社则负责联系客源，包括其他旅行社客源的统一组织，可以说是戏曲博物馆的"销售代理"。苏州市戏曲博物馆副馆长顾克仁说，过去对博物馆功能的定位只是在"文物收藏和保存"和"青少年教育"这两方面，而忽视了对观众的培养。昆曲作为中国最古老的剧种之一，又是"百戏之祖"，要让世人认识和了解它，就不能仅仅靠一些讲座等知识性传播的活动。找旅行社作为合作伙伴，有利于博物馆向产业化发展，探索新的经营之路。

（资料来源：中国旅游报）

【任务分析】

任务2.2学习资料中所列的只是线路，要成为产品还要进行包装，还得给产品附上产品说明书和宣传资料。旅行社产品是无形产品，虽然不能够像有形产品一样被装在保护性的容器中储存或展示，但是也需要把产品展示给潜在顾客，因为顾客需要信息帮助他们选择合适的旅行线路。

【相关知识】

旅行社可以把产品的包装视作向游客展示旅行社及其品牌名称、产品的特色以及产品价格的方式。用这种方法不仅提供了顾客所需要的信息，也可以通过包装的设计体现出旅行社的特色与风格。旅行社产品包装在鼓励顾客购买产品的过程中扮演着重要角色，尤其是当顾客对产品的品牌缺乏忠诚度并有很多同类产品可供选择时。由于产品包装扮演着重要的角色，旅行社就应当格外留意包装的设计，保证它体现出旅行社产品的特殊与形象，以吸引顾客购买。

包装旅行社产品主要包括制作产品说明书、制作产品宣传资料、制作辅助销售人员的资料三类。

2.3.1 制作旅行社产品说明书

《旅行社服务通则》（GB/T 31385—2015）指出，旅行社在向游客或零售商发布产品时应提供产品说明书，详细说明产品应具备的要素。产品说明书应包括：线路行程；所采用的交通工具及标准；住宿、会议（如有）地点、规格及标准；餐饮标准及次数；娱乐安排以及自费项目；购物安排、具体次数及每次停留时间；产品价格、价格包含及不包含的内容、产品价格的限制条件（如报价的有效时段、人数限制、成人价、儿童价等）；游览时间及季节差异；旅游目的地资讯介绍及注意事项；针对高风险旅游项目的安全保障措施；投诉电话等。

《旅行社国内旅游服务规范》（LB/T 004—2013）进一步指出，产品说明书还应包括：旅游行程的出发地、途经地和目的地；旅行社统一安排的游览项目的具体内容及时间；游客自由活动的时间和次数。另外，对于产品发布时尚不能确定的要素，应于出发前以行程须知的方式告知游客。不能确定的要素应限于：具体航班信息；酒店具体名称、地址及联系方式；紧急情况联络方式；目的地有特别注意事项应做特别说明。

1）旅行社产品说明书的表述要求

《旅行社服务通则》（GB/T 31385—2015）指出，产品说明书表述应：便于游客理解，尽量避免使用专业术语、方言及其他易产生歧义和误解的用语；客观介绍旅游景点和旅游项目的真实称谓和情况，避免过分夸张渲染；采用醒目（如字号加大、字体加粗等）的方式明显标注游客特别注意事项。

旅行社产品说明书包括线路行程单和产品说明项两个内容。

【同步思考】

你认为对旅游产品行程单的表述方法有哪些要素可以进行包装？

2）旅行社产品行程单的表述方法

行程单是旅游线路的完整产品形式，是旅行社根据旅游合同为旅游消费者制订的旅游线路和提供各项服务的具体化和标准化。行程单包含的内容更加具体，还有与市场相结合的量化标准，如吃、住、行、游、购、娱的标准和规范要求，具有更强的可操作性。因此，行程单可以是旅游线路的提升，一般作为旅游合同的附件而具有法定的约束力，而旅游线路则是旅游行程单制订的基础。

（1）线路特色放在最前面

线路特色不仅要在线路名称中体现，还要在线路行程单的最前面重点提示，以使客人在看到同类产品时，能够知道你所设计的线路区别于他人的优势。

（2）将游览景点醒目标出

用有颜色的字体或符号将游览的景点、购物点、自费点标出，以便客人一目了然，可以短时间看到最重要的信息。

（3）用简洁优美的语言美化景点

要用简洁优美的语言对行程中的景点加以描述，并写明该景点的游览时间。描述语言切忌大段介绍，篇幅以一至三行为宜。比如介绍景福宫时，先以"韩国的故宫"定位，再描绘其最具特色的地方，以使第一次看到这个景点名称的游客对景点有个大致的了解。

（4）对整个行程单进行分颜色标识

一个行程单少则1000多字，多则上万字，因此整个行程单不能全是统一的字体和颜色，这样客人看起来会视觉疲劳，可以选择两三种色彩或字体加以区分，并且最好以表格的形式体现，做到清爽和便于识别。

（5）有地图及重点景点的图片

在行程单中附上地图及重点景点的图片，可以带给游客直观感受，对推广线路起到事半功倍的效果。

3）旅行社产品说明项的表述方法

旅行社产品说明项包含旅行社产品的服务标准和注意事项的规定。旅行社产品说明项是产品主要行程项的重要辅助内容，对产品在主要行程之外的所有要点进行细致解释。

（1）关于服务标准的规定

服务标准栏应当说明包含项目和不包含项目。（表2-6）

表2-6　服务标准栏包含项目和不包含项目说明

服务标准包含项目	服务标准不包含项目
赠送：赠送内容可以包含旅游用品、矿泉水、照片等纪念品以及游览娱乐项目等，还可以标明赠送的附加服务	与包含项目有关联，容易产生误解和纠纷的项目
住宿：住宿天数、标准及费用、单房差标准以及是否含早餐等	酒店各项收费服务及境外小费等
餐饮：旅行社统一安排的团餐数量、标准，不足10人是否需要另议	第三方原因产生的费用及由游客自身原因产生的费用
交通：大小交通工具的名称、汽车车型、是否为空调车；机票是否含机场建设税和燃油税；机票开出后不得退票/更改/签转的必须说明；还须说明如遇航空公司航班调整、延误或临时取消旅行社订位时的处理原则等	2~12周岁儿童的收费标准、包含项目及儿童安排，包含机票款、旅游汽车费、餐费及其标准（不占床早餐自理）等
门票：包含门票的内容，景区索道、观光车等	航空保险、航空燃油税、机场税、景点小门票、景区电瓶车等（名称、价格、游览时间）
导游：说明导游服务收费标准	建议自行购买旅游意外险

（2）关于注意事项的规定

注意事项应就证件、住房、退费、门票优惠、保险及安全告知、目的地文化风俗介绍等事项作出简要说明提示。这些注意事项特别是安全须知，应当从文字上完整地履行旅行社为保证旅行安全顺利而应尽的告知义务。

《旅行社安全规范》（LB/T 028—2013）要求，旅行社产品应对旅游线路和旅游项目风险等安全事宜作出明示，包括：对旅游行程和活动的身体素质要求作出提示，明示某些疾病患者可能的风险；对身体素质可能不宜参加某些旅游活动的报名者作出提示、警示或劝阻；恶劣天气或者不可抗力的事件对旅游行程安全可能构成的威胁；旅游地可能引起游客误解或者产生冲突的法律规定、风俗习惯、宗教信仰等；旅游过程中可能危及游客人身、财物安全的其他情况；出发前带齐旅游行程中必要的证件和物品；认为需要明示的其他事宜。特种旅游产品应对可能危及游客人身、财产安全的特殊因素和风险应如实相告。

《旅行社安全规范》（LB/T 028—2013）还指出，国内旅游、入境旅游应向游客提供书面旅游安全提示卡，出境旅游应提供书面出境旅游安全信息卡，或包含安全提示信息的其他书面材料。国家旅游局制订有"游客安全信息卡"参考式样，为正反两面，折叠后跟名片一样大小，游客可随身携带。

【拓展阅读】

陈某诉保山市康怡旅行社人身损害赔偿纠纷案

2015年4月，陈某报名参加保山市康怡旅行社有限公司组织的"泰国六日游"。在芭堤雅金沙岛游玩时，陈某选择参加了自费项目水上降落伞活动。该项目由泰国当地旅游公司运营。在跳伞时，陈某从高空坠落受伤，造成八级伤残。后陈某诉至法院，要求保山市康怡旅行社有限公司赔偿各项损失50余万元。

法院经审理认为，保山市康怡旅行社对水上降落伞项目进行了介绍和推荐，该项目在行程单上写明是"自费项目"，应视为"另外付费"的旅游项目，不属于陈某自由活动期间或其他脱团时间所进行的个人活动。旅行社作为旅游经营者，有义务帮助游客明确了解自费项目实施者的资质、安全保障情况等，并有义务作出明确的警示，但保山市康怡旅行社未举证其履行了上述义务，应承担相应过错责任，判决保山市康怡旅行社有限公司赔偿陈某各项损失费共计38.5万元。

（资料来源：就爱去旅行网）

2.3.2 制作旅行社产品的宣传资料

旅行社产品宣传资料的设计制作是旅游宣传促销的一项基础性工作，是展示旅游形象、增进对外交流和业务联系的有效载体。对于旅行社来说，印制旅行社产品的宣传资料是旅游促销中最基本、最主要的手段，在旅游市场的开发中起着举足轻重的作用。

1）制作旅行社产品宣传资料的要求

（1）内容要真实

宣传品内容要实事求是，忌弄虚作假、夸大其词。游客从旅行社购买的不是任何有形产品，而是旅行社的诺言及服务。因此，行程中的各项服务（吃、住、行、游、购、娱等）必须实实在在，不宜夸大，更不能隐瞒和欺骗。如果在宣传品中许下了无法实现的诺言，外联人员在推销产品时作出过高、过多的承诺，游客在过高的期望得不到满足时，就会产生失望、抱怨和投诉等行为。

（2）提供有价值的信息

宣传品要避免把大量的篇幅用于空谈的介绍，而应提供有价值的信息，紧紧扣住"吃、住、行、游、购、娱"6个要素。现在很多介绍风光、民俗的宣传品忽略了服务与接待设施的具体内容，即使对线路的介绍也是简单几笔，殊不知游客除关心景点外，同样关心其他有用的信息。例如，有一家旅行社花很大的精力制作了一本手册，配图、制作、印刷都精益求精，可是宣传效果很差，后向游客询问，才发现原因是其中没有住宿、活动内容的介绍。

（3）文字要言简意赅

宣传品的文字切忌一味追求"美文"，要崇尚"朴实"这一宣传的要领，尤其不要空洞，如"齐鲁大地，江河纵横，华夏文化，源远流长……"此外，过多形容、夸张、堆砌辞藻的做法也是要避免的，如"……龙舟如银河流星，彩船如海市蜃楼，两岸的彩楼金碧辉煌，是仙境？是梦境？仰视彩鸽翩飞，低眸漂灯流霓，焰火怒放，灯舞回旋……这就是桂林的不夜城"。这样的文字虽优美，但只能是散文的写法。

（4）图文并茂

图片（画面）就好比是套在宣传品上的衣服。精美的图片，具有较强的表现力，给人以视觉冲击,并因其直观真实而更具说服力。一张精美的图片抵得上许多文字。选择图片要认真,既要清晰,又要生动、鲜明、有吸引力,尤其是要有人物活动的图片,给人以动感和真实的感觉。

（5）配以外文翻译

目前许多国内旅游宣传品都使用了英文配合介绍。这是有必要的,特别是对外宣传品更需要译成所针对国家的文字。但在使用外文时,一定要简洁准确,符合外国人的语言习惯,如"青山展开双臂,秀水绽放笑颜,欢迎海外嘉宾前来观光"可简译为"欢迎海外游客"。至于民俗用语、民族节目等,应尽量请专家来翻译。

2）制作旅行社产品宣传资料的形式

旅行社产品宣传资料的品种多样,包括图片、画册、影片、录像带、折页、导游图、粘贴画、幻灯片、明信片、挂历、不干胶贴签、邮品、光盘、纪念品、DM单等形式。以下简单介绍几种宣传资料:

录像、光碟:优点是形象好、现场感强、宣传效果好,但制作成本高。

宣传册:优点是针对性强,图文并茂,便于保存和查阅,灵活,可以是多页,也可是单页,是最有效的宣传品,但必须注意及时补充新信息。

专用宣传品:为配合某些活动,如旅游交易会或到外地的推介会而制作的宣传品,同音像制品一样有一定针对性。

纪念品:如向游客赠送印有公司名称、主要产品、通信地址以及电话号码等内容的旅行包、太阳帽、T恤衫等纪念品。

DM单:DM是英文 direct mail advertising 的省略表述,译为"直接邮寄广告",主要介绍线路和活动,通过邮寄、赠送等其他形式,将宣传品送到消费者手中。旅行社的DM单包括行程、产品价格等,游客可以拿着这些资料计算产品的价格是否可以承受、产品是否有价值。这样的资料在每家旅行社的销售柜台上都会看到。它成本低、印数大、针对性强,适用于潜在旅游者。

DM单应该设计大方、印刷精美、与旅行社企业的品牌特色一致。整齐划一的风格、图文并茂的形式,在提供详尽的旅游行程及说明的同时,也给游客以美的享受,体现出旅行社产品设计的高度和深度。

【拓展学习】

国内旅行社:旅游跨界综艺成营销新卖点

2015年,中国国际旅行社总社有限公司(以下简称"国旅总社")携手《中国汉字听写大会》这一品牌节目,在全国首次推出中国汉字听写主题夏令营——"学好中国字"中国(安阳)汉字夏令营系列产品。

"我们这次是一个很好的尝试,未来我们还会跟类似的电视节目合作,开辟其他领域的市场,包括老年市场、家庭市场,根据不同市场的细分与相关的综艺节目开展合作。"国旅总社旅游度假部总经理孙立群说道。此外,孙立群表示,在暑假期间,国旅总社有1/3的产品是针对学生和家庭出游的亲子类,游学产品在暑期占到了较大比重。

无独有偶,在旅游行业选择与综艺节目跨界合作的不仅仅是国旅总社。港中旅(宁夏)沙坡头旅游景区有限责任公司就曾借助《爸爸去哪儿》节目的热播,推出了以"爸爸去哪儿"为主题的亲子互动旅游产品,产品上线后,取得了较好的销售业绩,使宁夏沙坡头成为宁夏旅游行业转型升级的一个典型案例。受到沙坡头"爸爸去哪儿"旅游产品的启发,宁夏沙湖、水洞沟、中华黄河坛三景区联合互动,相继推出了宁夏旅游版"小苹果"之旅。

(资料来源:北京商报)

【同步讨论】

你知道有哪些旅游产品通过综艺节目进行营销吗?

2.3.3　制作辅助销售人员的资料

销售人员如果没有对产品进行系统深入的了解,产品的销售就会在很大程度上受到消极影响。因此,旅行社应该准备更多更详尽的产品介绍资料,以增强销售人员对产品的了解。这些资料是旅行社内部使用的产品销售文件的汇总,是每位销售人员都要熟悉、掌握并随时查询使用的。摆放在销售人员面前的产品,应该由以下资料构成:

1)产品广告报刊样张

销售人员手里应当有旅行社在报刊上刊登的广告,并且对广告认真阅读。广告中产品的宣传口径、采用的广告语,都应为销售人员熟悉并能予以进一步解释。

2)产品宣传单及详细解释

旅行社销售人员手中除持有产品宣传单外,还应该有一份加入多项注释、细致说明的"产品详细解释"。对有关行程中所列的景点、转机、住宿饭店等都应该了如指掌、回答自如。如能把产品做成互动式光盘或 PPT,将游客感兴趣的线路内容,以图片、录像的形式进行演示,那么销售的效果就会更好。

3)产品优势要点介绍

要有产品的针对性描述和特征要点的简约文字介绍,与其他同类产品相比的优势介绍,阐述对特定受众群体的推荐介绍方式。

4)产品销售价格计算

资料中产品价格计算的具体规定应以文字形式列出,主要包括团费价格计算、优惠政策、常客折扣计划等。

5)目的地相关旅行知识

多数游客在选购旅行社产品的时候对线路的旅游目的地并不十分了解。随着中国公民可以抵达的目的地国家不断增加,国内的新景点、新景区大量出现,游客对出行的目的地知识无法全面掌握。旅行社在推出产品时,应在注意事项中提示目的地地区相关风俗文化知识,旅行社所准备的与产品关联的目的地的各类资料,有可能成为促成游客出行的因素。将这些旅游知识以文字的形式提供给销售人员,以便销售人员对游客的提问能应付自如。

【业界语录】

旅游是注意力经济、眼球经济,旅游跨界综艺节目不仅能够为旅游营销所用,也成为旅游产品开发的源泉。

——北京旅游协会副秘书长,刘思敏

2.3.4 发送产品包装资料的渠道

编制包装资料的最终目的是发送给国内外受众,受众越多,成交率就越高,产生的社会效应也就越大。发送渠道是否畅通决定了包装资料的价值能否实现。

发送旅行社产品包装资料即旅行社产品促销,是指通过各种媒介将产品的有关信息传播给潜在购买者,促使其了解、依赖并购买,以达到激发潜在旅游者的购买欲望,最终导致其购买行为发生的目的。

1)销售人员直接发送

由销售人员直接发送包装资料,便于双向沟通、实现个性化服务,但人力成本高、受推销人员素质限制,适合小规模的本地市场。

2)报纸杂志和电视广播

通过报纸杂志发送旅行社产品,传播范围广、传递信息丰富,广播则易接近具体的细分市场,价格较低,但这两者都不够形象生动。电视广告易于接触大众旅游市场、形象生动、传播范围广,但费用高、不宜保留、传递信息有限。

3)户外媒体和网络、手机

户外媒体包括路牌、车载、交通、楼宇、橱窗、灯箱广告等,它们信息质量高、明朗夺目,容易引人注意,但传播范围有限。

网络、手机等新媒体花费成本低、信息量大、交互及时、传播范围广,但表述不明确时易产生错误的理解。

4)新闻事件和社会活动

通过提供有吸引力的新闻事件,获得媒体对产品的新闻报道,市场机会大、高频率、受众信息接受程度高、传播深度和层次高、投资回报率高,其缺点是人力和时间成本高、媒体的不可控性增加宣传风险。

社会活动通过各种途径和方法,如定期或不定期出版介绍企业发展、产品信息、员工生活的刊物,免费向公众发放;捐助和参与公益事业;赞助旅游交易会;优秀导游评选等,加强与社会公众的沟通。此种宣传的可信度高、传达力强,但人力时间成本高、应对突发事件处理能力要求很高。

【相关链接】

关于旅行社的新闻事件

2017年8月23日,超强台风"天鸽"席卷珠海市,对这个美丽的海滨城市造成了严重破坏,水电供应受到影响,市政设施被毁,交通受阻,市内多个路段都被倒下的树木和广告牌阻挡,严重影响行车以及民众出行。目睹被毁的家园,8月26日,珠海旅游志愿服务总队率先行动,组织旅游行业队伍协助清理道路,重建美丽家园。

旅行社代表及导游在海滨南路段,有的负责拖树枝、扫树叶,有的负责砍断倒下大树的枝丫,集中填装后统一运送到指定地点,车辆全天循环运送。烈日当空,高温酷暑,大家顾不上擦汗和喝水,集中精力清理完一个路段又赶往下一个路段,齐心协力,短短几个小时就恢复了沿线通行情况。

（资料来源：广东省旅游协会新闻稿：台风无情，人间有爱——珠海旅游行业志愿服务在行动）

【教学互动】

◎通过以上相关知识的学习，列举周边线路产品的案例，要求各组对自己小组设计的三条线路产品进行包装策划，制作出一套该产品的宣传资料。

◎周边线路产品包装资料举例：

产品特色

【太和梯田】
走进重庆最美梯田

中国有三大梯田胜景,分别是:云南元阳梯田、广西龙脊梯田、重庆江津太和梯田。

太和梯田位于重庆江津中山镇境内,具有典型的川东梯田特色,是太和人民创造的古代农耕文化的结晶。千百年来,太和人民在高山上建造了上万亩自流灌溉的层层梯田,如今保存完好。太和大米,因其生长期长,米质优异,而被古人称为长寿神米。因土壤中硒元素含量高,太和所在的江津也被称作"中国长寿之乡"。

【春耕节】

体验春耕、播种秧苗

领悟一分耕耘一分收获的意义

古代中国以农业立国,农业讲究时令节气,春种、夏长、秋收、冬藏,一概以时令为转移。春耕,意味着一年劳作的开始,也意味着播种新的希望。清明时节,春耕正当时。

"春种一粒粟,秋收万颗子。""谁知盘中餐,粒粒皆辛苦。"作为古诗词,每一个人都知晓,可对于从小身处水泥森林的孩子,这一切却似乎只能凭想象。万颗子、盘中餐,或许能养育孩子的身体,但作为家长,更重要的是养育孩子的心灵。

活动时间

2016 年 4 月 2 日—5 月 31 日

活动详情

07:10—09:00

重庆指定地点出发,前往水稻农业科技示范园区。

09:00—09:30

亲子互动游戏,家庭小组互相介绍,组建劳动生产队。

09:30—10:30

参观水稻农业园区,科普讲解水稻培育知识,了解大米是怎么来的。

10:30—11:30

前往中山古镇,走进地主大院,一起准备午餐。

11:30—13:00

一粒米来之不易,感恩父母养育之恩,为父母包饺子、推石磨豆花。

13:00—14:00

卷起裤脚,光着脚丫,生产队捉春鱼大赛开始。

14:00—14:30

划分稻田,修垒田埂,引水平田,开垦田地。

14:30—15:00

观看并体验原始的农耕方式:水牛耕田。

15:00—15:30

分发秧苗,稻田插秧,耕读童年,种下希望。

15:30—16:00

梯田边挖野菜,感受田间撒欢的野趣,结束愉快行程,返程。

服务标准

1.餐饮:1顿中餐(中山古镇包饺子,推豆花,四荤四素一汤,10人一桌)

2.交通:旅游大巴(一人一座)

3.门票:全程无门票

4.工作人员:中文持证导游及专业带队老师

5.保险游客自理

温馨提示

1.请于指定时间到达指定地点,见相关出团标志集中登车,如因游客自身原因导致误车,损失由游客自负。

2.景区内禁止抽烟、乱丢垃圾!

3.游客在旅途中如有意见,请如实、认真填写旅游意见表。

4.因行程会涉及农作体验,建议家长为小孩及自己多准备一套换洗衣服。

5.请各位贵宾在旅游途中仔细听取导游及老师的活动安排,并牢记导游及老师的提醒及警示。

6.请各位贵宾在旅游途中随身携带贵重物品及现金。

重要提示

1.如因人力不可控制因素造成行程延误或不能完成景点游览,旅行社不承担责任,产生的食宿费用由游客自理。

2.如因人力不可抗拒因素造成团队滞留、耽误或由此造成损失,产生的食宿费用由客人自理,旅行社将协助安排;如因特殊原因造成未满足服务标准的情况发生,则按照实际发生情况进行退补;在不减少旅游景点的情况下,我社保留旅游行程临时调整的权利。

3.请管理好自己的财物,以免发生丢失,旅途中听从导游安排,遵守当地习俗,客人参加行程外的自费项目须谨慎,发生意外产生的损失由客人自行与景区协调,旅行社不承担任何损失。

4.此行程为散客拼团行程,非××旅行社独立组团,请在签订旅游合同时签订散客拼团协议书,旅行社会对团队质量进行随时监控,请客人谅解散客拼团的局限性,并就团队质量问题及时与旅行社沟通,以便及时协助解决(本条仅适用于散客拼团)。

5.如遇汽车抛锚,公司根据情况督促驾驶员修车或换车,3小时内排除故障属允许范围,请予理解,超过3小时,旅行社只负酌情赔付责任,给予超出部分每小时5~10元/人的赔付。

6.此行程表为合同附件,请仔细阅读并签字认可。

【完成成果】

◎分组上交所设计的旅行社产品的宣传资料(包括PPT、DM单等),为旅行社产品设计大赛作好准备。

【项目回顾】

旅行社产品是旅行社的经营对象,是旅行社一切经营活动的出发点。旅行社产品最主要的反映形式是"旅游线路"。在项目2中我们学习了旅行社产品的构成、特点、类型;了解了旅行社产品是旅行社从各类旅游服务产品供应商那里采购的景点、交通、住宿、餐饮以及其他项目等旅游活动所必需的单项旅游服务产品,并将这些单项产品组合成各种包价旅行社产品,向游客出售以获得经营利润。组合和包价产品是旅行社产品中的核心,是旅行社利润的主要来源。

项目2中我们还分析了设计旅行社产品的原则及内容,明白了旅行社产品是旅行社从业人员经过市场调查、筛选、组织、创意策划、采购等最终生产出来的。并且,旅行社产品在上市之前,要进行创意包装,并经过有效的发布渠道让游客知晓。当游客购买这条"旅游线路",并在法律上得以承认(发票、合同是有效的),"旅游线路"就以具体化或变成"有形物"而成为"旅行社产品"。其后的接待服务(导游服务、后勤保障等)才开始释放并融入整个过程中。

【同步练习】

一、填空题

1.(　　　　)是旅行社产品的最基本特征。

2.旅行社产品最主要的反映形式是(　　　　)。

3.(　　　　)和(　　　　)是旅行社产品中的核心,是旅行社利润的主要来源。

4.旅行社产品的生产过程与消费过程是同时进行的,说明旅行社产品具有(　　　　)特点。

5.零包价旅游又称为(　　　　)。

6.旅行社应该针对不同的季节推出旅游线路,比如春季有春节档、赏花线路、踏青线,反映了旅行社产品设计的(　　　　)原则。

7.半包价旅游一般是由团体包价组合中除去(　　　　)费用的一种包价形式。

二、多项选择题

1.包价旅游又可细分为(　　　)。

A.团体包价　　　　　B.组合旅游　　　　　C.半包价　　　　　D.小包价

E.零包价旅游

2.成本导向定价法主要有(　　　)。

A.成本加成定价法　　B.目标利润定价法　　C.盈亏平衡定价法

D.边际贡献分析定价法　E.需求差异定价法

3.发送产品包装资料的渠道有(　　　)。

A.销售人员直接发送　B.报纸杂志和电视广播　C.户外媒体

D.网络、手机等新媒体　E.新闻事件和社会活动

4.以下哪些是服务标准不含项目？（　　　）

A.住宿标准及费用　　　　B.团餐标准及费用　　　　C.航空保险　　　　D.景区电瓶车

E.旅游意外险

5.制作旅行社产品宣传资料的要求有（　　　）。

A.内容要真实　　　　B.提供有价值的信息　　　　C.文字要言简意赅　　　　D.图文并茂

E.配以外文翻译

三、名词解释

1.旅行社产品

2.组合旅游

3.旅行社 DM 单

四、问答题

1.旅游线路设计主要包括哪些内容？

2.请通过画图回答旅行社产品的构成有哪些。

3.什么是旅行社产品行程单？它的表述方法有哪些？

4.请回答旅行社产品设计的流程。

5.影响旅行社产品价格的因素有哪些？

五、案例分析

国家统计局数据显示,截至 2016 年底,我国 60 岁以上人口升至 2.3 亿,占比 16.7%,即中国六分之一的人口由老年人构成。全国老龄委的一项调查显示,目前我国每年老年人旅游人数已占到全国旅游总人数 20% 以上,其中,旅行社及其渠道贡献了 70% 左右的老年游客流,传统旅行社门店是最重要的销售渠道,占比近 60%。

目前,老年人出游的平均花费在 3000 元左右。到 2025 年,这一金额有望提升至 5000 元以上,同时随着老龄化的加剧,到 2050 年我国将有 2.83 亿老年人,到时老年旅游产业必将是一个万亿市场。

相比年轻人,老年人的实际出游消费情况似乎更加符合"说走就走"的理想状态。商家促销、朋友推荐,甚至是阅读游记等主观冲动型因素成为老年出游的重要原因。面对老年旅游产业的万亿市场,旅行社该如何设计包装银发游产品,促进其消费动机,是旅行社目前应该关注的焦点。

请分析和在网上查找相关银发旅游产品,找出你认为设计和包装优秀的银发旅游产品。

【实操考核】

1.考核内容:旅行社产品设计大赛(周边线、国内线、出境线三选一介绍)。

2.考核标准:线路内容安排合理;PPT、产品包装资料齐全、制作精美;讲解到位,语言表达清楚。

3.考核方法:

①各小组将本旅行社的产品用 PPT 进行演示。

②资深旅游从业者、教师组成评委小组,通过投票形式,并参考学生的互评分,选出最佳旅

行社产品,给予适当奖励,如小组成员期末成绩加分。(表2-7)

表 2-7　旅行社产品设计大赛评分表

小组成员:		模拟旅行社名称:		
测试项目	评分要点	分值	得分	备注
线路产品介绍 (共60分)	线路产品构成要素齐全、条理清晰	15分		
	行程特色突出、符合逻辑	10分		
	目标市场针对性强、突出时效性	10分		
	线路产品价格合理、结构合理	15分		
	讲解生动、有感染力、沟通性、现场感	10分		
线路包装设计 (共20分)	线路介绍PPT逻辑清晰、文字精练	10分		
	线路介绍PPT图片美观、图表清楚	5分		
	线路产品DM单色彩均衡、重点突出	5分		
语言表达(共10分)	普通话标准,清晰、流畅	5分		
	用词准确、恰当,态势语言自然得体	5分		
团队合作(5分)	有小组分工合作,齐心配合	5分		
仪表礼仪(共5分)	着装打扮得体、整洁,言行举止大方	3分		
	符合旅行社人员服务礼仪礼貌规范	2分		
合计(共100分)		100分	得分:	
评语:				

项目③

旅行社产品
采购业务管理

【项目导读】

　　旅行社的采购业务是指旅行社为组合产品而以一定的价格向其他旅游企业及旅游业相关的其他行业和部门购买相关服务项目的行为,它是产品设计和定价的重要依据。旅行社产品是综合性很强的特殊产品,它涉及吃、住、行、游、购、娱等各方面。除了导游服务等少数服务项目由旅行社直接提供外,其余多数服务均购自其他旅游服务部门和行业。因此,采购业务是旅行社经营的核心,实施采购业务的是计调。本项目主要包含认识旅行社采购业务,以及如何采购周边线、国内线、出境线四个方面的内容。

【项目主要内容】

项目3　旅行社产品采购业务管理		
项目任务	学习内容	内容分解
任务3.1 认识旅行社 采购业务	3.1.1　采购业务的核心	1)保证供给
		2)成本领先
		3)质量控制
		4)互惠互利
	3.1.2　采购业务的流程	1)确定采购对象和采购策略
		2)签订合作协议
		3)整理相关资料
		4)落实采购工作
		5)报账结算
	3.1.3　采购业务的实施者——计调	1)计调的作用
		2)计调的业务范围
任务3.2 采购周边线产品	3.2.1　周边线产品采购业务的内容	1)采购交通服务
		2)采购住宿服务
		3)采购餐饮服务
		4)采购游览服务
		5)采购娱乐服务
		6)采购购物服务
		7)采购导游服务
		8)采购保险服务

项目任务	学习内容	内容分解
任务 3.2 采购周边线产品	3.2.2 周边线产品计调业务操作流程	1)接受咨询,询价报价
		2)与合作单位确认团队
		3)编制核算和结算单
		4)下达接待计划,进行团队监控
		5)审核报账
		6)归档总结和调整
任务 3.3 采购国内线产品	3.3.1 国内线产品采购业务的内容	1)采购交通服务
		2)采购地接服务
	3.3.2 国内线产品计调业务操作流程	1)接受咨询,询价报价
		2)与客户签订合同并编制团号
		3)发出预报计划并督促确认
		4)发出正式计划并最终确认及付款
		5)发出团通知书及监督团队
		6)送团及后续工作
任务 3.4 采购出境线产品	3.4.1 出境线产品采购业务的内容	1)采购出入境证件服务
		2)采购签证服务
		3)采购境外地接服务
		4)采购国际往返交通服务
		5)采购领队服务
	3.4.2 出境线产品计调业务操作流程	1)设计产品,确定交通工具
		2)询价核价,制订收客计划
		3)安排领队,办理护照签证
		4)落实计划,与领队交接
		5)开行前说明会,发出团通知书
		6)团队监控,完成回团后续工作

【学生工作任务书】

<table>
<tr><td colspan="7" align="center">学生工作任务书6</td></tr>
<tr><td>任务
3.1</td><td>项目
编号</td><td>建议
学时</td><td>能力
目标</td><td>知识
目标</td><td>师生活动</td><td>完成成果</td></tr>
<tr><td>认识旅行社采购业务</td><td>3-1</td><td>2
学时</td><td>能够对旅行社产品采购的内容进行实地考察或网络调查,并按要求制作好调查表以备采购所需</td><td>①熟悉旅行社产品采购的内容
②掌握计调的概念、业务范围
③掌握各种单据表格的填写内容</td><td>①请学生思考并分组讨论各自小组设计的旅行社产品需要采购哪些项目
②教师讲解旅行社计调的概念、业务范围和旅行社产品采购的内容
③请各小组按自己设计的三条线路分别确定需要采购的服务,并对各项采购服务进行实地考察或网络调查,同时做好记录</td><td>通过当地旅游门户网站等进行网络查找和实地调查,根据教师给出的表格收集当地旅游行业信息,整理填写制成文件夹</td></tr>
<tr><td colspan="7" align="center">学生工作任务书7</td></tr>
<tr><td>任务
3.2</td><td>项目
编号</td><td>建议
学时</td><td>能力
目标</td><td>知识
目标</td><td>师生活动</td><td>完成成果</td></tr>
<tr><td>采购周边线产品</td><td>3-2</td><td>4
学时</td><td>①能对周边线产品要素进行询价、采购、签订采购协议
②能按业务流程对小组设计的周边线产品进行计调操作</td><td>①掌握周边线产品的采购内容
②掌握周边线产品计调工作的流程</td><td>①以小组为单位进行模拟实训,把全班同学分为6个小组,分别代表组团社、地接社、酒店、餐厅、车队、景区,模拟采购周边线的服务项目
②组与组之间可以互换不同的角色和工作岗位,各组对自己小组设计的周边线产品进行采购,并下达采购计划,对采购的各要素进行核价、计价并报价</td><td>①整理周边线产品的采购内容,填写相关单据和表格,计算出线路的成本价并报价
②写出或画出周边线产品计调业务的操作流程</td></tr>
</table>

续表

学生工作任务书8						
任务3.3	项目编号	建议学时	能力目标	知识目标	师生活动	完成成果
采购国内线产品	3-3	4学时	①能对国内线产品要素进行询价、采购、签订采购协议 ②能按业务流程对小组设计的国内线产品进行计调操作	①掌握国内线产品的采购内容和国内线产品计调工作的流程 ②记住火车票、机票的收费方法	①以小组为单位进行模拟实训,把全班同学分为6个小组,分别代表组团社、地接社、航空公司、票务部、保险公司、导游,模拟采购国内线的服务项目 ②组与组之间可以互换不同的角色和工作岗位,各组对自己小组设计的国内线产品进行采购,并下达采购计划,对采购的各要素进行核价、计价并报价	①根据小组设计的国内线产品,调查当地往返该线路产品目的地的航空公司情况 ②写出或画出国内线产品计调业务的操作流程 ③整理国内线产品的采购单据和表格,并计算出成本价并会报价

学生工作任务书9						
任务3.4	项目编号	建议学时	能力目标	知识目标	师生活动	完成成果
采购出境线产品	3-4	2学时	①能对出境线产品要素进行询价、采购、签订采购协议 ②能按业务流程对小组设计的出境线产品进行计调操作	①熟记护照的基本知识 ②了解热门出境线产品的签证资料要求 ③掌握中国公民出入境的规定和程序	①教师给出护照、港澳通行证、台湾通行证的实物,请学生分析这些证件所含的基本信息 ②教师给出各热门出境线产品的签证实物,请学生分析签证所含的基本信息 ③请学生对自己小组设计的出境线产品进行采购,并下达采购计划 ④请学生对采购的各要素进行核价、计价并报价	①收集旅行社热门出境线产品的签证资料要求,并整理成文档 ②收集中国公民出入境的规定和程序并整理成文档 ③整理出境游的采购单据和表格,并计算出成本价并会报价

任务 3.1　认识旅行社采购业务

【教学目标】

知识目标

熟悉旅行社产品采购的内容。

掌握计调的概念、业务范围。

理解采购业务的核心和策略。

能力目标

能够对旅行社产品采购的内容进行实地考察或网络调查，并按要求制作好调查表以备采购所需。

【任务引入】

请阅读下面的案例，分析旅行社在该旅游团活动过程中存在哪些问题？在旅行社旅游行程中的吃、住、行、游、导购等项目是谁安排的呢？

令人遗憾的一次旅游

上海的周先生一行 15 人参加了上海精彩假期旅行社组织的"福天福地福建六日游"，费用不低，但接待质量却令人遗憾。旅行团在福建的旅游由厦门京发旅行社安排，第一天到达后的晚餐，客人晚上 8 点到餐厅后等了很久才上菜，还先上青菜，将好菜放在后面，等到菜上齐都快晚上 10 点了，很多客人都已没了胃口。

当天晚上客人入住酒店时，有客人发现没有按行程中的服务标准安排入住挂四星酒店，而是安排的准四星酒店。第三天到了武夷山，武夷山的导游是新手，对景点情况不熟悉，几乎不作任何讲解，还漏游了许多景点。另外，从武夷山到福州，本来应该乘动车，结果却改成了乘普通列车，多花了四个小时时间。整个旅游行程令客人们苦不堪言，一回到上海就到旅游管理部门投诉了上海精彩假期旅行社。

【拓展学习】

关于挂四星酒店

挂四星酒店是指已经通过各方面的核定，符合四星级要求，并由旅游局挂牌。准四星级酒店是指按照四星级标准建造，但是没有通过审核和评定。准四星的情况有多种，如：酒店具备四星的标准，并已经申请但还未正式通过，处于审核的过程中，此时对外只能称为准四星，在正式挂牌后才能称为四星级酒店；另外，酒店基本达到四星标准，但出于经营考虑不打算申请挂牌四星，而称为准四星；也有可能酒店目前某些项目还未达到四星标准而不具备申请资格。

【任务分析】

案例中的旅游团在旅游活动中出现问题的原因是计调部门没有按照服务标准安排行程。地接社厦门京发旅行社计调部门不能随意变更接待标准,对餐厅应事先考察,按照服务标准的要求安排入住的酒店和所乘的动车,委派合格的导游。组团社上海精彩假期旅行社应加强对地接社的质量监控,及时解决团队运行中出现的问题,避免矛盾激化。

旅行社产品中的"吃、住、行、游、购、娱、导(导游)、险(保险)"等要素的采购工作,都是由旅行社计调部门来完成的。

【相关知识】

旅行社产品是综合性产品,它主要由采购自其他企业的旅游服务项目构成,即旅行社产品大多购自其他部门或企业,采购业务的实施者是计调。

3.1.1 采购业务的核心

旅行社在采购时要保证供给,注重成本领先和质量控制,在互惠互利的基础上进行采购。

1)保证供给

由于旅行社的产品多数采用预售的方式,因此一旦旅行社不能从有关的部门或企业购买到已经预售出去的产品所包含的服务内容,就会影响旅行社的经营工作,造成无法履约的恶果,引起游客的不满和投诉,并给旅行社带来经济损失和声誉损害。因此,旅行社在旅游服务采购中,必须坚持保证供给,设法保证采购到已售出的产品中所包含的全部内容。

2)成本领先

计调掌握着旅行社的成本,要与接待旅游团队的酒店、餐厅、旅游车队及合作的地接社等洽谈接待费用。因此,一个好的计调人员必须要做到成本控制与团队运作效果相兼顾,也就是说,必须在保证团队有良好的运作效果的前提下,在不同行程中编制出一条能把成本控制得最低的线路出来。在旅游旺季,计调要凭自己的能力争取到十分紧张的客房、餐位等,这对旅行社来说相当重要。

3)质量控制

除细心周到地安排团队行程计划书外,还要对所接待旅游团队的整个行程进行监控。因为导游在外带团,与旅行社的联系途径主要是计调,而旅行社也恰恰是通过计调对旅游团队的活动情况进行跟踪、了解,对导游的服务进行监管,包括对游客在旅游过程中的突发事件代表旅行社进行灵活的应变。所以说,计调是一次旅行的幕后操纵者。

在质量控制上,中小旅行社十分需要水平高的计调人员进行总控。整合旅游资源、包装旅游产品、进行市场定位等都需要计调来完成。计调是市场的传感器,要求懂游客心理,具有分销意识及产品的开发能力等。

在具体带团过程中,一名称职的计调要业务熟练,对团队旅行目的地的情况、接待单位的实力、票务运作等都胸有成竹。

4)互惠互利

旅行社的产品质量和价格在很大程度上取决于所采购的旅游服务产品的质量和价格。相关企业的价值链和旅行社的价值链之间的各种联系,为旅行社增强其竞争优势提供了机会。旅行社与相关企业的关系,不应该是一方受益而另一方蒙受损失的关系,而应该成为一种双方都能受益的关系,这样合作才能长久。因此,旅行社在采购业务中,应该坚持有利同享,与相关企业和部门之间建立起互惠互利的合作关系,以实现合作最优化和降低总成本的目标。

【拓展阅读】

计调员的职业意识

1.全局意识

旅行社从事的是旅游销售,因此从业人员必须具备促销意识。促销意识是以计调业务人员充分理解该业务在旅行社经营活动中的重要性为基础的。旅行社计调人员促销意识的重点,是树立质量意识和品牌意识,通过对每一个旅游团队的优质服务,争取更好的市场口碑,以获得更多的客源。

2.促销意识

计调业务部门是旅行社的核心部门,计调人员拥有全局意识尤其重要。只有时刻以旅行社工作大局为重,加强与各部门的联系与合作,才能实现部门效益乃至旅行社效益的最大化和最优化。

3.服务意识

计调工作是旅行社服务工作的重要组成部分。计调业务人员应具备良好的服务意识,主动为客人提供优质旅游产品,为相关部门提供业务信息。计调部门要及时把旅游供应商及相关部门的服务信息提供给销售部门,以便其组合旅游产品;同时要做好信息统计工作,向决策部门提供有关旅游需求和供应信息的分析报告。

4.质量意识

质量意识是指旅行社计调人员在物质上、精神上满足游客需要的主观自觉性。强烈的质量意识是确保旅行社员工提供高质量旅游服务的先决条件。在服务过程中,业务人员要提高对服务质量的重视程度和自觉程度,树立"服务就是客源,质量就是效益"的观念,增强保证质量的责任感、使命感和紧迫感。

5.协作意识

在旅行社内部,计调业务部门需与外联部、接待部、综合业务部和财务部等部门发生频繁的业务往来,必须注意工作的协调;在旅行社外部,计调部门还要与交通部门、饭店、旅游景点、商场等单位合作。因此,计调部门的业务人员必须树立较强的协作意识,要善于与各部门各单位合作,善于与他人沟通和交往,以便赢得各方的配合和支持。

　　6.效率意识

　　旅行社业务具有较强的时效性,计调部门必须树立效率意识,安排团队接待计划时,应周密部署,及时完成各项业务预订,及时处理团队运行中的改订业务。

3.1.2　采购业务的流程

　　旅行社作为一个营利性企业,在采购活动中,与其他旅游服务企业或供应部门之间的关系,应是一种商品交换的关系,旅行社采购人员应根据具体情况,灵活采购所需服务项目。尽管根据不同的旅游线路,旅行社采购的服务项目也各不相同,但采购业务的大致流程是差不多的,具体如下(图3-1):

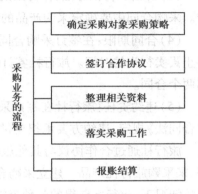

图3-1　采购业务的流程

1)确定采购对象和采购策略

　　旅行社要对所要采购的对象(交通、酒店、餐厅、景区、购物店等)进行调查,充分了解可纳入采购对象的相关单位的情况,经过考查评价、分类整理、讨论比较,最后择优筛选,作为本社的合作对象。

　　旅行社可根据合作对象的情况,采取"集中采购"和"分散采购"的策略。

　　"集中采购"可以是统一对外采购,指旅行社将本社各部门的采购活动集中起来,统一由一个部门对外采购;也可以是统一供应商,指在一个时间段内,旅行社将所需要的旅游服务项目集中起来,统一向旅行社精心挑选的多个或一个旅游服务企业或供应部门采购相关的服务项目。集中采购的目的是以最大的采购量,去争取最大的优惠价格。在集中采购中,旅行社通过扩大采购批量,减少采购批次,从而降低了采购成本和采购价格。

　　"分散采购"有一团一购的采购方式,也有旅行社设法从各种渠道,即从许多同类型的旅游服务企业或供应部门那里获得所需的旅游服务。

2)签订合作协议

　　旅行社产品的特点决定了旅行社业务合作的广泛性,旅行社与旅游其他部门和行业之间关系的核心是在互利基础上的经济合同关系。只有这种在法律制约下的合作关系,才是旅行社合作网络稳定、健康发展的基础。

　　旅行社在购买各种旅游服务项目的同时,与相关部门或旅游企业签订各种购买契约,这种购买契约通称为旅游采购合作协议。旅行社在考查各个采购要素后,进行对比研究并最终确定采购服务,就要与采购对象签订合作协议。

　　签订采购合作协议,是一种预约性的批发交易,须通过多次成交完成。这种预约性的采购特点,决定了旅行社与采购单位签订经济合同的重要性,以避免和正确处理可能发生的各种纠纷。对采购合作协议的管理主要包括以下几方面:

（1）合同标的：旅游采购合同的标的，即旅行社向旅游企业或相关部门购买的服务项目，如客房、餐饮、航空、陆路交通等。在签订合同时，要对合同的标的予以核实。

（2）数量和质量：在采购合同中，旅行社要明确写明采购产品的数量和质量。数量是指采购方和被采购方所商定的计划采购量（非确切购买量）；质量是指双方商定的质量要求。

（3）价格和付款办法：作为采购合同中的重要内容之一，价格和付款办法是采购价格的规定。采购合同中要确定采购产品的定价和采购量，以及规定结算方式及付款时间等。

（4）合同期限：在签订采购合同时，要注意合同期限的时间。所谓合同期限，即指开始和终止买卖行为的时间。旅行社签订合同的时间，通常是一年一签，但也可按照淡季和旺季，分列两个合同。

（5）违约责任：旅行社在签订采购合同时，要明确双方的违约责任。《中华人民共和国经济合同法》规定，违约方要承担支付违约金和赔偿金的义务。

旅行社通过合作协议与其他旅游服务供应部门或企业建立起广泛而且相对稳定的协作网络，来采购旅行社产品。建立采购合作网络，通常可以使得旅行社获得稳定的供给；在供不应求的情况下，旅行社获得的各种紧缺服务项目的机会比别人多；在供过于求的情况下，旅行社可以获得更加优惠的交易条件。旅行社在建立采购协作网络的过程中，要注意协作网络的覆盖面必须比较广；在互利互惠的基础上，运用经济规律，与协作单位和部门长期合作、加强公关活动；建立良好的人际关系。

3）整理相关资料

采购人员整理、编号、存档与各合作单位签订的合作协议，将合作单位的情况，如联系人、联系方式、价格、特色、综合评价等进行列表说明，并报送相关部门。

4）落实采购工作

采购人员每次采购时应根据客户的具体要求，制订采购计划，在已签订合作协议的合作单位里选择符合要求的对象，咨询相关情况，经过落实计划、价格核实等，最终以书面形式的采购单确定本次的采购对象。

5）报账结算

采购人员根据合作协议和本次采购单的相关约定，将实际发生的费用及明细账上报财务部门。财务部门审核无误后，与合作单位办理结算付款手续。

【业界语录】

从旅游产品的策划、旅游计划的编制、旅游行程组织落实、旅游信息的统计及服务质量的监督检查，到洽谈采购旅游服务、协调联络各供应商，在旅行社业务的运转中，计调人员起着重要的协调与中枢作用，在旅行社内部也处于核心地位。

——杭州市旅游委员会行业管理处处长，徐连宏

3.1.3　采购业务的实施者——计调

　　计调是计划调度的简称,担任计划调度作业的人员,在岗位识别上被称为计调员、线控、团控、担当等,做国内线路的叫计调,做出境的叫 OP(office people),主要任务是按接待计划落实团队在食、宿、行、游、购、娱、导游、保险等方面的具体事宜,以确保行程、日程正常进行。

【同步讨论】

　　一个计调说:"每次被人问,你做什么的? 我如果说旅游公司,下一句绝对是:导游啊? 貌似在一般人眼中从事旅游的就只有导游,我如果说计调,下一句绝对是不懂。所以现在很怕别人问我是做什么的。"在没学习本书之前,你听说过计调吗? 知道旅行社计调是做什么的吗?

1)计调的作用

　　旅行社的采购管理、旅游接待计划的实施是通过计调来完成的。与此同时,在很多中小型旅行社里,计调也兼旅游销售的任务。因此,计调是完成地接、落实发团计划的总调度、总指挥、总设计,是维持整个企业生存的根本,也是保证客人顺利出游的关键。

　　从事计调工作的人在旅行社行业称"计调师、线控、团控、担当、OP、操作、计调"。计调是"烹饪大师",经他们的巧手把不同的滋味调制出来以满足不同团队的"口味",专业的计调师是旅游行业最核心的人员。

　　许多人说一个团队的好坏取决于导游,其实这只是表面,最根本的还是取决于计调的安排。一旦失误,许多环节衔接不上,导游就会遭受一些莫名的冤屈。计调的核心工作就是通过与旅游相关行业(企业、单位)签订合作协议,统筹计划、协调安排,使旅游产品的吃、住、行、游、购、娱各个环节的服务供给得到保障。因此,与旅游相关行业(企业、单位)建立广泛协作网络,是计调工作的重点,也是旅游服务采购的基础,直接关系到旅行社旅游产品的价格和企业经营活动的成败。

【相关链接】

为计调"正名"　杭州出台首个计调操作规范

　　2016 年 7 月,由杭州市旅游委员会牵头编制的《旅行社计调业务规范》(以下简称《规范》)在杭州市旅行社业务工作培训会上发布。《规范》从"素质要求""组团、地接业务工作规范""工作质量与提升"等多个方面对计调工作提出了新的要求。

　　自 2015 年开始,由中国旅游研究院标准化研究基地、浙江旅游职业学院、杭州市旅游标准技术委员会等单位组成的编写组,在不到一年的时间里,走访了浙江中青旅、浙江万达光大、杭州市中旅、杭州游侠客等企业;征求了各县区旅游主管部门意见,对工作流程中的环节点、术语及细节内容进行多次讨论;向中国计量学院、浙江大学、浙江工业大学、杭州市旅游标准化委员会等单位征集意见;历经数次的讨论会议,十余稿的反复修改、敲定,形成了最终《规范》的送审稿。

"专门制订计调方面的规范并开展大规模的培训,杭州应是全国首个城市。一方面,可以把这个《规范》看作企业给初入职的计调人员培训提供的资料,提升了旅行社的人力资源管理水平,也为小规模的旅行社节约了制订企业规范的成本;另一方面,提升计调人员工作能力,能够加强旅行社旅游服务质量,从而获得更好的客户满意度和经济效益。同时,对于旅游行业来讲,真正建立起现代旅游职业的标准体系,能够进一步拓展旅游人才职业发展空间。"杭州市旅行社协会副秘书长陈锦荣说。

(资料来源:中国旅游报)

2)计调的业务范围

旅行社的计调业务范围有广义和狭义之分。狭义的计调业务范围是指计调工作的五定:定房、定票、定车、定餐、定导游。即旅行社为落实旅游计划所进行的旅游服务采购、导游的委派、旅游接待计划的制订,以及为旅行社业务决策提供信息服务等工作。(图3-2)

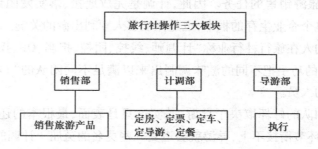

图3-2 狭义的计调业务范围

广义的计调业务范围从收集信息、设计产品开始到代表旅行社同旅游服务供应商建立广泛的协作网络,签订采购协议,保证提供游客购买的各种服务,并协同处理有关计划变更和突发事件,还要对内做好联络和统计工作,进行审核结算和资料归档。下面详细说明:

（1）收集信息

广泛收集和了解不断变化着的旅游市场信息及同行业务动向,并及时反馈给旅行社里有关部门以供参考。向旅行社的决策层及时提供所需信息及资料分析报告。定期统计社里操作过的旅游团的接待信息,制作列表并存档;制作全社旅游业务报表。

（2）设计产品

对同行旅行社推出的常规、特色的旅游线路经常进行分析,并力推本公司的特色线路及旅游方案。这些产品设计首先要以客人的需求为前提,在合理范围安排下要达到旅行社的利润最大化,确保在激烈的市场竞争中占据一席之地。

（3）采购业务

若为地接团队,则需提前根据客户要求预订宾馆、车、餐厅及导游、票务等;做出接待计划,并在登记表上及时标出所有接待团队的编号、人数、带团导游服务等级、订房情况、抵离日期、交通工具时间等。若为组团赴外地旅游,则需提前与游客即将去的目的地的地接社洽谈,安排接待的一切细节,并做好确认,同时订购好往返程的大交通票。

（4）计价报价

在对各采购单位询价的基础上,进行内部计价和报价,要负责为社里的报刊广告提供最新报价,并及时更新公司网站上的线路和报价。同时在最早的时间更新各采购单位的价格信息,以备报价之需。

（5）监控团队

挑选适合团队的导游带团,向导游详细交代工作计划,把所带团队的各方面具体情况、特殊要求及注意事项分别详细地告知。在团队旅游的整个过程中,监督团队的运行情况,认真听取导游和客人的反馈意见,发生任何问题要及时处理。对于团队在外旅游过程中有可能出现的问题,要作全方位的考虑和预警,以防出现差错。掌握旅游团取消、更改情况及突发的人为状况或自然灾害,并及时通知有关人员做好调整接待。

导游带团后报账时,要严格把关,并与财务仔细核对每一个账目,确保准确无误。认真检查游客填写的"意见反馈单",如有问题,通知相关部门协调,下次改进。

【同步思考】

有人说:"一个团队计调工作做好了,团队就成功一大半了。"请思考这种说法对吗? 计调在提升团队的旅游服务质量中有什么样的作用?

（6）售后服务

旅游过程中及结束后认真听取客户对服务是否满意的反馈信息,如有问题做好安抚及解决问题的工作,为旅行社维护客户。对客户反映的旅行社工作有纰漏的地方,及时调整,以防后患。（图3-3）

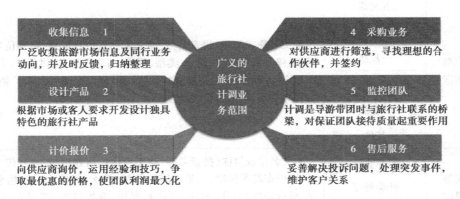

图3-3 广义的旅行社计调业务范围

【教学互动】

◎请学生思考并分组讨论各自小组设计的旅行社产品需要采购哪些项目。

◎教师讲解旅行社计调的概念、业务范围和旅行社产品采购的内容。

◎请各小组按自己设计的三条线路分别确定需要采购的服务，并对各项采购服务进行实地考察或网络调查，同时做好记录。

【完成成果】

◎通过当地旅游门户网站等进行网络查找和实地调查，根据表3-1收集当地旅游行业信息，整理填写制成文件夹。

表 3-1　当地旅游行业调查表

序号	名称	类别或等级	调查内容
1	旅游交通	旅游汽车服务公司	中文名称或简称（拼音名称、英文名称）、所在区域、地理位置、地址、荣誉称号、拥有旅游车辆类型和数量、性能及车况、租车费用、驾驶员情况、联系人和联系方式等
		游船或邮轮公司	中文名称或简称（拼音名称、英文名称）、所在区域、地理位置、地址、邮政编码、起始码头、占地面积、开通时间、工作时间、主要线路、所属管理公司、简介、咨询电话、投诉电话、是否支持网络购票、购票地址、联系人和联系方式等
		航空客运	机场中文名称或简称（拼音名称、英文名称）、所在区域、地理位置、邮政编码、地址、等级、机场LOGO、通航时间、占地面积、跑道数量、登机口、关键字、机场简介、咨询电话等
		铁路客运	火车站中文名称或简称（拼音名称、英文名称）、所在区域、地理位置、地址、等级、站台规模、隶属单位、工作时间、占地面积、开通时间、主要线路、简介、咨询电话、投诉电话等
2	旅游住宿	五星级	中文名称或简称（拼音名称、英文名称）、所在区域、地理位置、周边环境、停车场所情况、地址、类型、等级、酒店设施、提供菜系、企业LOGO、特色、简介、房间类型、房间数量、可预订房间、面积、价格、图片、音视频资料、联系人和联系方式等
		四星级	
		三星级	
		二星级	
		一星级	
		其他	
3	旅游餐饮	团队餐厅	中文名称或简称（拼音名称、英文名称）、所在区域、地理位置、周边环境、停车场所情况、地址、类型、等级、档次、餐馆LOGO、特色、推荐菜、荣誉资质、简介、图片、音视频资料、卫生情况、联系人和联系方式等
		社会餐厅	
		特色餐厅	

序号	名称	类别或等级	调查内容
4	旅游景区	5A级景区 4A级景区 3A级景区 2A级景区 1A级景区	中文名称或简称、中文别名(拼音名称、英文名称)、所在区域、地理位置、周边环境、停车场所情况、地址、荣誉称号、景区等级、评级时间、景区类型、景区管理机构、景区LOGO、景区主题和特色、图片和简介、音视频资料、联系人和联系方式等
5	娱乐项目	当地特色演出等	中文名称或简称(拼音名称、英文名称)、所在区域、地理位置、周边环境、停车场所情况、地址、类型、LOGO或宣传彩页、荣誉或特色、简介、图片、音视频资料、演出票价、票价说明、售票时间、售票地点、上演或营业时间、联系人和联系方式等
6	购物项目	大型购物中心或百货商场 土特产超市或便利店 宝石玉器或特色商店 免税商店 其他	中文名称或简称(拼音名称、英文名称)、所在区域、地理位置、周边环境、停车场所情况、地址、类型、企业LOGO、商品特色、荣誉资质、简介、图片库、音视频资料、注册日期、工商注册全称、注册日期、联系人和联系方式等
7	旅行社	国内旅行社 出境旅行社 赴台旅行社	中文名称或简称(拼音名称、英文名称)、所在区域、地理位置、地址、类型、注册日期、经营业务、许可证号、服务语种、荣誉称号、特色产品、旅行社LOGO、简介、图片、音视频资料、联系人和联系方式等
8	导游服务公司或导游协会		中文名称或简称(拼音名称、英文名称)、注册日期、所在区域、地理位置、地址、企业LOGO、注册导游人数、简介、导游照片、音视频资料、联系人和联系方式、导游等级、服务语种等
9	导游人员	高级 中级 初级	中文姓名、拼音、性别、出生日期、身份证号、学历、民族、联系方式、家庭住址、证件照、导游类型、导游等级、服务语种、所在地区、导游简介、导游证号码、注册日期、导游证发证日期等
10	领队人员	出境领队人员 赴台领队人员	中文姓名、拼音、性别、出生日期、身份证号码、学历、民族、联系方式、家庭住址、导游等级、服务语种、所在地区、导游简介、导游证号码、导游证发证日期、资格证号、资格证发证日期、导游证发证日期等
11	旅游保险	保险公司	中文名称或简称(拼音名称、英文名称)、所在区域、地理位置、邮政编码、地址、简介、旅游险种名称和价格、联系人和联系方式等

任务 3.2　采购周边线产品

【教学目标】

知识目标

掌握周边线产品的采购内容。

掌握周边线产品计调工作的流程。

能力目标

能对周边线产品要素进行询价、采购，签订采购协议。

能按业务流程对小组设计的周边线产品进行计调操作。

【任务引入】

阅读下面的案例，思考周边线计调应该采购哪些内容？在工作流程中应该注意哪些细节？

口头确认，旅游计调的第一大忌……

普慧公司委托安踏旅行社安排一日游，团队 200 人，合同补充协议中注明费用包含保险。团队出发前，客户将团队名单发至旅行社。计调小黄在给客户购买保险时发现，有几个客户提供的身份证号码不对，无法在保险系统中提交。

小黄请销售小蒋打电话给客户，请客户将有问题的几个客人的名单重新提供。此时客户已经在出发的路上，觉得找到那几位同事要身份证太麻烦，就回复小蒋说，不用给他们买了。于是，小黄没有给这几位客户购买保险。请问计调小黄的做法对吗？

（资料来源：易沃克旅游网）

分析：计调小黄这种做法是不对的。因为如果旅行过程中那几个未买保险的客户发生问题，需要启动意外保险时，而旅行社因为没有保留客户放弃购买保险的任何证据，一旦发生投诉，旅行社是百口莫辩的。

正确的做法是，将因客户提供错误名单无法购买保险的客人名字和身份证号码编辑短信，发送给客户确认，因对方提供错误名单导致保险系统无法确认投保生效，请客人提供正确名单；如客人放弃购买，请短信回复"放弃购买"。如果条件允许的话，请团队导游再补充一份书面确认书让客人签字。

计调在与相关合作单位确定吃、住、行、游、购、娱等方面的接待事宜时，不能接受对方的口头确认或者网络聊天确认，即使对方是很熟的合作对象也不可以。因为口头确认和网络聊天确认的内容存在很大的变数，尤其是在旅游旺季时节，相关接待事宜较难得到保证，甚至造成与对方要求标准的不一致,从而给本社声誉造成不可弥补的损失。

因此,计调必须要以接收到对方盖有公章或者业务专用章的确认函或者接收到对方盖有公章或者业务专用章的传真确认件为准,并加以核实,确保所有的确认必须以书面文字告知,并督促双方确认。

【任务分析】

周边线产品是地接社对当地景点进行各旅游要素的包装,向游客提供的各种商品和有偿服务的产品。地接社计调负责采购旅游团在当地或周边的住宿、交通、用餐、购物、景点及娱乐等服务项目,因此,计调员必须掌握周边线计调的采购内容和操作流程,并进行各项目的计价报价。

【相关知识】

3.2.1 周边线产品采购业务的内容

1)采购交通服务

旅行社能否为游客提供安全快速、方便经济的旅游交通服务,不仅关系到旅行社能否按照游客的要求组合加工旅游产品,同时也关系到旅行社的声誉和对外形象。所以旅行社必须与旅游交通部门建立密切的合作关系,并争取与有关交通部门建立代理关系,经营联网代售业务,特别是在交通服务供不应求的情况下显得尤为重要。

旅游交通可以划分为公路、水路、航空、铁路和特种旅游交通等基本类型。在周边线产品中,交通服务的采购主要是对公路交通服务的采购。

计调在采购公路交通服务时应对此项服务的汽车公司进行调查,了解公司所拥有的车辆数目、车型、性能、驾驶员技术水平、公司管理状况、租车价目等。从中选出采购对象,经洽谈签订租车协议,建立协作关系,特别在旅游旺季保证团队用车上占据优势。

计调必须熟知各类旅游车型,订车时,要根据游客的需求和人数安排车型,要知道旅游车有多少个正座和多少个副座,车内空间有多大,游客坐得是否宽敞舒适,是否有行李厢可以容纳游客的行李,是否需要加挂行李车或单独派个小车作为行李车接载行李,这些都属于必备的业务知识范畴。

计调在每次接到游客或旅游团队的用车计划之后,应根据游客的人数及收费标准向提供公路交通服务的汽车公司提出用车要求,并告知游客或旅游团队的活动日程,以便汽车公司在车型、驾驶员配备等方面作好准备。为了避免差错,计调应在游客抵达前的三天内再次与汽车公司联系,核实确认车辆落实情况,并将所用的车型以及驾驶员的姓名、联系电话等情况通报旅行社接待部门。(图3-4)

序号	名称	LOGO 及常见车型	座位数/个
1	金龙客车	KING LONG 金龙客车 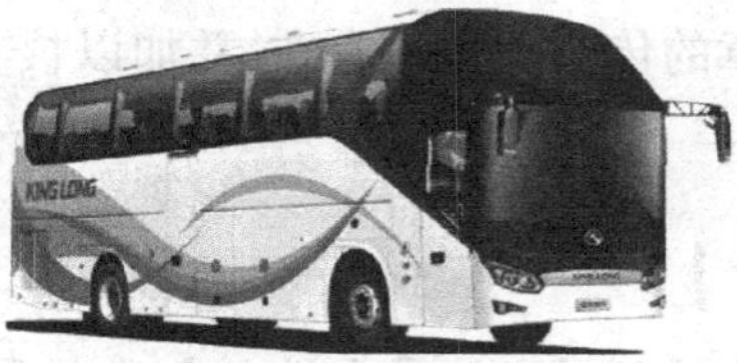	24~55
2	中通客车	中通客车 ZHONG TONG BUS 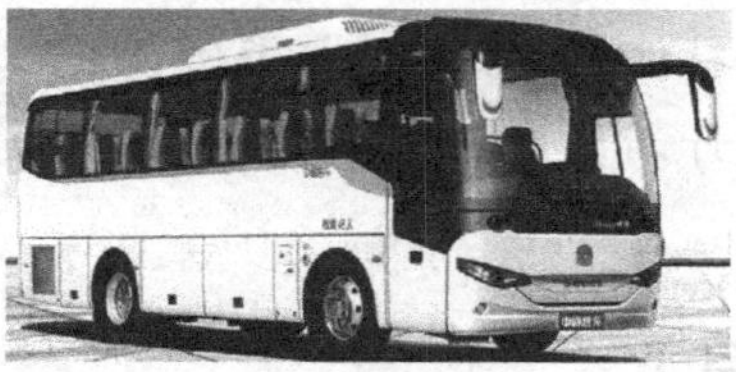	24~55
3	宇通客车	YUTONG 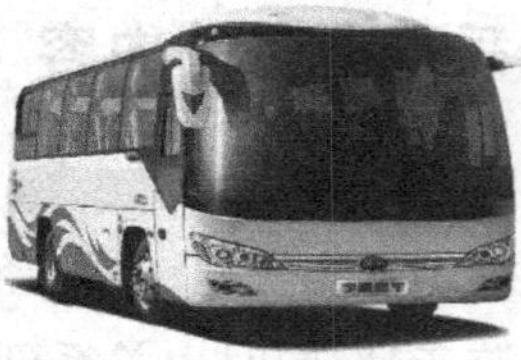	24~35
4	丰田客车	TOYOTA 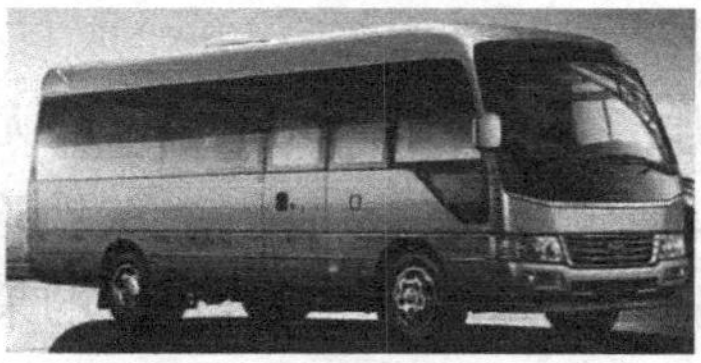	20~23
5	金旅客车	GOLDEN DRAGON 金旅客车 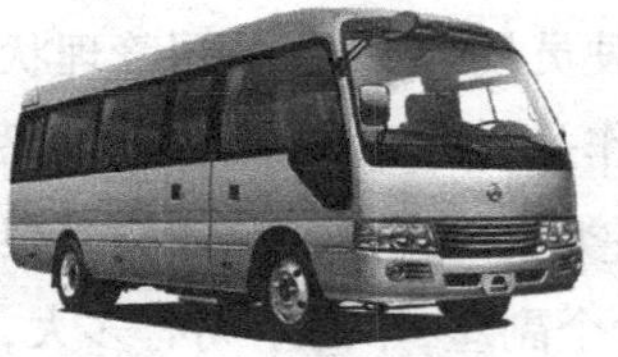	10~26

图 3-4　常见旅游车类型

【同步讨论】

请阅读下面的案例，并分组思考和讨论：你能分析经理这样做的目的吗？作为旅行社计调人员，如何从专业角度考察酒店？

大连某旅行社准备接待一个来自新疆的 20 人团队，经理将这个团队交给计调小王去操作，并简单地交代了注意事项，这是一个重要客户的团，要安排好。小王经过认真比较，将这个团队安排在市中心一家新落成的三星级酒店，该酒店的设施在大连市同级别的酒店中是最好的。但是当小王将这个计划交给经理审核时，经理却要求他更换酒店。

2)采购住宿服务

旅行社应按照合同中所确定的标准为旅游团(者)预订饭店,并提前通知对方。如因特殊情况需变更已预订的饭店,在征得游客同意后,可调换同星级或高于原定星级的饭店,不另加收费用。如调换的饭店低于原承诺的饭店星级,需向游客说明并将差价部分退还给游客。旅行社不得将旅行团(者)安排到非定点酒店住宿。

旅行社可以从主客源地的政治、经济、文化的发展水平,以及地理环境、主要居住的民族、文化传统等方面分析游客需求特征。例如,上述案例中的客人来自内陆地区,安排在海边住,远比安排在闹市区要好得多,哪怕房间设施稍差一些,客人更喜欢离大海更近一些,早晚可以到海边去散步。

另外,旅行社也可以从游客与旅行社的协议中了解游客的住宿需求特点,在游客协议中对于住宿标准和设施的要求,往往都有明确的说明。一般入境及国内高端团队会选择五星级、四星级酒店住宿,常规团队以三星级标准为多,周边线团队多要求干净、整洁、有电视、空调、独立卫浴的二星级酒店即可。

总之,对不同等级、地理位置、价位的酒店都要尽可能多地收集、签订协议并整理列表,以满足不同团队的需求。只有准确把握客户的需求,才会为其提供满意的服务。能否按照游客的需求标准提供住宿服务,不仅是游客衡量旅行社产品质量的重要内容,也是旅行社进行饭店服务采购的重要依据。

【业界语录】

十九大报告提出的我国社会主要矛盾已经转化为人民日益增长的美好生活需要和不平衡不充分的发展之间的矛盾,这种不平衡不充分的发展在旅游行业中一个重要体现是消费升级的需求没有被充分满足。在旅游消费升级的大趋势下,如何更好地满足游客个性化和多样化的出游需求,对于旅游行业而言既是挑战更是机遇。

——途牛网首席执行官,于敦德

【拓展阅读】

如何考察酒店

1.看周围环境

周围有无方便的商业设施,如大型超市、中小商店、水果摊、公交站点,位置是否在市中心,离市中心稍远还是在很偏远的郊区等。这些在客人自由活动期间都会派上用场,能够给客人提供便利或带来不便。

2.看外观

楼有多少层,是单体还是复合体,有无延伸出来的外厅,有无身着整齐制服的迎宾人员,以及停车场大小等。

3.看大堂

面积是大还是小;整体装修气派不气派;风格是否新颖,能否让人眼前一亮;是中通的还是低矮的;有无供客人免费坐的沙发和椅子,座位多不多,沙发是否整洁干净,是否有洗手间及其位置;大堂吧里咖啡、茶水等的收费标准;前台人员整体形象档次是高还是低,业务素质如何;团队要用的房间标牌价是多少。

4.看客房

客梯有几部、档次的高低、运行的速度;楼道比同级别的酒店宽窄高矮如何,楼道地毯是否陈旧,有无大片污渍,质地是一般还是高档;客房门是简易门还是高档门,是否为电子门锁;房间内卫生间新旧程度,有无浴缸,是否干湿分开(即有无单独的淋浴房),洗漱用品配备是否完善,房间面积大小(标准间一般20~40平方米);床的尺寸;可以掀开床盖用手压一压床垫,看有无凸凹不平;电视是液晶的还是老式的;有无茶几、椅子;是挂在墙上的简易衣架还是质地很好的衣柜;有无网线;房间内有无自费的饮料、水果;电视有无收费频道等。

5.看餐厅

一般情况下,客人会在饭店用早餐,有的晚餐也会回来用。还有,招待宴会基本是在饭店内。如果是人数较多,达一两百人,甚至更多的会议团,就要注意餐厅最多能摆多少张桌子。如果领导要讲话,还要注意有无小舞台。有的饭店不同楼层的多功能厅桌位紧张时也兼做餐厅,那就要注意旁边有无备用的厨房,菜是从楼下厨房运上来还是在旁边备用厨房做,这间接影响到上菜的速度和饭菜的凉热程度。

3)采购餐饮服务

可能成为采购对象的餐厅有很多,各级各类从事餐饮经营的,都有可能成为旅行社的采购对象。这里特别说明两种:一种是靠近景点附近,方便游览就餐,这一类型餐厅往往价高质次,临近饭点团队拥挤,翻台快,就餐环境也不甚理想,入境团队和餐标稍高的国内团队菜品还可有保证,餐标低的国内普通团队则品质很差,极易引起投诉,计调安排团队在此类餐厅就餐时要注意让导游给游客打好"预防针",做好解释说明工作。

另一种是有特色的社会餐厅,不同于常规团队餐厅,这一类型餐厅很少和旅行社打交道,需要计调去和餐厅具体洽谈菜品及接待方式。在计调签订的合作餐厅列表里,不能只有常规团队餐厅,还应有这类特色的社会餐厅,以满足特色团队和高品质团队的就餐需求。

采购人员在采购餐饮服务时,通常用定点采购的办法,即采购人员在对某些餐厅考察筛选后,同被选择的餐厅分别进行谈判,最终与较合适的餐厅达成协议。其中对不同等级的用餐标准、价格、退定细则和办法、折扣、详细菜单等作出明确规定,餐厅和旅行社各自按协议自觉履行义务。

当采购人员接到接团计划时,应该及时根据游客的口味、生活习惯、旅游等级等因素,提前与餐厅联系,安排游客到卫生条件好、质量优、分量足、服务规范、价格公道的餐厅用餐。采购时应该严格按照协议中注明的要求、标准、人数进行,不得擅自更改协议规定的标准,不得克扣餐费,不得强行要求游客增加风味餐。

4)采购游览服务

除了少数特殊游览和参观景点外,绝大多数的游览和参观景点服务采购由各地的接待旅行社承担。旅行社采购人员应该对本地区重要景区景点进行考察和比较,掌握它们的联系方法、价格、折扣以及优惠条件等。并根据具体情况提出合作意图,达成合作关系,应设法建立互利互惠的长期合作协议,在以尽可能低的价格获得门票和保证旺季供应的同时,争取更大的优惠空间。

周边线的计调应该对本旅行社所在地和所经营旅游线路所在地的景区、酒店、交通、餐饮、购物、娱乐等知识有一个全面的了解,将本地区所有景点淡旺季门票及折扣、学生与特殊群体游客优惠票价政策、开馆闭馆时间、是否有合作协议等信息列表登记。并充分发挥自己的议价能力,力争门票获得尽可能大的折扣和优惠,既保证旅行社的利润,又保证旅游计划的顺利完成。

【同步思考】

有计调曾经说:"景区讲解、带团是导游的事,我们计调把吃、住、行、游、购、娱安排好就行了。"请阅读下面的案例并思考,你认为这样的说法对吗?

一天,西安探享旅行社的计调员陈静,接到苏州国旅的咨询电话,说 10 月 10 日将有一个 16 人的旅游团队到西安旅游,走西安西线,希望西安探享旅行社能够负责地接。苏州国旅连续咨询了西安西线的相关景区、酒店、餐饮、交通的很多问题。陈静虽然是西安人,但没去过西安的西线景区,只知道这条线路基本上都是古代历史的陵墓,但具体的情况就一问三不知了,因此,苏州国旅就认为这家旅行社接待能力不行,最后选择了另外的旅行社负责地接。

5)采购娱乐服务

娱乐是旅游活动的六要素之一,特别是组织好旅游者(团)晚间文化娱乐活动,不仅可以消除游客白天参观游览的疲劳,而且可以丰富、充实旅游活动,起到一种文化交流的作用,使整个旅程锦上添花。要达到以上目的,就要求旅行社与娱乐行业建立必要的合作关系。

采购娱乐服务时需要了解客人的心理特点,分析客人不同年龄、性别、文化程度、收入水平等情况,为他们安排恰当的活动项目。此外,要遵守国家法律和规定,不得带客人去不健康或不安全的场所。

【相关链接】

旅游实景演出

旅游实景演出是以真山真水为演出舞台、以当地文化为主要内容的独特旅游文化演出模式。中国第一部旅游实景演出是桂林于 2002 年推出的"印象·刘三姐"。随后,"宋城千古情""长恨歌""印象·西湖""印象·大红袍""印象·平遥"等旅游实景演出陆续在各地大获成功,这些充分汲取地域文化,利用声光电营造的旅游实景演出日益成为吸引游客的重要文化旅游元素。《"十三五"旅游业发展规划》提出要发展文化演艺旅游,推动旅游实景演出发展,打造传统节庆旅游品牌,这为实景演出进一步发展提供了重要机会。2016 年 G20 峰会期间推出的"最忆是杭州",将旅游实景演出推向了一个新的水平。近年来,中国旅游演艺产业有了长足的发展,成为文化产业和旅游产业领域的一大亮点。

(资料来源:中国旅游报)

6) 采购购物服务

旅行社在进行旅游购物服务的采购时,为了使购物活动成为旅游活动中丰富多彩、不可缺少的一部分,为了方便游客,使客人免遭欺骗,旅行社应与有关旅游商品定点商店建立相对稳定的合作关系,并与购物商店签订合同,明确双方的权利义务,以防购物商店在游客购买的商品中掺杂、掺假,以假充真、以次充好,以不合格商品冒充合格商品,或者销售失效、变质的商品,损害游客的利益。

旅行社在选择购物场所时,要注重该购物店的营业执照以及经营资质,应与本地区、经旅游局审批合格的合法旅游商店签订协议。要保证该购物店不出售假冒伪劣商品,即商品质量的保障,商品要具备一定的旅游纪念价值或是能体现旅游地的特色。

7) 采购导游服务

导游是指依法取得导游证,接受旅行社委派,为游客提供向导、讲解及相关旅游服务的人员。周边线计调采购的导游是地方陪同导游,简称地陪,指受接待社委派,代表接待社实施旅游行程接待计划,为旅游团(者)提供当地导游服务的导游。计调根据旅游团队的特点正确地选择合适的导游是顺利完成旅游接待计划的关键。

计调人员要建立素质过硬的导游队伍,与全职及兼职导游签订带团劳务协议,并将导游情况登记造册,掌握常用导游的姓名、手机号、证件号、品德修养、业务能力、沟通能力语种等,还应该了解导游的工作职责和程序,从而做到对导游进行管理和报账把关。(图 3-5)

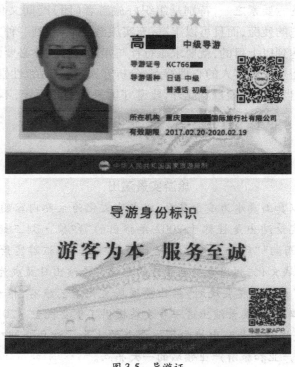

图 3-5　导游证

8) 采购保险服务

旅行社应当在取得旅行社业务经营许可后 10 个工作日内,投保不低于规定保险金额的旅行社责任险。旅行社投保旅行社责任保险,必须在境内经营责任保险的保险公司投保,并按照《中华人民共和国保险法》规定的保险合同内容,与承保保险公司签订书面合同;旅行社投保旅行社责任保险采取按年度投保的方式,按照保险金额的有关规定,向保险公司办理本年度的投保手续。

旅行社在选择保险公司时应对众多的保险公司认真考查比较,选择信誉良好、有较强经济实力的保险公司作为合作对象。

【拓展学习】

很多游客甚至旅行社的工作人员都不明白旅行社责任险和旅游意外险的区别,我们通过表 3-2 来学习一下。

表 3-2 旅行社责任险和旅游意外险的区别

项　目	旅行社责任险	旅游意外险
定义	旅行社在组织旅游活动过程中因疏忽、过失造成事故所应承担的法律赔偿责任	被保险人在保险期限内,在出差或旅游的途中因意外事故导致死亡或伤残,或保障范围内其他的保障项目,保险人应承担的保险责任
性质	强制险,旅行社必须投保	游客自愿投保
保险内容	不限于人身保险,承保内容依据旅行社与保险公司签订的具体合同而定	属于人身保险,对财产责任不承保
保险范围	对因旅行社责任引起的游客人身伤亡,财产遭受的损失及由此发生的相关费用进行赔偿。旅行社对游客出游期间依法应承担的各种民事赔偿责任由法院或相关仲裁机构裁决	对游客因自身原因或其他原因发生的意外导致死亡或伤残进行赔偿
投保人	在中华人民共和国境内依法登记注册,并持有旅行社业务经营许可证的旅行社	只要被保险人(游客)同意投保人为其投保的,就符合要求,可以投保。旅行社与游客订立合同时,应当推荐游客购买并代办旅游意外险,但不能强制游客购买
被保险人和受益人	旅行社	游客

3.2.2 周边线产品计调业务操作流程

周边线产品计调业务操作流程如图 3-6 所示。

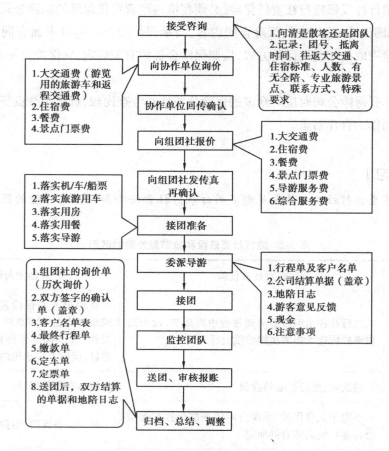

图 3-6 周边线产品计调业务操作流程

1）接受咨询，询价报价

旅游线路报价就是将旅游线路产品的内容结合价格以信息的形式传播给游客或旅游中间商，做到产品质量与销售价格相符。旅游线路报价要体现等价原则，一方面，旅游线路中各个项目，包括交通、餐饮、住宿、景点、娱乐等在接待质量上一定要与线路价格相符，不得有"水分"或"偷工减料"；另一方面，导游提供的服务在接待质量上必须做到规范化、标准化，与线路中所含的导游服务费相符。

周边线计调根据询价编排线路，以报价单提供相应价格信息（报价）；对外报价首先要进行内部计价，内部计价和对外报价是计调一项非常重要的工作，要根据市场需求制订合理的价格，及时对外报价，才能最大限度地占领市场份额。报价时，计调首先应向各接待单位询价，经多方比较，根据客人要求确定采购对象（如酒店、餐厅、车辆等），然后进行内部计价,算出自己的成本,再加上操作费用或经营利润,并注明团队确认方式及结算方式的具体要求,最终形成报价。一般来说,地接社报价＝交通费＋房费＋餐费＋门票费＋导游服务费＋保险费＋经营利润。

旅游线路报价计算单位为"元/人",表示一人的旅游价格。计算明细如下:

(1)餐费:含团队餐和特色餐费用,旅行社报价中一般只包含团队用餐费用,特色餐费用由游客自理。团队餐包含早中晚三餐,许多酒店的住宿费用含早餐,因此旅行社报价时含的餐费多指正餐,即午餐和晚餐费用。餐费的计算单位为"元/(人·餐)",表示每人每餐的餐费。

(2)房费:一般指双人标准间的房费,计算单位为"元/(间·晚)",表示一晚上一间房的价格,若要计算每人每晚的房费则除以2。旅行社一般为游客安排双人标准房或三人房,有时团队因人数或性别原因可能出现自然单间,由此产生的房费差额(单房差)根据事先达成的协议由旅行社或客人来承担。

(3)交通费:包括市内接送费用和市区到景区的交通费及景区的观光车费等,计算单位为"元/人",根据实际乘坐交通工具来计算,如为旅行社包车,则是包车费除以实际人数。

(4)门票费:一般包括景区大门的第一道门票,计算单位为"元/人",根据实际前往的景点进行报价。

(5)导游服务费:每个团配备一名地陪导游,这项报价是地陪的各种费用,计算单位为"元/(人·天)"。

(6)保险费:一般地接社在对外报价时每人加收保险费,并统一投保,计算单位为"元/人"。

(7)经营利润:或称为"综合服务费""操作费用"等,计算单位为"元/人"。

2)与合作单位确认团队

接到组团社书面预报计划,将团号、人数、国籍、抵/离机(车)时间等相关信息登录在当月团队动态表中。如遇对方口头预报,必须请求对方以书面方式补发计划,或在确认书上加盖对方业务专用章并由经手人签名,回传作为确认件。

按组团社要求,向各有关单位发送计划书,逐一落实。逐一落实完毕后(或同时),编制接待"确认书(单)",加盖确认章,发送至组团社并确认组团社收到。如用车,根据人数、要求安排用车,以传真方式向协议单位发送"订车(房、餐、娱、购、地接、票务等)确认书(单)"并要求对方书面确认。如遇变更,及时做出"更改件",以传真方式向协议单位发送,并要求对方书面确认。(表3-3)

表 3-3　旅行社订餐确认单

收件单位：	发件单位：
收件人：	发件人：
传真：	传真：
您好,现将订餐计划传真给您,请确认并回传,谢谢!　　团队(客人)名称：	
人数:＿＿＿＿成人＿＿＿＿小孩　　　　　　　　用餐时间:＿＿年＿＿月＿＿日＿＿＿＿餐	
用餐要求:＿＿＿＿菜＿＿＿＿汤(十人一桌,＿＿＿＿荤＿＿＿＿素)	
餐标:早餐 成人＿＿＿＿元/人,小孩＿＿＿＿元/人 　　　中餐 成人＿＿＿＿元/人,小孩＿＿＿＿元/人 　　　晚餐 成人＿＿＿＿元/人,小孩＿＿＿＿元/人　　　　　　餐费累计＿＿＿＿元	
付款方式:按付款协议约定执行(导游前台凭此单登记用餐)	
特殊要求:	
备注: 其他费用均由客人自理,本社不予承担。收到订餐委托后,请速将订餐回执传回我社。 公司名称(盖章):　　　联系人: 　　　　　　　　　　　　　　　　　　　年　　　月　　　日	

3)编制核算和结算单

旅行社核算主要是对报价和费用进行审核,以核算出成本和收入。计调应在出团前编制团队"核算单",注明现付费用、用途,然后送财务部经理审核,填写"借款单",再和"概算单"一并交部门经理审核签字,报总经理签字后,凭"概算单、接待计划、借款单"向财务部领取借款。另外,计调还要填制公司的"团队结算单",经审核后加盖公司财务专用章,于团队抵达前将结算单传真至组团社,催收团款。

旅行社在开展旅游业务的过程中,必然与提供旅游产品的旅游服务单位、招徕游客的客源地旅行社、接待游客的目的地旅行社发生旅游费用的结算业务。所谓旅行社结算业务是指旅行社与各单位或个人,由于劳务供应、资金调拨以及其他款项往来而发生的货币收付行为。旅行社结算业务就是指对应收账款和应付账款的结算,旅行社同其他旅游服务供应部门之间的结算,一般是根据旅行社与它们事先达成的协议进行。

计调人员在核算结算时,第一要及时,团队运行完后,计调人员要及时核算账单,团队必须及时进行结算。根据实际发生的数据,及时调整结算单,使财务的信息和数据保持更新。第二要细心,细心记录团队操作中的细节及财务变化,归纳财务凭证,并保留凭证。第三要准确,财务数据要准确,不能只凭记忆或估算,要以实际凭证为准。第四要诚信,遵守财务制度,收取的现金及时上交财务,并保留原始凭证。应收应支需经公司财务核准方能进行。(表3-4)

表3-4　团队费用结算单

组团社				团号	
联系人		电话		传真	
地接团号		日期		人数	
标准		路线			
用房	酒店名称:		间　　晚	价格:	
	酒店名称:		间　　晚	价格:	
	结算方式:		小计		
用车	单接机次数及价格:		单送机次数及价格:		
	用车区间:				
	结算方式:		小计		
门票	景区名称:		优惠票:		免票:
	景区名称:		优惠票:		免票:
	结算方式:		小计		
代订飞机或火车交通	订票费用:				
	结算方式:		小计		
用餐	餐厅名称:		用餐人数:		价格:
	餐厅名称:		用餐人数:		价格:
	结算方式:		小计		
综合费用合计			小写		
备注			结算方式	现金	
				汇票	
				电汇	

4)下达接待计划,进行团队监控

编制"接待计划"及附件,由计调签字并加盖团队计划专用章。通知导游领取计划及附件。附件包括:名单表,向协议单位提供的加盖业务专用章的公司结算单,导游填写的"工作小结""游客意见反馈单""旅游投诉记录单"等,以及需要现付的现金,票款当面点清并由导游签收。导游带团过程中,如团队有任何问题导游应及时联系计调解决,同时,计调也应主动询问导游团队的进行状况,以便对团队进行必要的监控。(表3-5)

表 3-5　导游派团单

组团社		团号			游客来源			人数	
抵离时间	月　　日　　时乘			班机		次车船从		抵	
	月　　日　　时乘			班机		次车船离		赴	
住宿安排	酒店名称:		用车安排		车型及车座				
	房间数:				车号:				
日期	行程安排		用餐标准:早:　午:　晚:				购物点		
			用餐地点:						
月　　日			早:	午:		晚:			
月　　日			早:	午:		晚:			
月　　日			早:	午:		晚:			
月　　日			早:	午:		晚:			
月　　日			早:	午:		晚:			
月　　日			早:	午:		晚:			
备注									
	旅行社(盖章):			编号:T-×××-×××-×××××					
计调员		地陪导游			接待部门			全陪导游	
"派团单"印制说明	1.格式化"派团单"应用16开纸印制。 2.应标明旅行社名称,使用小二号宋体。 3.表格内容使用五号仿宋体。 4.编号中 T-×××××××××××××为旅行社专用代码,后五位为旅行社自行设定的派团单编号。 5.一式三联,第一联黑色,第二联红色,第三联蓝色。								

5）审核报账

团队行程结束，通知导游在 3 日内凭"原始票据""接待计划""工作小结""游客意见反馈单"等，及时向部门计调报账。计调详细审核导游填写的各种表格，以此为依据填制该团"费用小结单"及"结算单"，交部门经理审核签字后，交财务部并由财务部经理审核签字，总经理签字，向财务部报账。

计调在团队报账时需注意：

（1）所有团队、散客一经确认，应按合同确认件审核报账，如需垫款必须经总经理同意，以保持公司正常的现金流量，对于垫款团要确保好应收团款的及时催收。

（2）所有团队团款出团前至少付 70%～80%，余款在团队返回后三日之内必须全部结清，出现呆账、坏账追究责任，谁造成的损失谁负责；散客出团或送团前必须全部收齐费用，否则不予送团，特殊情况须经总经理批准后方可。

（3）计调不做收取现金的工作。现金应由外联收取（销售人员收取）。尽量避免外联及计调同为一人。如因旅行社人手不足只能同为一人时，部门主管需认真审核。

（4）计调与导游对账时，应注意审核验收单据及现金的支出与收入。主要审核以下内容：

①购物店。有没有到指定购物店购物，购物单据是否带回；人数有没有签齐。

②就餐签单。有没有到指定餐厅就餐，餐厅的发票或旅行社的签单是否带回，金额、人数是否按实际填写。

③景点单据。签单或现付景点的回执单、发票是否带回，人数是否按实际填写。

④住宿发票或签单。每晚住宿发票或签单是否带回。

⑤核对支出、收入、备用金。细心核对各支出及收入、备用金情况；根据团队确认件审核导游各项账目，多退少补。

6）归档总结和调整

导游报账结束后，计调应将涉及该团的协议单位的相关款项及时录入"团队费用往来明细表"中，以便核对，并就该团队盈亏情况如实填写"盈亏明细表"，提交财务经审核后，与该团的原始资料一同登记存档，以备查询。计调还应根据各合作单位、导游和游客的反馈意见对线路设计和行程安排进行相关调整。

【教学互动】

◎以小组为单位进行模拟实训，把全班同学分为 6 个小组，分别代表组团社、地接社、酒店、餐厅、车队、景区，模拟采购周边线的服务项目。

◎组与组之间可以互换不同的角色和工作岗位，各组对自己小组设计的周边线产品进行采购，并下达采购计划，对采购的各要素进行核价计价并报价。

【完成成果】

◎整理周边线产品的采购内容，填写相关单据和表格，计算出线路的成本价并报价。

◎写出或画出周边线产品计调业务的操作流程。

任务 3.3　采购国内线产品

【教学目标】

知识目标

记住火车票、机票、船票的收费方法。

掌握国内线产品的采购内容。

掌握国内线产品计调工作的流程。

能力目标

能对国内线产品要素进行询价、采购,签订采购协议。

能按业务流程对小组设计的国内线产品进行计调操作。

【任务引入】

阅读下面的案例和案例分析,讨论国内线计调应该采购哪些服务项目,在采购过程应该注意什么? 国内线计调的业务操作流程是怎样的?

误机事故谁负责?

国庆前夕,刘某等 8 名游客,报名参加某旅行社的海南五日游,双方口头约定,9 月 30 日 12 点乘机赴海南,10 月 4 日下午 3 点多乘机返回,派全陪导游全程服务。后因未买到全陪导游的机票,就没派全陪导游随团前往海南,但承诺派导游送机,地接社将保证接待质量,并将返程机票交给刘某,告知时间为 10 月 4 日下午 3 点多。

10 月 3 日,从三亚返回海口的途中,地陪导游询问乘机返回的时间。刘某答复是次日下午 3 点。4 日上午 9 点多,刘某拿出机票,想确知具体时间时,却突然发现机票是上午 8 点 10 分,而并非组团社所说的下午 3 点多。

刘某当即与旅行社交涉,经过地接社的多方努力,重新购买了 12 点零 5 分的返程票。但是,由于该旅游团购买的是不得转签、退换的优惠票,原票全部作废。请问该事故责任在谁?

案例分析:

这次误机事故中,旅行社有违约行为和过错,应承担主要责任,刘某等游客存在疏忽查验机票的过失,也应承担相应责任。

首先,组团社有违约行为。组团社未按曾约定的,派全陪导游提供全程服务,未买到机票而取消全程陪同的理由,并不是不可抗力,属于单方违约行为。将机票交给刘某,并没有告知返程飞机有变动的真实情况。如果全陪导游随团,按其职责核实机票时间,误机是可以避免的。因此,组团社未派全陪提供全程服务与误机有直接的关系。

其次,地接社未按国家标准提供服务。离站的前一天,地陪应确认交通票据及离站时间,本案中,全部行程都是由旅行社安排的,在没有全陪的情况下,地接社应负责组织落实全部旅游活动,而地陪并没有按导游服务质量标准的规定查验机票,确认返程的准确时间,只是询问了游客,就轻率地认定返程时间,导致发生了误机的严重责任事故。

最后,游客自身也存在过失。刘某负责保管返程机票,应具有查验核对的义务,发现问题及时向旅行社提出,避免损失的发生。特别是10月3日返程的前一天,当地陪向其询问时,刘某仍未查验交通票据,而继续答复未变更的返程时间。如果刘某查验一下机票,误机的事情也是可以避免的。刘某疏忽大意,告知错误的返程时间,也是造成误机的主要原因之一,因此,也应担负相应的损失。

【任务分析】

国内线产品是国内组团社对旅游目的地景点进行各旅游要素的包装,向游客提供的各种商品和有偿服务的产品,国内组团社计调主要负责采购交通、异地接待社、全陪、市内接送、旅游保险等服务项目,计调必须掌握国内线路产品计调操作流程,并进行各项目的计价报价。

【相关知识】

3.3.1　国内线产品采购业务的内容

国内组团社计调的采购业务主要有城市之间大交通的采购、异地接待社的采购、全陪服务的采购、市内接送服务的采购及旅游保险的采购等内容。公路交通服务和导游服务、旅游保险的采购在任务3.2周边线产品采购业务的内容中已经学习过,下面主要介绍航空、铁路和水路交通服务以及地接服务的采购。

1)采购交通服务

(1)采购航空交通服务

为了能够及时对旅游交通服务进行采购,加强与旅游交通部门的合作,一般旅行社都要专门设立"票务"机构和人员。此外,一些旅行社还为航空公司代理机票业务,在保障自身供给、创造经济效益的同时,与航空公司建立密切联系。

作为旅行社专门的采购人员,必须熟悉旅客航空运输的有关规定,时时了解各航空公司的折扣情况、主要航班的抵离时间、订票的要求、退订或改订的最后期限及手续费计算方法等。尤其是应特别注意:是否是"不可签转票(出票后不能更改航空公司)、不可改期票(出票后不能更改出发或回程日期)、不可退票(出票后不能退回程票或全部机票)";还要注意最后出票时限。对于旅客所预订的机位,航空公司具有一定的保留期限,一般要求提前3天出票,否则座位将被航空公司取消。

计调操作飞机团队时应注意:必须与客人认真核对名单及证件号码是否与该有效证件一致,并请客人保证是有效证件,必须与客人认真核对出团及离团日期及航班号,确保无误后,将附有游客签字的预订单(名单表上要标注乘机日期及航班号)发给出机票处确认,同时再给出机票处发一份客人发来的电子文档名单,以便他们订票时直接录入系统。在出票前再次与出机票处核对名单、证件号码及乘机日期和航班号。(表3-6)

表3-6　机票预订单

团号：		国籍：		组团单位：		
乘机日期：		目的地：		航班号：		
人员	成人：　人	2岁以下儿童：　人		2~12岁儿童：　人	人数合计：　人	开票要求
	金额：　元	金额：　元		金额：　元	金额合计：　元	
游客1	姓名：			身份证号码：		
游客2	姓名：			身份证号码：		
陪同	姓名：			身份证号码：		
订票日期				订票人签名：		订票单位：
票务员签名				民航接受人签名：		

【拓展阅读】

机票的相关知识

机票是人们乘坐飞机的一种凭证，实行实名制，订票人需要向航空公司或代理售票点提供乘机人的真实姓名和有效证件，才能订到机票。电子机票也称电子客票，是纸质机票的电子形式，是一种电子号码记录，电子机票将票面信息存储在订座系统中，可以像纸质机票一样执行出票、作废、退票、换开、改转签等操作。对旅客来讲，它的使用与传统纸质机票并无差别，只要凭购买时使用的有效证件，在飞机起飞前规定时限到机场航空公司专门的柜台，就可以直接拿到登机牌上飞机，从而避免了因机票丢失或遗忘造成的不能登机的尴尬。

根据规定，旅客在中国境内机场乘坐国内、地区和国际航班，在购买机票的同时，除机票本身的票价外，需一并缴纳机场建设费和燃油附加费。国内航线旅客运价依据旅客服务等级、旅程方式、旅客类型、出票时间地点等具体情况，可以划分为不同的票价种类。

1.按服务等级划分

国内旅客运价按照为旅客提供服务等级的不同分为三种票价：头等舱票价、公务舱票价、经济舱票价。

（1）头等舱票价。航空运输企业在有头等舱布局的飞机飞行的国内航班上向旅客提供头等舱座位。头等舱的座位宽而舒适，向旅客免费提供的餐食及地面膳宿标准高，每人免费交运行李的限额为40千克，票价是经济舱正常票价的150%。

（2）公务舱票价。航空运输企业在有公务舱布局的飞机飞行的国内航班上向旅客提供公务舱座位。公务舱的座位较头等舱窄，但比经济舱宽，餐食及地面膳宿标准低于头等舱高于经济舱，每人免费交运行李的限额为30千克，票价是经济舱正常票价的130%。

（3）经济舱票价。航空运输企业在飞机飞行的国内航班上向旅客提供经济舱座位。每人免费交运行李的限额为20千克，其正常票价以国家对外公布的直达票价为基础。

2.按旅客航程划分

（1）单程票价。也称为直达票价，它适用于规定航线上的由甲地到乙地的航班运输，现行对外公布的国内航线客票价均为航空运输的直达票价。

（2）来回程票价。也称为往返票价，是由两个单程票价组成，一个是使用直达票价的去程运输，一个是使用直达票价的回程运输。多数航空公司来回程票价在两个单程票价的基础上可享受一定的折扣。

（3）联程票价。联程运输是旅客的航程超过一个以上的航班，需在航班的中途站或终点站换乘另一航班才能到达目的地。联程票价是将旅客所乘坐航段的票价相加，作全程票价。

3.按旅客年龄划分

（1）年满12周岁或以上的旅客购成人票价。

（2）年满2周岁、未满12周岁的儿童应按同一航班成人普通票价的50%购买儿童票，提供座位。

（3）未满2周岁的婴儿按照同一航班成人普通票价的10%购买婴儿票，不提供座位，无免费行李额，仅可免费携带一摇篮或可折叠式婴儿车，如需要单独占座位时，应购买儿童票。

（4）每位成人旅客所带未满2周岁的婴儿超过一个时，其中只有一个可按成人全票价的10%付费，其余按成人全票价的50%购买儿童票。

（5）5周岁以下的儿童乘机，须有成人陪伴而行，如无成人陪伴，不予接收。5周岁（含）以上，12周岁以下无成人陪伴儿童乘机时，应在购票前提出申请，经承运人同意后方可购票乘机。

【业界语录】

小伙伴们，我们的工作，绝不仅是订一张机票，订一个房。当旅行已经成为促进世界交流的重要手段，我们肩负的使命，就应当是把中国最好的文化带给世界，把世界最好的文明带给中国。这是多么了不起的一件事情！

——携程旅行网首席执行官，孙洁

（2）采购铁路交通服务

铁路运输与其他交通工具相比，具有运能大、运距长、全天候、投资少、成本低、安全节能、污染小、占地少等优点，被誉为"绿色交通工具"。

旅行社采购人员在接到采购计划时，应认真核实采购数量、始发站、终点站、始发时间、车票的种类、票价等内容，然后到铁路车站或其代售点购买。车票是旅客乘车的凭证，采购人员应当根据游客自己旅行的需要进行采购，即坐什么车，买什么票。铁道部规定，2012年1月1日起，所有旅客列车实行实名制购票验票乘车制度。即旅客购票须凭本人有效身份证件，并持车票及购票时所使用的乘车人本人有效身份证件原件进站、乘车。

关于儿童票的规定：随同成人旅行身高在1.2米至1.5米的儿童，可享受半价客票、加快票和空调票（简称儿童票）；身高超过1.5米的儿童应购买全价票，每位成年旅客可携带一名身高在1.2米以下的儿童，无须购买火车票，但如单独使用卧铺，则应购买全价卧铺票，有空调时还应购买半价空调票。如果所携带的儿童超过一名时，超过的人数应购买儿童票。儿童票的座别应与成人车票相同，其到站不得远于成人车票的到站。

【同步思考】

这年暑假,北京某旅行社的计调小何接到了一个亲子团,该团的去程交通是乘 K817(注: K817 为快速列车)次列车前往郑州,团里共有 5 个小孩,其中,有 2 个孩子的身高超过 1.6 米, 1 个孩子的身高为 1.2~1.5 米,2 个年龄小点的孩子身高 1 米,请问计调小何该如何为这 5 个小孩买火车票?

(3)采购水路交通服务

水路交通服务的采购主要包括沿海航运、长江航运和其他地区湖泊航运。计调在采购水路交通服务时,应根据旅游团队的要求,向轮船公司及水路交通部门预订船票。在规定的日期内将订票单交船票预订处,取票时认真核对船票日期、离港时间、航次、航向、乘客名单、船票数量及船票金额等内容。购票后如因旅行计划变更造成乘船人数增加、减少、旅行计划取消等情况时,采购人员应及时办理增购或退票手续,保证游客能够按计划乘船,同时减少旅行社的经济损失。

【同步讨论】

邮轮和游轮有区别吗? 你知道哪些邮轮旅游线路、哪些游轮旅游线路?

2)采购地接服务

组团旅行社为安排旅游(团)者在各地的旅程,需要各地接旅行社提供接待服务,这对组团社来说,也属于旅游采购的范围。组团社应根据旅游团的特点,发挥各接团社的特长,有针对性地选择地接社,如选择那些信誉良好、收费合理、有较强的接待能力和真诚合作愿望的旅行社,同时,签订合作协议。组团社与地接社签订合作协议时,可参照国家旅游局、国家工商行政管理总局共同制订的境内旅游组团社与地接社合同(GF-2014-2411)。(表 3-7)

表 3-7 采购地接服务合作协议

××旅行社合作确认合同书			
甲方	广州新航线旅行社(组团社)	乙方	海南乐享假期旅行社(地接社)
甲方代表	王军	乙方代表	陈星
甲方电话	020-××××××	乙方电话	0830-××××××
甲方传真	020-××××××	乙方传真	0830-××××××
王军:您好! 感谢贵社对我社的大力支持,现将贵社游客参加我社组织的海南游接待标准和结算价格及具体事宜传真如下,请贵社仔细审核后签字盖章确认回传,谢谢!			
出团日期		线路名称	
航班信息			
游客人数		全陪姓名及手机	
游客姓名		游客身份证号码	
结算价格		总团款	

续表

接待说明	1.团队优惠机票不得改签、签转、更改及退票,抵离时间以航空公司电脑实际时间为准。 2.请提醒游客:16周岁以上带好有效证件(如身份证等),无身份证的小孩带好户口本。 3.乙方安排专人在三亚凤凰国际机场到达厅举游客姓名接团。 4.因客人自身原因或人力不可抗拒因素或遇政策性调整导致机票、车费、船费、门票价格等行程中的费用增加由客人自己承担,甲方不承担此费用,如因客人自身原因造成景点未参观或行程所含餐未用,未产生的费用恕不退还。 5.标注的酒店如遇政府会议征用无法安排入住,甲方只承诺按同档次同价位酒店安排。 6.该产品报价为综合优惠价格,持军官证、老年证、导游证、记者证、教师证等证件不能减免门票费用,赠送项目如遇特殊原因取消,甲方将不退费用。 7.在旅行中当发生不可抗力、危及游客人身或财产安全,或非甲方责任造成的意外情形(如航班延误或取消、天气变化等情形),甲方不得不调整或者变更旅游合同约定的行程安排时,应当在向游客作出说明(确因客观情况无法在事前说明的,应当在事后作出说明)后进行调整或变更(调整行程先后顺序或更换同价值景点或按约定价格将门票费用退还乙方)。 8.散客拼团不足8人,甲方可安排司机兼任导游。 9.游客的投诉诉求以在海南当地游客自行填写的意见单为主要依据,恕不受理客人虚填或不填意见书而产生的后续争议。 10.如游客要求另行增加景点或购物店,由游客与组团社达成一致后,甲方可与乙方就合同相应条款进行变更后予以执行。
合同说明	解除或者变更合同的条件和提前通知的期限: 《中华人民共和国合同法》《中华人民共和国旅游法》等有关法律规定: 1.游客的行前解约责任:①应当提前7日(不含发团当日)通知组团社,并承担旅行社已支付的代办旅游手续费等实际损失。②未提前7日通知旅行社的,应当按照旅游费用总额的10%支付违约金,并承担旅行社已支付的代办旅游手续费等实际损失。③未按约定时间及地点集合出发,也未能中途加入的,承担旅游团费90%费用,并承担旅行社已代办的相关损失费。 2.旅行社的行前解约责任:①应提前3日(不含发团当日)通知游客,并自行承担已支付的代办旅游手续费等实际损失。②如未提前3日通知游客的,应当按照旅游费用总额的10%支付违约金,并自行承担已支付的代办旅游手续费等实际损失。 3.乙方团队出发24小时前,甲乙双方均有权在征得对方同意后,对本确认合同进行变更。 纠纷解决机制: 如双方发生争议,应友好协商解决;如未能协商解决,则通过海南省旅游质量监督部门来处理;如仍未能解决,则双方均可向有管辖权的人民法院提起诉讼。 违约责任: 1.如甲方在本合同签订后客人抵达海南24小时之前取消一定人数的,如果乙方已经出票,甲方将承担退票损失;如甲方在客人抵达海南24小时之内取消人数的,甲方除承担退票损失外,须额外承担车位费260元/人。 2.如因甲方原因造成游客未能成行,甲方必须积极处理,不能给乙方造成经济损失,如产生损失由甲方承担,乙方有义务全力协助,尽量减少甲方的经济损失。

续表

合同说明	付款方式： 散客需甲方在出团前付清全款；团队需甲方在出发前付清机票全款以及地接款的80%，并于回团前结清余款。如果团队出行之日仍未按协议付款，我社有权拒接或取消大交通，产生的损失由甲方承担。 备注：团款必须按事先约定的结算方式和金额及结算期限付清，如双方产生纠纷，同意认可在我社所在地法院处理，并承担所欠团款总额每日1%的违约金。 开户银行： 户名： 甲方：　　　　　　　　　　　　　　　　　乙方：海南乐享假期旅行社 甲方代表签字（盖章回传）　　　　　　　　乙方代表签字（盖章回传） 　　　　　　　　　　　　　　　　　　　　签订合同日期：　年　　月
合同附件	游客报名时旅行社除合同外还将提供以下明细：A.旅游行程单；B.海南旅游告知书；C.海南出团通知书。以上三个文件作为合同重要组成部分，请让游客亲笔签名回传到我社，请大家配合，也是为了我们双方能得到旅游法的保护，谢谢！

3.3.2　国内线产品计调业务操作流程

国内线计调业务操作流程如下（图3-7）：

1）接受咨询，询价报价

计调在接受客人的咨询时一定要做好记录，问清客人的基本情况和要求。如果是已经向社会公开推出的成型线路，可以向客人详细地介绍产品的情况、亮点、报价等。如果是独立成团，则必须根据客人的要求来设计线路。

当线路设计好后，计调首先应向各接待单位询价，经多方比较，确定采购对象（如外地接待社、大交通、市内接送费用等）并签订协议以便进行采购。然后进行内部计价，国内组团社计价＝城市间大交通费＋外地接待社费用＋全陪费用＋市内接送费用＋保险费＋经营利润。目前我国国内游的收客主要是各服务网点负责，具体操作则是由国内各专线负责。因此，国内组团计调进行询价、计价后，应对服务网点报价，最后是服务网点对游客报价。（表3-8）

表3-8　旅行社行程询价单

TO	杭州山水旅行社	FROM	贵州奇境旅行社
电话		电话	
传真		传真	
手机		手机	
您好！现将我社　　行程：　　人数：　　　公司名称（盖章）：	团情况和您确认如下，请分项报价，回传我社。谢谢！请贵社予以协助！ 标准： 日期： 联系人：　　　年　　　月　　日		
询价方式	开始询价时间	接到报价时间	

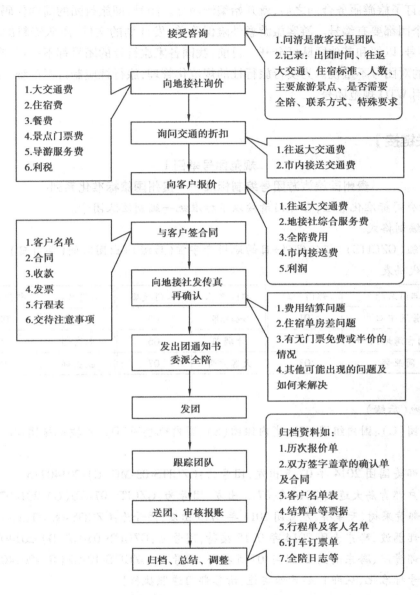

图 3-7 国内线产品计调业务操作流程

2）与客户签订合同并编制团号

报价之后不应消极等待客户回应，应视报价内容的轻重缓急积极跟进。掌握客户的情况和市场的变化，如有需要或有可能，要调整报价或增加服务，特别是免费服务内容，想方设法增强竞争力，力争把每一单都做成功。同时，把跟踪的情况和调整的内容做好记录；根据进展情况，及时控制资源，即提前预订某一时段的房、车、火车票、机票等。客人确定价格之后，就可以签正式的旅游合同，收取团款，交财务部入账，填写交款记录，成团。

　　游客签订了旅游服务合同之后,就开始编制团号。团号,即旅行团的简约代码。为区别其他团队,每个团都要有编号。游客旅游意外险保险单、发计划的文件、团队资料的存档等方面都要填写团号,以便和其他团队区分开。目前,我国各家旅行社的团号都不一样,有的简单,有的复杂,有的对团号不重视。为实行旅行社的规范化管理,旅行社应制订标准统一编制团队团号,或者使用 WTO 规范团号。

【相关链接】

规范团号举例 1

贵州国旅旅游团号编制标准——贵州国旅标准化系列

为实行公司标准化管理,各部门请按以下标准统一编制团队团号。

1.团号编制格式

固定前缀(GZCITS)+部门代码+目的地拼音字首(后缀)+出团时间(年月日)

2.部门代码表

部门名称	部门代码	部门名称	部门代码	部门名称	部门代码
营运中心	01	地联部	05	专线部	08
中国台湾地区部	02	计调部	06	电商部	09
同业部	03	大客户部	07	欧美部	10

3.目的地(后缀)

出境组团(C)、国内组团(G)、省内组团(S)、国内地接团(D)、入境地接团(R)

举例:

如同业部美国团 2014 年 0715 出发,团号为:GZCITS-03-MG(C)-20140715

如大客户部青岛大连团 2014 年 0715 出发,团号为:GZCITS-07-QD(G)-20140715

如专线部黄果树、天星桥、龙宫团 2014 年 0715 出发,团号为:GZCITS-08-HTL(S)-20140715

如地联部荔波、黔东南团 2014 年 0715 接待,团号为:GZCITS-05-GZ(D)-20140715

如欧美部贵阳、黔东南团 2014 年 0715 接待,团号为:GZCITS-10-GZ(R)-20140715

编制团号标准化,从即日起开始实施,请各部门遵照执行!

贵州国旅营运中心

2015 年 5 月

(资料来源:贵州省中国国际旅行社,有删减)

规范团号举例 2——UNWTO 规范团号

UNWTO(World Tourism Organization,世界旅游组织)规范团号是一种标准团号,即通过这个团队的编号,就能够一目了然地看出它的游览城市、往返交通、人数、团队等级等各方面的信息。

UNWTO 规范团号=旅游目的地所在区域代码+总行程天数+团队等级+往返交通方式+出团月日+团队序号+团队人数。

（1）旅游目的地所在区域代码。中国分为六大区域，即东北（DB）、华北（HB）、华东（HD）、华南（HN）、西北（XB）、西南（XN），加上第一个游览城市拼音首字母，即成为三位数的目的地代码，如北京由华北（HB）和北京的首字母（B）构成HBB。国家或地区的团号以其在联合国注册的国家代码为准，如中国为CHN，美国为USA；若是单个境外城市或海岛，团号可以参考其机场三字代码，如泰国的普吉岛为HKT；若是两个国家或地区联游，则为两个国家或地区的三字代码首位+联游符号"L"表示，如港澳游为HML（香港代码HKG，澳门代码MAC），日韩游为JKL（日本代码为JPN，韩国代码为KOR）。

（2）总行程天数。可直接用数字表示，如"05"代表5日游，"11"代表11日游团队。

（3）团队的等级。目前许多旅行社采用"B"为标准团、"S"为商务团、"V"为贵宾团、"Y"为游学团、"Z"为自由行的表示方法。

（4）往返交通方式。用数字加交通方式首字拼音构成。数字"1"表示单，"2"表示双；"F"表示飞机，"W"表示火车卧铺，"Z"表示火车座票，"T"表示汽车，"G"表示高铁。例如，"2F"代表双飞，"FW"代表单飞单卧。

（5）出团日期。直接用数字表示，格式为"月月日日"如"0721"。

（6）团队序号。指当日发出的第几个同类团队，用26个英文字母排序，若当天出发只有一个团则不写。

（7）团队人数。成人用相应数字表示，儿童和婴儿的表示方式借用其机票购买方式，即儿童为1/2（2~12岁儿童购买机票可享有成人普通全票的50%，也就是1/2），如有3个儿童就是3/2；婴儿为1/10（0~2岁婴儿购买机票可享有成人普通全票的10%，也就是1/10），2个婴儿就是2/10。陪同的表示方式为加号及相应的数字，如+2表示此团有两个陪同。

按照上述编号法，如果武汉某旅行社7月21日发出到华东五市的5日游团队，是标准团，交通方式为飞机往返，其团队编号应是：HDS05B-2F-0721B-25-2/2+1（依次代表：华东区域的首个目的地上海、5日游、标准团、双飞、7月21日出发的第二个团队，有25个成人，2个儿童，1个全陪）。

以上团号的设定通常是针对组团社而言，地接社使用的团号一般是在组团社已经设定好的团号前，加上自己公司的简称或代码，如上面武汉发的团由上海扬子江旅行社作为地接时，上海扬子江的简称代码为SHYZJ，其团号为SHYZJ-HDS05B-2F0721B-25-2/2+1。

3）发出预报计划并督促确认

国内组团计调应以传真形式向目的地地接社发出预报"出团计划书"，紧急情况下也可以用电话预报。如果有几个外省地接社就要同时向行程中的各接待社发出预报计划。预报计划的目的是使地接社将此团列入该社的接待计划，要求地接社尽早预订酒店、车辆等。预报计划的内容应该包括团号、旅游团的准确人数、团队抵离时间及交通工具、行程、食宿标准以及其他要求等。（表3-9）

表 3-9　旅行社国内旅游预报计划书

TO：					T：			F：		
FR：					T：			F：		Date：
烦请盖章回传确认！谢谢合作！								发件人：		
团号：		人数：				房间数：			团型：	
日期	抵离	时间	交通工具		参观内容			餐饮		酒店
服务标准										
购物说明										
注意事项										
结算										

　　团队未发出时,计划的任何变更,如当组团社方面发生游客人数增减或接待标准有变化,或者目的地交通情况变化、不可抗力等原因,接待旅行社在安排旅游团的饭店客房、餐食和旅行交通工具等方面都须作出相应的调整。

　　组团社在发出预报计划的同时,要将前往目的地的机位或火车票预留,特别是在旅游旺季。预报计划发出后,要及时督促接待单位进行书面确认,计划确认主要包括接待社的书面确认和其他单位的书面确认。组团社在发出初步的行程之后,一般要求接团社在 3~5 天之内给予书面答复,主要对各项内容逐一确认,同时落实机票、船票和酒店房间的情况。计调要特别注意酒店的星级、地理位置与团队要求是否相符,每一站地接社所预订的酒店组团社计调都应及时在网上查阅该酒店信息并进行备案,对于不符合要求或有过投诉记录的酒店要通知地接社予以更换。如果确认的时间距离发团的日期很远,中途有变化必须及时发更正信息,以最后的更正内容为准。

4）发出正式计划并最终确认及付款

　　组团社和地接社对计划更改确认之后,在基本内容如人数、日程无大变化的情况下,应该在团队到达第 1 站前 10~15 天内,将正式计划以正式文件打印并加盖公章,发给地接社。正式计划既是接团计划,也是双方的结算收款依据,应力求准确。一般在正式计划发出以后,不应再有大的变更。发计划应附上回执,以便对方同样加盖公章,确认收到无误。另外,正式计划也应发至本社有关各部,如接待、财务、档案等部门。

　　正式计划应附有团队行程表,要把每一天的具体安排和每项服务的标准写清楚,尽量做到细致、周到,特别是游客的特殊要求要详细地注明,对双方的约定做好备注。要做到游客、组团社、地接社三方的行程表是一致的,以避免游客在旅游目的地与导游、司机之间因行程不一致发生纠纷。另外,正式计划中还应附一份游客的正式名单,名单要写明旅游团所有游客的姓名、性别、年龄和身份证号码等相关信息,并要注明各个接待社的名称、联系人及联系电话。

发出正式计划的同时,计调还要对事先预留好的大交通进行确认和付款。飞机团首先核对客人名单、证件号码等是否正确,然后才能通知公司财务向航空公司付款确认出票。机票出好后,计调应再次仔细核对机票内容,并留机票复印件备存,同时及时将机票发票交给财务部。火车团应注意核对发车时间、车次、铺位、张数,并留复印件备存交财务部。

出发前24小时,组团社要与地接社再次核对计划,要求对方最终确认,向对方催要"结算单";在确认团队质量无异议后,可以经财务部审核,总经理批准,按合同把团款汇入地接社账户。同时,计调再次核对团队的每项细节安排,如返程大交通是否需要在本地出票,有无回民、残疾人、军人等特殊游客等,并给团队中选择旅游意外保险的客人上保险,确保在出团前得到保险公司的保险回执确认。(表3-10)

表3-10 组团社计调操作确认单

接单日期:	编号: 业务员:	人数: 天数:	主题: 等级:□政府□企业□拼团
去程交通: □飞机 □火车 □大巴		返程交通: □飞机 □火车 □大巴	

	接客车辆	飞机	火车	大巴
去程	驾驶员姓名: 车牌:	航班号:	车次:	主驾驶员姓名: 副驾驶员姓名:
	车型: 接客地址:	起飞时间:	发车时间:	车牌: 车型:
	接客时间: 行车线路:	起飞机场:	发车站台:	接客地址: 接客时间:
	□已确认	□已确认	□已确认	□已确认
返程	驾驶员姓名: 车牌:	航班号:	车次:	主驾驶员姓名: 副驾驶员姓名:
	车型: 接客地址:	起飞时间:	发车时间:	车牌: 车型:
	接客时间: 行车线路:	起飞机场:	发车站台:	接客地址: 接客时间:
	□已确认	□已确认	□已确认	□已确认

续表

火车,大巴餐食标准及详情,参考附件			□已确认
领队(全陪)姓名:		联系电话:	□已确认
客人资料信息(参考附件),已确认无误,名字无模糊,身份证号码无错误			□已确认
地接社信息	地接社全称:	导游:	
	地接社电话:	联系方式:	
	地接社传真:	注意事项:	
	地接社负责人:		
	负责人联系电话:	□以上地接社信息已确认	
出团前的准备资料			备注:
1.计调业务操作确认单		□已确认	
2.导游费用报销单		□已确认	
3.导游联系卡		□已确认	
4.帽子、胸牌、水、导游旗		□已确认	
5.宾馆确认单		□已确认	
6.景点确认单		□已确认	
7.餐厅确认单		□已确认	
8.车队确认单		□已确认	
9.旅游任务单		□已确认	
10.保险确认		□已确认	
11.其他补充:		□已确认	□已确认
部门经理审核:	公司副总经理审核:	公司总经理审核:	

5)发出团通知书及监督团队

团队出发前,应该制作好"出团通知书",把出游前需要准备的资料、出游中的注意事项向游客逐项交代清楚。组团社应根据不同团队的要求选派不同的全陪,确定团队接待重点及服务方向,交代接待计划,发放全陪日志。

出团后组团社计调应在团队进行期间保持手机 24 小时开机,跟进团队进展情况,对团队进行监督,若出现问题,尽可能及时在当地予以解决。计调对团队的监督主要包括以下几个方面:

（1）监督地接社的接待情况

组团社将旅游团委托给旅游目的地地接社后，由地接社根据合同规定安排该旅游团在旅游目的地的一切旅游活动，而组团社通过对地接社的监督，督促对方完成旅游合同。组团社计调在团队发出后应该履行监督职责，监督地接社的接待质量，具体监督方法可以通过组团社派出的全陪或客人的信息反馈，发现问题及时纠正，消除各种隐患。

（2）监督全陪的工作情况

组团社计调在团队发出后应该要求全陪定期向组团社汇报团队的情况，同时还要向地接社了解全陪在工作中是否认真履行自己的职责。现在很多国内团为了降低成本，不再派全陪，给组团社的督察工作带来一些不便，这样就更要保持通信联系，"遥控"地接，如有问题必须及时按程序处理。

（3）监督游客的游览情况

组团社计调在团队发出后应该向全陪、地接社了解客人游览的情况，在第一时间发现问题，并及时与地接社协商加以解决，保证团队顺利游览。对游客违规现象要收集证据，为以后处理问题留下依据。（表3-11）

表3-11　组团社出团计划书

上海光大旅行社有限公司
地址：上海市建新北路 70 号环宇大厦××楼　　　　T:021-×××××× 　　F:021-××××××
XNC05S-2F-0623-21+1 团接待计划（最终）
举牌：上海佳理公司成都·九寨沟·黄龙 5 日游
全陪：李莉××××××××××　　　成都地接：风采旅行社　　　　　联系人：王强××××××××××
人数：21 人　　　　　　车辆：35 座空调三年内新车　　　　　用房：11 双

日期	抵离	时间	交通工具	参观内容	餐		酒店
6月23日（四）	浦东成都	1740 2105	MU5038	国内厅接机后送酒店	早	无	成都加州花园酒店
					中	无	
					晚	机内	
6月24日（五）	成都成都九寨沟	1620 1720	专用车 MU5863	酒店早餐后市内参观◎熊猫基地◎武侯祠 参观后午餐，送机场 成都机场国内线飞九寨沟，接机送酒店，入住后晚餐	早	酒店	九寨沟千鹤国际大酒店
					中	陈麻婆（川菜）	
					晚	酒店（乡土菜）	
6月25日（六）	九寨沟		包车	◎九寨沟观光 推荐自费：藏戏（180 元/人）	早	酒店	九寨沟千鹤国际大酒店
					中	诺日朗餐厅	
					晚	酒店（乡土菜）	

续表

6月26日(日)	九寨沟黄龙成都	1810 1925	专用车 MU5864	酒店早餐后◎黄龙参观(含上行索道),后前往☆西部地矿购物(购物时间40分钟) 九黄机场国内线飞成都,成都接机晚餐后送酒店	早	酒店	成都加州花园酒店
					中	华龙山庄(乡土菜)	
					晚	周大妈(川菜)	
6月27日(一)	成都上海	1025 1325	MU4513	早餐后酒店出发前往☆橡胶店购物(购物时间40分钟),后送机场,飞上海	早	酒店	无
					中	机内	
					晚	无	

备注:
1.请陪同第一时间仔细核对计划,检查各个环节,熟悉接团流程,及时明确相关内容。
2.接到团队后立即与客人核对行程,有疑问之处立即与计调联系。
3.黄龙送氧气1瓶/人,第2~4天每天矿泉水1瓶/人。
4.务必确认车辆是否配备安全带以及安全带是否能够正常使用。
5.请导游做好行程记录,顺利完成导游工作后,尽快将游客意见表、陪同小结、结算单交回公司。

6)送团及后续工作

在团队顺利结束异地行程返回本地后,全陪要做好送团工作,组团社计调应主动征求客人的意见,让游客高高兴兴地结束整个旅游行程。

（1）报账登账

团队运行中如果有一些变动或增减了项目,会涉及费用的调整,团队运行完毕后,计调要对全过程进行审核;要了解清楚团队对地接质量有无异议、有无投诉。给地接社拨全款前,应要求地接社把客人的意见反馈表传回组团社,作为拨款的依据;最后做好结算单,报财务结账。

一般要求团队行程结束后一周内清账,填写"决算单",连同"概算单"一式两份、"组团合同"、地接社"确认"件、地接社"结算单"、"团队接待通知书"及原始凭证等,交公司财务部报账。

报账之后,计调应将涉及该团的协议单位的相关款项及时登录到"团队费用往来明细表"中,以便核对。

（2）资料归档

团队结束之后,组团社计调要整理该团的原始资料,并登记存档,以备查询。建立团队档案的主要内容有:地接社报价单(历次报价)、双方签字的确认单(盖章)、客户名单表、合同、缴费单、最终行程表、订车单、订票单等。这些资料保存期为两年以上。

（3）总结及售后服务

做好团队总结，检查全陪的带团日志；处理遗留问题，受理投诉和维护客户关系。

（4）调整线路产品

计调要根据线路产品的销售情况和成团后的游客反馈情况，对线路产品不完善及存在投诉隐患的地方予以及时调整。

【教学互动】

◎以小组为单位进行模拟实训，把全班同学分为 6 个小组，分别代表组团社、地接社、航空公司、票务部、保险公司、导游，模拟采购国内线的服务项目。

◎组与组之间可以互换不同的角色和工作岗位，各组对自己小组设计的国内线产品进行采购，并下达采购计划，对采购的各要素进行核价、计价并报价。

【完成成果】

◎整理国内线产品的采购内容，填写相关单据和表格，计算出线路的成本价并会报价。

◎写出或画出国内线产品计调业务的采购流程。

◎根据小组设计的国内线产品，调查当地往返该线路产品目的地的航空公司情况，并填写表 3-12。

表 3-12　航空公司当地往返＿＿＿＿＿（目的地名称）调查表

序号	航空公司名称	公司简介	往返航班号和时间	机票全票价和折扣价	机型和机位数量	改/退票手续及费用	机票返利额度及可获得的机位数	销售联系人及电话	付款方式	备注
调查两家以上	除航空公司名称外，另请填写该航空公司的代码		标出所有当地往返目的地的航班号和时间	此处根据不同的季节和时间标出不同的折扣	如西部航空重庆飞三亚的PN6203，机型为A320-200，机龄3.8年，机位数量180人		返利指订票后，航空公司在机票或者打折机票的价格基础上再进行一定百分比的返利，此项如有请填写	填写航空公司销售联系人及其联系方式，尽量不止一个联系人，以备紧急状况		

任务 3.4　采购出境线产品

【教学目标】

知识目标

熟记护照的基本知识。

了解热门出境线产品的签证资料要求。

掌握中国公民出入境的规定和程序。

能力目标

能对出境线产品要素进行询价、采购，签订采购协议。

能按业务流程对小组设计的出境线产品进行计调操作。

【任务引入】

阅读下面的案例和案例分析，请讨论出境线计调应该采购哪些服务项目，在采购过程中应该注意什么？出境线计调的业务操作流程是怎样的？

护照过期——把关不严就赔钱

领队小简带领24人团到了韩国口岸，刚取完行李集合。数一遍人数只有23人，少一个客人。小简不由得心里一惊，想：刚下飞机，就逃跑啦？够迅速的。这时有客人说："那个朱姐，好像说她的证件有问题，被海关的人留下了。"小简急忙到海关处，看见了侧面办公室里的客人朱姐。小简问明韩国工作人员，得知：护照过期了！说什么也不让她过海关！说是得遣送回去。"不可能，护照过期怎么闯过的层层关口？"小简琢磨着。拿过护照一看，首页写着：有效期至/Date of expiry 14　9 月/SEP 2017。这明明是 2017 年 9 月 14 日就过期了，可这个团是 9 月 15 日出发的啊。"奇怪了，签证部、使馆、机场安检、海关都干什么去了？怎么过期了哪道关口都没查出来呢？"小简愣了，转过头问客人："签证资料不是要求得很清楚，提供 6 个月以上有效期护照吗？"

客人眼圈红红的，说："我也没注意过啊，再说我也不认识英文。"说什么也晚了，既然前几关都顺利过来了，小简就寄希望韩国海关能通融，让客人过这最后一关。但是不论怎样和工作人员交流，都说不行，必须被送回，不得进关。小简跑到出口找到韩国导游，韩国导游也回答说："没法通融，即使通融了让她进来了也回不去了啊。还是让她直接回去吧！"

小简只好给国内旅行社打电话汇报："签证部怎么搞的？怎么审查资料时没注意护照过期？使馆怎么也没仔细查呢？客人回去肯定索赔。""索赔也没用。我们要求客人提供 6 个月以上有效期护照。这个团时间那么紧，资料又不齐，没顾上好好看。团签使馆也不会仔细看护照的。"好在团队办的是往返机票，海关协调给她改签，第二天一早就乘韩亚航空的航班直接回国。客人情绪很激动，不能接受这个结局，并且对于在语言不通的情况下，被孤单地留在海关过一夜感到很恐惧。最后的处理结果是旅行社主动给客人道歉，退了客人的所有团费。退赔的理由是：客人不专业，旅行社是专业的，旅行社必须对此事负全责。

【任务分析】

出境旅游产品的计调业务操作涉及出境相关证件和签证的手续办理等方面的内容。出境组团社计调主要负责采购签证证件、交通、境外地接社、领队、市内接送、旅游保险等服务项目，计调必须掌握出境线路产品、操作流程，并进行各项目的计价报价。要能准确完成出境组团社计调业务操作工作，应首先学习以下相关知识。

【相关知识】

3.4.1　出境线产品采购业务的内容

出境组团社计调的采购业务主要有出入境证件和签证的采购、国际往返大交通的采购、境外地接社的采购、领队服务的采购、市内接送服务及旅游保险的采购，公路交通服务和旅游保险的采购在任务3.2中已经学习过，下面主要介绍出入境证件和签证、境外地接社服务以及国际往返大交通服务、领队服务的采购。

1）采购出入境证件服务

（1）护照

护照是一个国家的公民出入本国国境和到国外旅行或居留时，由本国发给的一种证明该公民国籍和身份的合法证件。护照（Passport）一词在英文中是口岸通行证的意思。也就是说，护照是公民旅行通过各国国际口岸的一种通行证明。因此，世界上一些国家通常也颁发代替护照的通行证件。

全国公安机关于2012年5月15日起统一启用签发电子普通护照。电子普通护照是在传统本式普通护照中嵌入电子芯片，并在芯片中存储持照人个人基本资料、面相、指纹等生物特征的新型本式证件。电子普通护照的签发启用，标志着我国公民的国际旅行证件已迈入全数字化的新时代。中国的因私普通护照，未满16周岁人员有效期为5年，16周岁以上为10年。出境组团社计调应要求报名出境旅游的游客向组团社提交的护照或通行证的有效期在半年以上。（图3-8）

【拓展学习】

护照的种类

中国的护照分为外交护照、公务护照和普通护照，外交护照和公务护照都由外事部门签发，普通护照由公安部门签发。外交护照主要发给外交官员、领事官员及其随行配偶、未成年子女、外交信使等。公务护照主要发给中国政府派出的那些在中国驻外国的使领馆或者驻联合国组织系统及其他有关专门机构中工作的人员及其随行配偶、未成年子女等。

普通护照又分因公普通护照和因私普通护照，因公普通护照主要发给企事业单位出国从事经济、贸易、文化、体育、卫生、科学技术交流等公务活动的人员、公派留学人员、进修人员、访问学者及公派出国从事劳务的人员等。因私普通护照发给定居、探亲、访友、继承遗产、自费留学、就业、旅游和其他因私人事务出国和定居国外的中国公民。旅行社组织的中国游客出国旅游团，游客所持有的通常为"因私普通护照"。

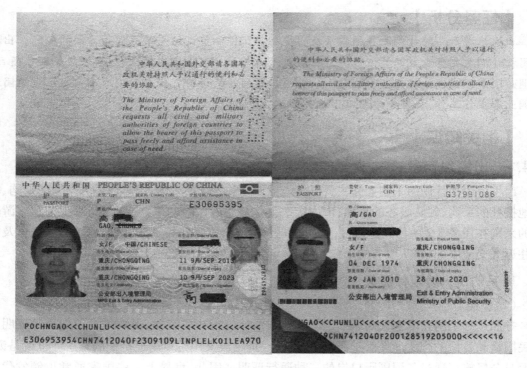

图 3-8　新旧版中华人民共和国普通护照

（2）中华人民共和国往来港澳通行证及其签注

中华人民共和国往来港澳通行证是由中华人民共和国公安部出入境管理局签发给内地居民因私往来香港或澳门地区旅游、探亲、从事商务、培训、就业、留学等非公务活动的旅行证件。往来港澳通行证有效期 5 年。2014 年 9 月 15 日，全面启用电子往来港澳通行证，成年人电子往来港澳通行证有效期为 10 年，对未满 16 周岁的签发 5 年有效通行证。

内地居民前往港澳前，必须先取得内地公安部门签发有关来港澳目的签注（如团队旅游、个人旅游、商务或其他签注等）。内地居民往来港澳签注分为 6 个种类，即个人旅游（G）、探亲（T）、商务（S）、团队旅游（L）、其他（Q）、逗留（D），根据申请事由分类签发。其中香港 G 签和 L 签的有效期都为：3 个月 1 次、3 个月 2 次、1 年 1 次、1 年 2 次四种有效签注。澳门签注只有 3 个月 1 次、1 年 1 次申请。签注规定每次在香港或者澳门逗留不超过 7 天，一进一出算一次。

另外，持中国公民有效护照经香港前往其他国家或地区的过境旅客如能符合一般的入境规定，包括持有前往目的地的有效入境证件及供海外旅游并已经确认的续程车/船/机票，可在每次入境时获准在港逗留 7 天而无须事先办理进入许可。（图 3-9）

（3）大陆居民往来台湾通行证及其签注

大陆居民往来台湾通行证是中华人民共和国公安部发给大陆居民前往台湾地区的旅行通行证件。用于大陆居民前往台湾定居、探亲、访友、旅游、接受和处理财产、处理婚丧事宜或者参加经济、科技、文化、教育、体育、学术等活动。

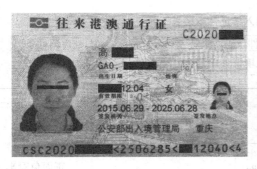

图 3-9　往来港澳通行证及签注

　　2015 年 7 月 1 日起施行的《国务院关于修改〈中国公民往来台湾地区管理办法〉的决定》规定：大陆居民往来台湾通行证有效期为 10 年，大陆居民往来台湾通行证实行逐次签注。签注分一次往返有效和多次往返有效。（图 3-10）

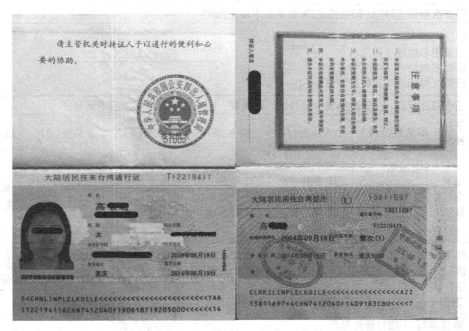

图 3-10　大陆居民往来台湾通行证及签注

【同步思考】

　　中国公民可一次性申请护照、港澳证件和赴台证件，申请三个证件都需提交身份证、照片和"中国公民出入境证件申请表"，每位同学请完成"中国公民出入境证件申请表"正面和背面的填写工作。（表 3-13、表 3-14）

表 3-13 中国公民出入境证件申请表正面

护照条码	港澳证件条码	赴台证件条码

中国公民出入境证件申请表

（请用黑色签字笔或钢笔书写，并在相应选项内打"√"）：

姓名		拼音姓		拼音名		正面免冠半身彩色照片 大小：40 mm×30 mm
身份证号码						
性别		民族		出生日期		
出生地		户口所在地				
本人联系电话		紧急情况联系人及电话				

	□首次申领 □补发 □换发 □失效重新申领 □加注
普通护照	加注内容 □曾用名加注（曾用名：　　　　　　　　　　） □姓名加注　（姓名：　　　　　　　　　　　） □曾持照加注（曾持护照号码：　　　　　　　　）

	□申请通行证：□首次申领　□补发　□换发　□失效重新申领　□申请签注						
往来港澳通行证和签注	签注种类	团队旅游（L）	个人旅游（G）	商务（S）	探亲（T）	其他（Q）	逗留（D）
	往来香港签注	□3 个月一次 □3 个月二次 □1 年一次 □1 年二次	□3 个月一次 □3 个月二次 □1 年一次 □1 年二次 □1 年多次	□3 个月一次 □3 个月多次 □1 年多次	□3 个月一次 □3 个月多次 □1 年多次	□3 个月一次 □3 个月二次 □3 个月多次	多次有效
	往来澳门签注	□3 个月一次 □1 年一次	□3 个月一次 □1 年一次	□3 个月一次 □3 个月多次 □1 年多次	□3 个月一次 □3 个月多次 □1 年多次	□3 个月一次 □3 个月二次 □3 个月多次	多次有效
	仅探亲类签注填写	港澳亲属姓名_____，性别_____，港澳身份证号码_____， 旅行证件号码_____，与申请人关系_____。						

	□申请通行证：□首次申领　□补发　□换发　□失效重新申领　□申请签注
往来台湾通行证和签注	申请事由和签注种类： □团队旅游（□6 个月一次 □多次有效）　　　□探亲（□6 个月一次 □多次有效） □商　　务（□6 个月一次 □多次有效）　　　□应邀（□6 个月一次 □多次有效） □个人旅游　□定居　□学习　□乘务　□其他

取证方式	□前往公安机关出入境管理部门领取　　□邮寄送达			
邮寄地址		邮编	收件人	联系电话

表 3-14　中国公民出入境证件申请表背面

监护人意见或委托他人办证	本人系申请人的＿＿＿＿＿＿＿,□同意申请人办理出入境证件/□受申请人的委托代为办理出入境证件。 　　□监护人/□被委托人　　签名：　　　　　　　　　　　　　　年　月　日
申请人声明	本人谨此声明： 　　此申请表所填内容真实正确无误,所提交的申请材料真实有效,如存在虚假情形,本人愿意承担法律责任。 　　申请人签名： 　　年　月　日
电子往来港澳通行证持证人免登记使用港澳地区自助查验通道声明	本人谨此声明： 　　持证人希望免登记使用港澳地区自助查验通道,同意香港入境事务处、澳门治安警察局在口岸查验工作中读取持证人电子往来港澳通行证中的指纹模板信息。 　　□持证人/□监护人　　签名：　　　　　　　　　　年　月　日

◆◆◆◆◆◆以下栏目由公安机关出入境管理部门填写◆◆◆◆◆◆

指纹采集情况	采集指位	右手:□拇指　□食指　□中指　□环指　□小指 左手:□拇指　□食指　□中指　□环指　□小指	
	采集人签名：　　　年　月　日		复核人签名：　　　年　月　日
	无法正常采集指纹的原因:□无法采集拇指指纹　□指纹缺失、损坏　□其他		

受理意见	受理人签名： 　　年　月　日	普通护照：　　　　　　　　□同意　　□不同意 往来港澳通行证和签注：　□同意　　□不同意 往来台湾通行证和签注：　□同意　　□不同意 审核人签名或签章： 　　　　　　　　　　　　　年　月　日
审批签发意见	普通护照：　　　　　　　□同意　　□不同意 往来港澳通行证和签注：□同意　　□不同意 往来台湾通行证和签注：□同意　　□不同意 审核人签名或签章： 　　　　　　　　　　　　年　月　日	

（请用黑色签字笔或钢笔书写,并在相应选项内打"√"）

公安部出入境管理局监制（监督电话 010-66266400）

【相关链接】

中国人出境游消费占全球两成多

联合国世界旅游组织的一份报告显示,中国人出境旅游消费已经超过全世界旅游消费总额的1/5。

在题为《深入中国出境旅游市场》的报告中,联合国世界旅游组织秘书长塔勒布·里法表示,中国已经成为全球旅游消费第一大国,中国出境游无论在出境人数方面还是消费金额方面都增长迅速且规模可观。2016年,中国出境旅游总消费2610亿美元,约占世界旅游消费总额的21%,而在10年前,以上两个数字仅为240亿美元和3%。

报告显示,中国游客源源不断涌向世界各处。2016年,中国出境旅游超过1.22亿人次,继续保持世界第一大出境旅游客源国的地位。其中,欧洲是最大的游客目的地,其次为亚太、北美等。

报告称,中国出境旅游市场持续增长,既是基于中国巨大的人口基数,也和中产以上财富增长,以及政府对外政策开放性有着直接关系。对此,各国都看到这一领域巨大的商业机遇,并推出政策吸引中国游客。比如美国和加拿大专门针对中国学生暑期游开发出旅游产品,日本则在文化旅游方面大做文章,不断放宽签证条件。围绕中国出境游市场这块巨大的蛋糕,各国将继续展开激烈争夺。

(资料来源:国家旅游局)

【业界语录】

推进我国由旅游大国向世界旅游强国迈进,让广大人民群众和中外游客享有更安全、更便利、更舒心的旅游环境,获得更美好、更浪漫、更难忘的旅游体验,享受更多彩、更丰富、更幸福的现代生活,旅游业要为建设富强民主文明和谐美丽的社会主义现代化强国贡献力量。

——中国国家旅游局局长,李金早

2)采购签证服务

护照是持有人国籍和身份的证明。签证,是一个国家的主权机关在本国或外国公民所持的护照或其他旅行证件上的签注、盖印,以表示允许其出入本国国境或者经过国境的手续,也可以说是颁发给他们的一项签注式的证明。概括地说,签证是一个国家的出入境管理机构(如移民局或其驻外使领馆),对外国公民表示批准入境所签发的一种文件。进行国际间旅行,通常需要同时持有效护照和签证。

大部分出境团队的签证都需要旅行社计调采购,也有些散客自由行找到旅行社代办签证,计调办理签证时需要根据所到目的地国家的签证要求,让客人提供相关资料,然后进行办理。(图3-11)签证可以分为很多种类,一般旅行社常用的签证有以下几种:

落地签证:指在前往国的入境口岸提供相应的材料办理签证手续。比如泰国、印度尼西亚对中国护照持有者实行落地签证。(图3-12)

另纸签证:签证的一种形式。它和一般签注在护照上的签证具有同样的作用。所不同的是在护照以外单独签注在一张专用纸上,它必须和护照同时使用,才能有效地达到入境、出境的目的。

图 3-11 日本的团体签证

图 3-12 泰国的落地签证

ADS 签证(Approved Destination Status):中文解释是"被批准的旅游目的地国家"。加注 ADS 签证后仅限于在被批准的旅游目的地国家一地旅游,此签证在目的地国家境内不可签转,不可延期。通俗地说,ADS 签证就是团体签证,游客只能通过具有出境资质,拥有签证权的旅行社去申请,持有这种签证的人必须整团进出,因此,计调必须告知出境领队要恪守看顾好整团游客整体进出的原则,团队成员若出现脱团、滞留、失踪的情况需要立即通知旅行社,同时报警和上报本国及前往国的使领馆。

申根签证:指根据申根协议而签发的签证。这项协议由于 1985 年在卢森堡的一个叫"申根"的地方签署而得名,申根协议规定了成员国的单一签证政策。奥地利、比利时、丹麦、芬兰、法国、德国、冰岛、意大利、希腊、卢森堡、荷兰、挪威、葡萄牙、西班牙、瑞典、匈牙利等 26 个国家加入此协议,通常称为申根国。据此协议,任何一个申根成员国签发的签证,在所有其他成员国也被视作有效,而无须另外申请签证。该协定规定,其成员国对短期逗留者颁发统一格式的签证,即申根签证,申请人一旦获得某个国家的签证,便可在签证有效期和停留期内在其他申根成员国内自由旅行。

【拓展阅读】

中国公民申办外国签证的程序

(1)递交有效期在半年以上的护照。

(2)递交与申请事由相关的各种证件、材料,如有关自己出生、婚姻状况、工作经历等的证明。

各个国家使馆对申请签证所需资料是不一样的,有的简单,如东南亚国家,只需要两张照片和护照;有的复杂,如在职人员必须提供单位营业执照复印件并加盖公章、在职证明原件等。有的国家不要求和申请人会见,如日本、韩国、澳大利亚及东南亚等国;有的国家在递交护照等材料的同时必须和申请人见面,如美国;有的只选择部分申请人会面,如加拿大。各使领馆的权限也不一样,受理和审批签证的程序各异,所以办理签证的时间长短也不同。总之,旅游签证方面的知识比较复杂,出境计调应该熟悉自己所负责区域办理签证所需要提供的资料。

(3)填写并递交签证申请表格。签证不同,表格也不同,多数要用外文填写,同时提供本人照片。

(4)与前往国驻中国大使馆或领事馆官员会见。有的国家规定,凡移民申请者必须面谈后,才能决定是否发放签证;也有的国家规定,申请非移民签证也必须面谈。

(5)大使馆或者领事馆,将填妥的各种签证申请表格和必要的证明材料,呈报国内主管部门审查批准。有少数国家的使领馆有权直接发给签证,但仍须转报国内备案。

(6)前往国家的主管部门进行必要的审核后,将审批意见通知驻该国使领馆。如果同意,即发给签证。如果拒绝,也会通知申请者。(对于拒签,使领馆方面也是不退签证费的)

(7)缴纳签证费用。一般来说,递交签证申请的时候就要先缴纳费用,也有个别国家是签证申请成功的时候才收取费用。各国的签证费用不同,主要为签证申请费、签证中心服务费、快递费等。

3)采购境外地接服务

《旅行社出境旅游服务规范》(GB/T 31386—2015)规定,组团社应对境外接团旅行社进行评审,在满足下列条件的旅行社中优先选用,并与其签订书面接团协议,以确保组团社所销售的旅游产品质量的稳定性,组团社应定期对境外接待社进行再评审,并建立境外接团社信誉档案。评审间隔不应超过1年,相关的记录应予保存。评审条件为:

(1)依法设立;

(2)在目的地国家/地区旅游部门指定或推荐的名单内;

(3)具有优良的信誉和业绩;

(4)有能够满足团队接待需要的业务操作能力;

(5)有能够满足团队接待需要的设施和设备;

(6)有能够满足团队接待需要且符合当地政府资质要求的导游队伍,并不断对其进行培养和继续教育,以使其不断提高其履行出境旅游合同约定的意识和服务技能,持续改进服务质量;

(7)订立符合出境旅游合同要求的导游行为规范,并能在导游队伍中得到有效实施。

出境旅游组团社应对符合以上评审条件并有合作意向的境外接待社,在境外国家旅游局官网或我国旅游局官网上查验其单位信息,查证后,应与其签订正式协议。

4）采购国际往返交通服务

对旅行社而言，机票分为团体机票和散客机票。如果旅行社有自己的机票代理系统，可以自己进行团散机票的查位、控位、预订与支付。如果没有代理系统的话，基本上境内外每个航空公司都有针对旅行社的票务联系方式，由旅行社票务或计调向航空公司下计划申请机位。团体机票价格较便宜，机位有保障，但一般需交付押金，对出票率、出票时限都有要求。

如果旅行社自己没有代理系统要购买散客机票的话，可以通过机票搜索引擎查询航空公司，实时比价，选择出票平台。机票搜索引擎可以搜索出运营某一航程的主要航空公司，显示出其航班时间、实时价格、出票代理，如携程、去哪儿、一起飞、天巡等。通过搜索引擎对比出票代理或登录选定航班的航空公司官方网站，进行实时查询和在线支付出票。

一般国内外各航空公司有不同的运价及出入境口岸，计调首先应与航空公司沟通向其索要全年运价表和全球营运港口，经过对比选择合适的航空公司，再结合中国节庆假期、政治社会因素、寒暑假、出境国家节庆假期、市场淡旺季等因素，制订所需的机位计划表，并发至航空公司，询价及索要机位。然后，计调根据申请到的计划机位的航班时间对行程进行调整，核对日期、时刻表和运价，转机时间是否充足，公务舱或头等舱的费用、免票情况、递交名单时间和开票时间。

【同步讨论】
领队属于导游队伍里的一员吗？领队和全陪有什么区别？

5）采购领队服务

海外领队是指经国家旅游行政主管部门批准可以经营出境旅游业务的组团社的委派，全权代表该旅行社带领旅游团从事旅游活动的工作人员。领队作为国内组团旅行社的代表和团队利益的代言人，对组团社圆满履行旅游合同、提高游客舒适度和满意度、维护游客生命财产安全起着极其重要的作用。

2016年12月，国家旅游局对《旅行社条例实施细则》进行适应性修改，进一步明确了导游从事领队业务的条件，具体为：取得导游证；具有大专以上学历；取得相关语言水平测试等级证书或通过外语语种导游资格考试，但为赴港澳台地区旅游委派的领队除外；具有两年以上旅行社业务经营、管理或者导游等相关从业经历；与委派其从事领队业务的取得出境旅游业务经营许可的旅行社订立劳动合同。

计调应根据团队要求安排领队，考虑其性别是否配合团队单男单女拼房以减少不必要的单房差，并检查其证件是否在有效期内，签注是否过期。计调应在以下几个方面要求领队做好服务：

（1）做好出团通知，带领游客出入境

计调应要求领队务必在出团前给每位客人发短信或打电话通知集合时间地点及注意事

项。团队集合时,领队要开好说明会,强调文明安全旅游及旅途中的注意事项。领队须在抵达旅游目的地国家前,协助客人填写好入境资料并夹入护照内,在旅游目的地带领游客通过当地护照检查。然后到行李提取处提取行李,行李必须由游客自行提取,以免出现不必要的麻烦。接着,领队带领游客通过海关检查。

（2）配合境外导游工作,完成行程

完成入境的所有手续后,领队应马上与地接社导游在出口处接洽,清点行李与团员人数,与导游一起安排客人上车,入住酒店。待安排妥当后,领队须及时与导游按事先约定的行程计划,商定游览计划。在境外旅游期间,领队应尽量与导游、司机搞好关系,共同协作,把旅游活动安排好,让客人满意。配合导游做好购物安排工作,注意退税环节和相关工作。领队还应做好各国（地）导游意见反馈表的填写工作（尽可能征求客人意见,如实填写）。

（3）安全带领团队返程

在返程前,领队必须告诉客人遵守中国边检及海关规定,不得携带违禁品、管制品入境（包括黄色、非法书刊等）,也不得携带未经检疫的水果入境。在办理国外离境手续时,如有退税的团员,领队要陪同先办理退税（TAX FREE）,再办理登机手续（要求客人保管好自己的行李,并逐一通过托运行李安检）。在通过境外海关前,领队应告诉客人持护照、登机牌、机票过关,且明确告知客人航班号、登机门、登机时间等信息,领队要提前到达登机口等候客人。

旅游团队回国后,领队在散团前要提醒客人注意有关事项,包括清点行李物品、注意安全等,了解客人离团后的去向,领队应尽可能帮助客人安全返回自己的家乡。在散团前,领队应利用时间让客人填写"出境旅游团游客问卷表",回国后及时上交组团社的计调部门。

（4）及时报账

团队结束后,计调应要求领队在回团三日内,整理好领队日志、问卷表、相关票据等材料到公司报账。领队日志要填写详细、清楚,如有特殊情况要作出说明。对带团出游时所发生的费用,领队应妥善保存有关票据,回国后应及时与计调汇总、审核,由分管的领导签字后到旅行社财务报销。

另外,某些国家要求在该国旅行归国后,在该国的驻华使领馆登记核销,表示未在该国逾期滞留,即销签。计调应熟悉所操作的线路中目的地国家是否有销签要求,如有,计调要提醒领队在回团时收齐客人的护照原件、登机牌等上交公司以便销签。

【业界语录】

2016年11月,旅游法实施三年来首次修改,取消领队资格审批,实际上是把领队等同于导游的一个业务分类,只要导游具备语言、学历、从业经历等条件,都可从事领队业务。这实际上是对导游的业务分工做了一个法律上的明确和细化。这一修改响应了党中央、国务院关于深化体制改革的倡议,是进一步激活旅游市场和人力资源的举措。

——北京市法学会旅游法研究会理事,李广

3.4.2 出境线产品计调业务操作流程

出境线产品计调业务操作流程如下(图3-13):

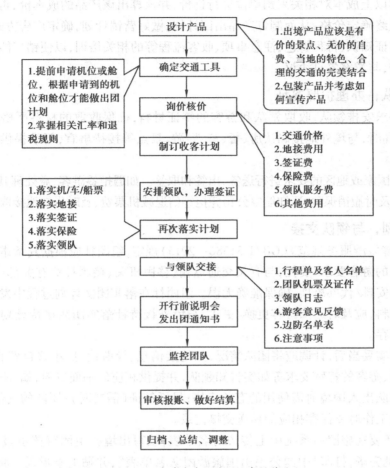

图 3-13 出境线产品计调业务操作流程

1)设计产品,确定交通工具

出境产品可以分为:一地旅游(深度游)、跨区旅游(一般为两三个国家旅游)、邻国之间联游(欧洲国家居多)。设计出境产品时,要考虑到旅游景点的集中和分散,区别和利用有价景点和无价景点,选择有特色、易操作、有一定吸引力的景点作为产品设计的首选。按照先远后近、先精彩后平淡、住宿先差后好、先游览后购物、先爬山后涉水的顺序来设计出境产品。

设计出境产品非常重要的是要选定交通方式,向航空公司申请机位或向邮轮公司申请舱位。另外,还要清楚目的地国家的签证办理方式、近期的汇率变动及相关退税规则。

2)询价核价,制订收客计划

出境产品的成本一般由以下部分组成:交通票价格(包括内陆段交通及出境机票或邮轮票)、地接费用、签证费、保险费、机场接送费(有些情况可能会有机场酒店费用)、领队费用(包括领队的团费和补助)、单房差等,有时候组团社也会不通过地接社,直接在境外订酒店或交通车,也会产生相应的费用。

计调应依据以上成本对相关采购单位进行询价,并核算出该产品的成本价,再根据成本价和同行市场价最终确定价格,从而制订产品出团计划,做好营销计划,确定广告方式,并对该产品的销售进行签证知识、行程特色、注意事项、收客流程等的相关培训,以便销售能够正确地接受游客出境咨询,与游客签订协议。

3)安排领队,办理护照签证

根据团队要求安排领队,收取领队和游客的签证材料,确保收取的材料严格遵照签证要求,真实齐全。同时,与境外地接确认房、餐、车、导游、景点等接待事宜,要求提供地接照会以供送签。

按照目的地国家或地区的要求进行送签、出签和取签。如遇拒签游客,需处理其已产生的操作,降低损失,如及时撤销保险、通知航空公司凭拒签信退减机票费、及时告知地接取消预订。

4)落实计划,与领队交接

《旅行社出境旅游服务规范》(GB/T 31386—2015)规定,组团社应根据其承诺/约定、旅游线路以及经评审的游客要求/委托,与有关交通运输、移民机关、接团社等有关部门/单位落实团队计划的各项安排/代办事项,确保准确无误。组团社在落实团队计划过程中发现任何不适用的游客物品资料,应及时通知游客更换/更正,与境外接待社落实团队接待计划确认信息的书面记录应予保存。

团队计划落实妥当后,计调应将团队情况,如地接信息、导游信息、小费自费收取情况、保险紧急联系电话、游客的特殊要求等如实告知领队,并提供相应的书面资料,如:团队的旅游证件;团队机票;团队出入国境时需使用的有关表格;另纸签证(需要时);团队的其他相关资料。计调在做好移交工作时要保存相应的移送交接记录。

另外,计调还要在旅游局系统中上传边防名单表,填写出境游组团审核填报表并公司盖章,等名单表审批完毕,打印"中国公民出国旅游团队名单表",并贴上条形码。将"中国公民出国旅游团队名单表"交接给领队,领队根据各出境口岸的不同选择是否需递交边防名单表,团队结束后将此表交回公司备案。

5)开行前说明会,发出团通知书

出团前,组团社应召开出团行前说明会,或者是出发前通知游客参加,如单团;或者是领队在机场召集游客召开行前说明会。在会上,组团社应向游客重申出境旅游的有关注意事项和文明旅游、禁止及限制进出境物品、外汇兑换事项与手续等;详细说明各种由于不可抗力/不可控制因素导致组团社不能(完全)履行约定的情况,以取得游客的谅解。

出团前,计调还应发放出团通知书。出团通知书除细化并如实补充告知交通工具的营运编号(如飞机航班号等)和集合出发的时间、地点以及住宿的饭店名称外,还应列明前往的旅游目的地国家或地区的相关法律法规知识和有关重要规定、风俗习惯以及安全避险措施;境外收取小费的惯例及支付标准;组团社和接团社的联系人和联络方式;遇到紧急情况的应急联络方式(包括我国驻外使领馆的应急联络方式)等。有关出团通知书和行前说明会的具体内容,请参见4.4.4。

【拓展阅读】
海关小知识:中华人民共和国禁止、限制进出境物品表

一、禁止进境物品

1.各种武器、仿真武器、弹药及爆炸物品;

2.伪造的货币及伪造的有价证券;

3.对中国政治、经济、文化、道德有害的印刷品、胶卷、照片、唱片、影片、录音带、录像带、激光视盘、计算机存储介质及其他物品;

4.各种烈性毒药;

5.鸦片、吗啡、海洛因、大麻以及其他能使人成瘾的麻醉品、精神药物;

6.带有危险性病菌、害虫及其他有害生物的动物、植物及其产品;

7.有碍人畜健康的、来自疫区的以及其他能传播疾病的食品、药品或其他物品。

二、禁止出境物品

1.列入禁止进境范围的所有物品;

2.内容涉及国家秘密的手稿、印刷品、胶卷、照片、唱片、影片、录音带、录像带、激光视盘、计算机存储介质及其他物品;

3.珍贵文物及其他禁止出境的文体;

4.濒危的和珍贵的动物、植物(均含标本)及其种子和繁殖材料。

三、限制进境物品

1.无线电收发信机、通信保密机;

2.烟、酒;

3.濒危的和珍贵的动物、植物(均含标本)及其种子和繁殖材料;

4.国家货币;

5.海关限制进境的其他物品。

四、限制出境物品

1.金银等贵重金属及其制品;

2.国家货币;

3.外币及其有价证券;

4.无线电收发信机、通信保密机;

5.贵重中药材;

6.一般文物;

7.海关限制出境的其他物品。

(资料来源:中华人民共和国海关总署网站)

6）团队监控，完成回团后续工作

计调在出团期间保持手机 24 小时开机，跟进团队进展情况。

领队回团 3 日内返公司报账，计调要检查领队提交的材料是否完整，如领队报账单、领队日志、意见反馈单、发票、地接返佣回执、自愿参加自费游的签字单等。领队报账后，计调应与地接核对账单、购物明细，核实与领队报账是否存在出入，结算团款，制作团队损益表。

如遇投诉需妥善处理，填写团队投诉处理报告，吸取反馈意见并总结，将团队所有相关资料存档。

【教学互动】

◎教师给出护照、港澳通行证、台湾通行证的实物，请学生分析这些证件所含的基本信息。

◎教师给出各热门出境线产品的签证实物，请学生分析签证所含的基本信息。

◎请学生对自己小组设计的出境线产品进行采购，并下达采购计划。

◎请学生对采购的各要素进行核价、计价并报价。

【完成成果】

◎收集旅行社热门出境线产品的签证资料要求，并整理成文档。

◎收集中国公民出入境的规定和程序并整理成文档。

◎整理出境游的采购单据和表格，并计算出成本价并会报价。

【项目回顾】

在项目 3 中，我们知道了旅行社产品中的"吃、住、行、游、购、娱、导（导游）、险（保险）"等要素的采购工作，都是由旅行社计调部门来完成的。了解了采购业务的核心和流程，明确了计调的重要作用和业务范围。

项目 3 中通过 3 个任务的学习，我们掌握了周边线、国内线、出境线产品采购业务的内容，并通过模拟操作，对周边线、国内线、出境线产品计调业务操作流程有了更深的了解，能够从事基本的计调工作。

【同步练习】

一、填空题

1.旅行社可根据合作对象的情况，采取（　　　　）和（　　　　）的策略。

2.签订采购合作协议，是一种（　　　　）的批发交易，须通过多次成交完成。

3.建立（　　　　），通常可以使旅行社获得稳定的供给。

4.能否按照（　　　　）标准提供住宿服务，不仅是游客衡量旅行社产品质量的重要内容，也是旅行社进行饭店服务采购的重要依据。

5.年满 2 周岁、未满 12 周岁的儿童应按（　　　　）购买儿童票，提供座位。

6.身高超过（　　　　）的儿童在坐火车时应购买全价票。

二、多项选择题

1.采购业务的核心是(　　)。

A.利益当先　　　　　　B.保证供给　　　　　　C.成本领先　　　　　　D.质量控制

E.互惠互利

2.采购业务的流程有(　　)。

A.确定采购对象和采购策略　　　　　　B.签订合作协议

C.整理相关资料　　　　　　D.落实采购工作

E.报账结算

3.计调人员在核算结算时要(　　)。

A.及时　　　　　　B.迅速　　　　　　C.细心　　　　　　D.准确

E.诚信

4.以下哪些是限制进境的物品?(　　)

A.烟　　　　　　　　　　　　B.酒

C.国家货币　　　　　　　　　　D.濒危的和珍贵的动物

E.通信保密机

三、名词解释

1.计调

2.旅行社责任险

3.签证

4.海外领队

四、问答题

1.计调的作用是什么?

2.计调的业务范围有哪些?

3.计调在团队报账时主要审核哪些内容?

4.游轮和邮轮有什么区别?

5.银川双飞八日标准游,出团日期5月6日,团队序号为第一个,有15位大人,3位小孩,一位婴儿,一位全陪。请写出此团的WTO规范团号。

五、案例分析

10月是北京游最红火的月份,住宿、用车、导游是地接社计调最头疼的事情。因此,忙中有时难免出错。2015年10月14日上午,20名上海客人抵达北京,参加京城五日游。住宿要求为三环内干净卫生、独立卫浴、明亮大厅、不挂牌的三星级酒店。

但是,计调订房前没有去酒店进行实地考察,只是听从其他同事的推荐便匆匆订了酒店。当第一天行程结束,游客准备回酒店入住时,发现酒店条件完全不符合上海组团社的许诺:没有明亮大厅,甚至个别房间还没有窗户。所有游客纷纷把矛头指向导游,并且拒绝入住。

请分析这个事件的责任在谁？错在哪里？怎样消除客人的不满？

【实操考核】

1.考核内容：旅行社产品的采购操作（周边线、国内线、出境线三选一进行介绍）。

2.考核标准：工作条理分明、程序完整、语言表达清楚、单据齐全。

3.考核方法：

①要求学生从自己小组设计的周边线、国内线、出境线三选一开展采购操作。小组成员先用PPT介绍所选取线路的采购内容和计调业务流程，再按采购的内容分别扮演相应的角色，如选择出境线介绍，分别扮演游客、计调、地接社、航空公司、领队，根据线路，从计调要求客人准备出境证件和签证材料开始，到最后计调交接领队工作注意事项，分场景进行演示。

②教师在学生小组演示过程中提出相应问题，要求学生解答。（表3-15）

表 3-15　旅行社产品的采购操作评分表

测试项目	评分要点	分值	得分	备注
小组成员：		模拟旅行社名称：		
分角色扮演线路产品的采购（共60分）	场景设计合理、程序完整	15分		
	采购流程清晰、有针对性	10分		
	询价、计价、报价符合逻辑性	10分		
	角色扮演生动、有感染力	15分		
	角色对话沟通性强、有现场感	10分		
线路采购PPT介绍（共20分）	逻辑清晰、文字精练	10分		
	图片美观、图表清楚	5分		
	符合相应线路的采购内容和计调业务流程	5分		
语言表达（共10分）	普通话标准，清晰、流畅	5分		
	用词准确、恰当，态势语言自然得体	5分		
团队合作（5分）	有小组分工合作，齐心配合	5分		
仪表礼仪（共5分）	着装打扮得体、整洁，言行举止大方	3分		
	符合旅行社人员服务礼仪礼貌规范	2分		
合计（共100分）		100分	得分：	
评语：				

项目 **4**

旅行社产品
销售业务管理

【项目导读】

旅行社线路的销售是旅行社经营的核心任务。如果旅行社的产品销售不畅,那么旅行社就难以维持正常的经营,更谈不上盈利。因而旅行社线路销售对于旅行社的正常运转起着至关重要的作用。本项目包含认识旅行社销售业务,以及如何开展电话、网络、现场销售业务,并为客户办理出行手续四个方面的学习任务。

【项目主要内容】

项目任务	学习内容	内容分解
项目 4　旅行社产品销售业务管理		
任务 4.1 认识旅行社 销售业务	4.1.1　旅行社 销售人员的要求	1)成为旅行社产品的专家
		2)成为各行业的杂家
		3)掌握产品销售的内容、方式、技巧和业务流程
	4.1.2　旅行社 产品的销售方式	1)直接销售方式
		2)间接销售方式
		3)综合销售方式
	4.1.3　旅行社 产品的销售技巧	1)预设范围、直截了当
		2)重点突出、择优而行
		3)机不可失、互动沟通
		4)降低期望、额外赠送
		5)熟悉顾客购买信号
		6)掌握价格商谈原则
任务 4.2 电话和网络 销售业务	4.2.1　电话销售业务流程	1)通话准备
		2)及时问候
		3)问需推介
		4)登记信息
		5)结束通话
		6)记录整理
	4.2.2　网络销售业务流程	1)保持网络咨询畅通
		2)及时答复咨询问题
		3)记录整理
		4)网络销售业务注意事项

续表

项目任务	学习内容	内容分解
任务 4.3 现场 销售业务	4.3.1 热情问候、询问需求	1）目标茫然型
		2）目标明确型
		3）目标初拟型
	4.3.2 出示并推介产品	1）谈话询问、把握意向
		2）分析需求、提供方案
		3）解释内容、消除疑义
		4）初定购买、细核报价
		5）发布产品、等候确认
		6）完善细节、建议购买
	4.3.3 建议购买	1）直接建议法
		2）双项选择法
		3）化短为长法
		4）机不可失法
		5）印证法
		6）奖励法
任务 4.4 办理 出行手续	4.4.1 办理出行手续的要求	1）国内旅游办理出行手续的要求
		2）出境旅游办理出行手续的要求
	4.4.2 签订书面旅游合同	1）旅游合同的内容
		2）签订旅游合同的要求
		3）签订旅游合同应注意的问题
	4.4.3 收取相关资料并录入系统	1）收取相关资料
		2）录入旅行社系统
	4.4.4 发出团通知	1）发出团通知的要求
		2）出团通知书的形式
		3）出团通知书的内容
		4）行前说明会的内容

【学生工作任务书】

学生工作任务书 10						
任务 4.1	项目编号	建议学时	能力目标	知识目标	师生活动	完成成果
认识旅行社销售业务	4-1	2 学时	能够熟练掌握需要销售的旅行社产品，并会运用销售技巧进行销售	①熟悉旅行社产品销售的方式②掌握旅行社产品的销售内容和技巧	①请学生作为游客，上网调查旅行社网站销售人员是如何销售产品的②请学生作为游客，前往某一旅行社门市，分组考查门市的销售人员是如何销售产品的③请各小组按自己设计的三条线路分别确定需要销售的内容、销售方式	按照"旅行社销售业务的技巧"中的 5 个技巧，针对自己小组设计的旅游线路，设计销售人员与客户之间的产品推介过程对话

学生工作任务书 11						
任务 4.2	项目编号	建议学时	能力目标	知识目标	师生活动	完成成果
电话和网络销售业务	4-2	2 学时	①能够用适当的礼仪进行接打电话，为游客提供销售服务②能够应对各类网络销售问题	①掌握接打电话的礼仪、电话销售的业务流程和服务技巧②了解网络销售的形式③掌握网络销售的服务规范	①学生两人一组分别扮演销售人员和游客，进行模拟对话，内容为电话或网络销售本小组的旅游产品②同学两两一组，分别扮演旅行社网络客服和咨询客户，利用 QQ 即时聊天软件，模拟一段销售服务过程③教师对学生的对话进行指导，帮助学生完善接电话的礼仪和网络销售的注意事项	①记住接打电话的礼貌用语②记住电话销售的服务流程，为后续的现场咨询做好引入工作③浏览某一旅行社的网站，看看其在网络咨询服务方面设置有哪些具体板块或窗口，截图后分组在班级中进行演示

				学生工作任务书 12		
任务 4.3	项目编号	建议学时	能力目标	知识目标	师生活动	完成成果
现场销售业务	4-3	4 学时	能够面对面地为游客的询问给予迅速、准确的解答，并提出合理的建议，努力给顾客留下良好的印象	①了解咨询顾客的类型及顾客咨询问题的类型 ②掌握现场销售人员的问语类型 ③掌握现场销售业务的流程	①学生两人一组进行模拟对话，内容为现场销售本小组的旅游产品 ②教师给定某一产品（如港澳线）的五个不同的线路（如观光、度假、购物、商务、蜜月等），请学生讲述不同线路的共同点和区别，以及各自的特点 ③教师对学生的对话进行指导，帮助学生完善现场咨询的问话内容和方式	①记住现场销售业务的流程 ②以某一咨询服务的类型（如目标茫然型）为例，要求学生在给定的出游要素范围内有针对性地回答和推介。要求学生把范围内各产品的区别之处告诉顾客

				学生工作任务书 13		
任务 4.4	项目编号	建议学时	能力目标	知识目标	师生活动	完成成果
办理出行手续	4-4	2 学时	①能签订旅游合同 ②能收取费用并开具票据和录入系统 ③能给客人发行前通知	①掌握旅游合同需要填写的事项和签订合同的注意事项 ②掌握行前通知的内容，需要给客人的文件（如行程表、行程须知等）	①学生两两一组，模拟完成旅游合同的签订过程 ②模拟旅行社人员用电话、邮件、面谈的方式给游客发行前通知 ③分组模拟某一旅行社出境线产品的行前说明会的服务场景 ④教师对学生的对话进行指导，帮助学生完善谈话内容和方式	①撰写一份指定旅游产品的行前通知单（上交） ②收集热门旅游产品的行程表、行程须知（上交）

任务 4.1　认识旅行社销售业务

【教学目标】

知识目标

熟悉旅行社产品销售的方式。

掌握旅行社产品的销售内容和技巧。

能力目标

能够熟练掌握需要销售的旅行社产品,并会运用销售技巧进行销售。

【任务引入】

阅读下面的案例,思考:旅行社产品可以采取哪些销售方式?

互联网上的旅行社

德格利夫旅行社是法国第一家利用电子媒体开展业务的旅行社,它充分利用互联网的普及建立了自己的旅游产品网页,使每个上网的游客都能看到其产品。可以说,法国每一台上网的电脑都是它的销售门市。这一新颖的销售方式以其信息量大、快捷、足不出户便可了解产品等特色,迅速被广大游客所接受。

除了运用电子媒体这个高新技术确保自己的优势外,德格利夫旅行社还在价格上狠下功夫,以确保自己的价格优势。吸引客户的首先是价格,其次才是质量和内容。德格利夫销售的产品价格比普通的市场价格一般要低 30%～40%,以至于人们都亲切地称它为"减价先生"。为什么同样的产品却有如此大的价格差呢? 原因在于德格利夫旅行社销售的是别家旅游企业在指定时间段内尚未售出的产品,如剩余的飞机票、剩余的高档饭店房间等。他们与客户达成低廉的价格协议,然后通过其电脑网络向游客进行再销售。德格利夫充分利用游客对价格的敏感,成功地促成了旅游产品的销售。

有了好的价格也仍然需要有好的产品。德格利夫的产品涉及人们旅游度假活动的各个方面,让人们感到它无处不在。它的产品可以是美国时代广场的一场音乐会,也可以是英国泰晤士河的一张游船票,或是澳大利亚悉尼歌剧院旁饭店的房间。所有这些相关信息,都可以在旅游网页中查询到。游客若对某个产品满意,只需敲几下键盘,预订便可在几分钟之内完成,第二天就会收到确认单,手续简单迅捷。

每天员工都可以及时收到各种最新的信息,然后再以最快的速度输入到网页上,使每个可能访问他们网页的游客获得更新、更多的信息。德格利夫的产品主任说:"提供最可靠、最新的信息是我们制胜的法宝。"

一家旅行社的成功与其良好的信誉是分不开的。德格利夫从一开始就特别注重信誉的培养。其一,他们对每个产品进行质量管理,要求做到售前信息准确丰富,售后附以保障机制。其二,他们与法国一家保险公司合作,及时保护游客的利益。其三,特别注意与游客的交流,经常在网页上与游客对话、交谈,倾听游客的意见,并定期举办座谈会和信息发布会,向游客展示自己的成功经验及远景规划,使客户增强对公司的信心。其四,加强与法国众多新闻媒体的联系,注重对自己形象的宣传报道。法国《费加罗报》《世界报》、巴黎第一电视台、欧洲第一广播电台等一些大的新闻媒体,都分别采访报道过这家旅行社。这在很大程度上使它扩大了影响,提高了知名度,增强了游客对它的信任。可以说,注重信誉也是德格利夫成功的重要原因。

【任务分析】

德格利夫旅行社的成功正是因为他们在技术上的创新值得我们借鉴。采用新的科技手段,特别是信息传输手段已经成为旅行社行业新发展的强大推动力,如电子技术的普及、电子商务网络的成熟,必将给旅行社经营管理和旅行社组织带来一个制度化的革命。

旅行社的销售需要娴熟的销售人员运用相关的技巧采取多样的方式进行,下面先了解旅行社产品销售人员的要求、销售方式和销售技巧。

【相关知识】

旅行社销售是指旅行社人员通过了解和掌握市场的需求动向,在利用信息的基础上,开发、设计旅游线路,促销旅游产品,将产品销售给旅游中间商或旅游消费者,从而实现企业经营目标的活动。旅行社销售人员所属部门为销售部,或称外联部。

4.1.1 旅行社销售人员的要求

销售部是旅游产品与消费者之间的桥梁,销售人员是旅行社在消费者心目中的第一形象。对旅行社销售人员的要求如下:

1) 成为旅行社产品的专家

《旅行社服务通则》(GB/T 31385—2015)规定,销售人员应遵守旅游职业道德和岗位规范;佩戴服务标识,服饰整洁;熟悉所推销的旅游产品和业务操作程序;积极热情,微笑服务;主动推介旅游线路,百问不厌;认真细致,避免错漏。

旅行社销售人员首先要精通本旅行社产品的构成、分类、特点、性能和优势,了解其替代产品和关联产品;其次,与本地同类旅行社产品相比,要清楚自身产品的优势,能够提供有信服力的说明依据;再次,要熟悉本社的各种常规线路报价,做到张口即来,准确无误;最后,对当季的主推产品要了解其旅游行程的安排,可以做到绘声绘色地描述,能激发游客的购买欲望。

2) 成为各行业的杂家

做旅游产品的销售,就要成为各行业的杂家,什么都能懂点,这就要求销售人员平时多学习旅游心理,要能从顾客的言行举止中分析出顾客的出行意图,还要多看看市场营销、旅游服务、游记小说、景点介绍方面的知识,运用多种学科的知识来武装自己的服务技能。

销售人员还要掌握一些与旅游有关的政策、法律、法规知识,比如《旅行社国内旅游服务规范》(LB/T 004—2013)就规定:旅行社推广产品时应符合法律法规、部门规章、国家及行业标准要求;发布真实、客观、详尽、准确的广告和宣传材料,不得虚假宣传,不得误导消费者;通过具备资质的媒体和平台推广,应使用具有合法来源和授权的图片、文章、音频、视频,登载、印制和发布产品广告和宣传资料应符合法律法规规定。

【同步讨论】

你遇到过旅行社销售人员向你推销产品吗？是如何推销产品的？怎样才是一名合格的旅行社产品销售人员？

3）掌握产品销售的内容、方式、技巧和业务流程

旅行社产品的销售内容主要有：

①顾客的咨询内容：这是销售人员首先需要进行推介的，以满足顾客的"急切"需求。

②产品的概况：包括旅游目的地、游览天数、旅游费用等。

③产品的"卖点"：包括产品的性价比、畅销程度、行程安排的合理性和优势等。

④类比和对比的其他产品：简要说明这类产品，来突出咨询产品的优势；或者顾客咨询的产品并不能满足其需求，借此类产品来引导顾客的理性和良性消费。

⑤其他需要特别说明的问题：如报名缴费截止期、签证材料递交截止期、特殊的行程安排等。

另外，不同的旅行社对名下的各产品都有不同的操作流程和规范，如机票的代理、同行价与直客价的区别、签证材料的收取、收据发票的开具、团费优惠的权限等，销售人员必须熟练掌握所销售产品的业务流程。

《旅行社服务通则》（GB/T 31385—2015）规定，旅行社在旅游产品销售时应遵循的基本原则：发布的广告和宣传材料应真实、客观、准确；依据"产品说明书"推介旅游产品，不进行超范围的宣传；双方就旅游服务产品达成一致后，旅行社应按要求与游客办理相关手续。

4.1.2 旅行社产品的销售方式

销售工作是联系旅行社产品开发与最终将产品转移到游客手中的中间环节。《旅行社国内旅游服务规范》（LB/T 004—2013）规定，国内旅游产品的销售方式，包括但不限于门市销售、互联网销售、委托代理销售等。在法律、法规许可的范围内，旅行社可采取不同方式销售旅游产品，不断创新销售方式。

旅行社产品的销售方式分为直接销售、间接销售和二者兼具的综合销售。（图4-1）

1）直接销售方式

直接销售方式是指旅游产品的生产者直接将自己的产品出售给顾客的经营方式。一般来说，有三种直接销售方式：利用电话进行的电话销售方式、游客在旅行社的网站上购买的网络销售方式、游客直接到旅行社及各门市接待部购买的现场销售方式。

直接销售方式的优点：销售渠道短，生产者直接同游客接触，减少了产品从生产到购买的中间环节，能节省一些销售费用。另外，直接销售通过生产者直接同顾客接触，不但有利于旅行社更多地了解游客的需要，还有利于游客更多地了解旅行社及其产品，有利于旅行社宣传自己，在游客中树立并维护良好的产品和企业形象。

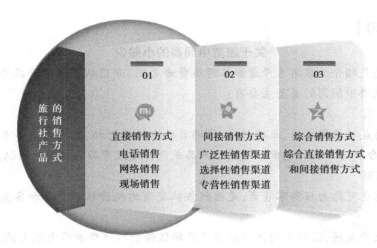

图 4-1　旅行社产品的销售方式

2) 间接销售方式

间接销售方式是指旅行社开发出自己的新产品后,给予其他旅行社销售该产品的权利。在这一过程中,其他旅行社在生产者和游客之间担当了桥梁和中介的作用,它们从中赚取差价或佣金。这种经营模式可以分担开发新产品旅行社的销售压力,降低资金风险。主要包括以下分销方式:

(1)广泛性销售渠道策略

对于经营国际旅游业务的旅行社来说,广泛性销售渠道策略是指旅行社通过旅游批发商,广泛地将旅游产品散布给零售商,尽可能多地销售产品,招徕客源。而对于经营国内旅游业务的旅行社来讲,就是广泛地委托当地旅行社代销其产品,提高产品的销量。这一间接销售方式,拓宽了旅行社的销售渠道,也便于游客及时了解信息并购买产品。此外,对旅行社而言,也便于通过产品的销售,发现理想的合作伙伴。但其成本较高、管理困难,所以,此销售方式适用于旅行社初期销售。

(2)选择性销售渠道策略

选择性销售渠道策略是指旅行社在某一目标市场中,选择几家或一家少量的中间商,并与其建立稳定的合作关系,委托其进行产品销售。这一策略可以降低成本、便于管理。但是,如中间商选择不慎,就有可能失去市场机会并影响销售。

(3)专营性销售渠道策略

专营性销售渠道策略是指旅行社在一定时期内,在某一市场中,只选择一家中间商作为自己的合作伙伴。而在通常情况下,该中间商也不能同时代销其他竞争对手的产品。这一策略也可以降低成本,提高中间商的积极性。同时,能够提高工作效率,使合作关系更为紧密。但是,如果中间商在产品经营上出现失误,对旅行社来讲,就会失去部分旅游市场,甚至可能会丢失整片市场。

【拓展学习】

关于旅游中间商的小知识

旅游中间商是指介于旅游生产者和旅游消费者之间，专门从事旅游产品市场营销的中介组织和个人。旅游中间商的类型主要有：

1.旅游批发商

旅游批发商是将旅游交通、旅游住宿、旅游目的地的旅行社、旅游景点等有关旅游企业的产品和服务，组合成为不同的包价旅游线路产品或包价度假产品的中间商组织。

2.旅游代理商

旅游代理商也可称为旅游零售商，是指销售批发商的包价旅游产品和各类单项委托服务的旅游企业。

随着旅游业的发展，旅游中间商对旅游产品的供给能给消费者带来很大的利益，旅游中间商的作用也日益突出。其作用主要体现在：

旅游中间商承担主要营销职能，促进产品销售、社会分工和专业化发展，负责产品营销职能，致力于产品市场调查、广告宣传和旅游消费者的服务。旅游中间商能够与多家相联系，对多种旅游产品进行组合，从而为游客提供旅游活动中食、住、行、游、购、娱等，满足游客多方需要。

旅游中间商是联结产品供给和消费者的纽带和桥梁，它联系供求双方，促进信息交流，把产品信息传递给消费者，增进对产品的了解，促进产品购买；同时把市场需求信息提供给旅游产品的生产者，以减少旅游产品生产的盲目性，适应市场的变化。

旅行社选择中间商时应注意以下几点：

1.保证中间商的合法性

旅行社应从自身经营的目的、产品、市场、竞争等方面进行详细考察，选择合适的中间商。首先应当保证所选的中间商具有经营旅游活动的资格，其次还应该通过合理的程序选择销售渠道。

2.激励中间商

中间商作为独立经营者，有自身的经营目标，与旅行社既有合作互利的一面，也有矛盾的一面。旅行社应采取恰当的方法提高旅游中间商的积极性，尝试与中间商建立长期的伙伴关系，对高销售量的旅游中间商应提高让利比例，给予其实际协助及优惠政策，在良好的合作中求得更好的发展。

3.对中间商进行检查和评估

建立中间商档案，了解中间商的历史和现状，找出业绩较好、信誉较高的中间商给予特别的关注，对不称职的中间商要及时终止合作关系。旅行社应和中间商保持信息沟通，收集游客对产品的反馈意见，了解新的市场需求。

3）综合销售方式

综合销售方式是指生产产品的旅行社既要通过中间商来销售旅游产品，自己也要直接向游客销售的方式。这种模式对于生产新产品的旅行社来说,既带来了销售量,又降低了风险。对于分销的其他旅行社来说,既弥补了缺少该类产品的缺陷,又获取到利润,是双赢。

《旅行社国内旅游服务规范》(LB/T 004—2013)规定:旅行社无论采取何种销售方式,销售人员提供咨询服务时,应向游客提供有效的旅游产品资料,主动提示、引导游客并提供咨询;暂时没有符合游客要求的,建议和引导游客选择其他产品,或记录咨询游客的信息和旅游需求,计入销售机会管理;对于不清楚、不掌握的产品及信息,应经过了解和确认后给予游客准确答复。

旅行社无论采取何种销售方式,销售完成后,旅行社均应与游客签署正式旅游合同,并提供"产品说明书"作为旅游服务合同的附件;向游客开具发票;建议游客购买旅游意外保险,并有书面提示;妥善保管游客在报名时提交的各项资料,并办理交接手续;出境旅游、入境旅游根据服务约定,提供必要的出入境手续服务或提示。

4.1.3 旅行社产品的销售技巧

旅行社产品的销售技巧有以下六点(图 4-2):

图 4-2 旅行社产品的销售技巧

1)预设范围、直截了当

销售前应先根据顾客需求预设一定的产品"范围",以避免推介的盲目性。在旅游目的地、游览天数、预设费用、出行时间、出游动机 4 个要素之中至少挑选一个作为推介的"范围",如国内游、4 天之内、预算 3000 元之内、清明小长假期间、度假游等。

对于冲动型和随意型等顾客,或遇旅游旺季,可以采取直截了当的销售方法,将最符合顾客需求的一项产品直接推荐给对方。这种办法简单明了,可以快速地促成交易,节省销售的时间,提高工作效率。

2）重点突出、择优而行

将顾客的购买关注点依照重要程度进行排列，如价格、时间、目的地等，把产品能够给顾客带来的最大关注点放在前面，依次介绍给顾客。

对于犹豫不决或者爱挑三拣四的顾客，在推荐时可以介绍两项符合他们需求的产品，让其从中二选一，而不是让顾客在买与不买之间进行选择。这样可以降低顾客选择难度，同时又有效地促成交易。

3）机不可失、互动沟通

顾客如果对旅游产品存在疑虑，迟迟不愿作出购买决定时，销售人员应及时地利用图片、宣传资料、详细的行程单、客户反馈等旁证材料，来证明顾客的异议不会成立，从而促使顾客作出购买决定。

尽管是销售人员占据主动地位，但还是需要不断地与顾客沟通，从顾客的言行举止上得到反馈，及时调整自己推介的方向和内容，使销售的产品步步为营地满足顾客的诸多需求。

当顾客已经对某项产品有初步意向，但还意图到其他旅行社进行比较，或者是旅游旺季前夕报名火爆的时候，应及时地建议顾客立即采取订购行动，以抓住即将消失的利益和机会，如仅限今日优惠、报名额度有限等。要使顾客感到现在若不决定，很有可能就名额已满，或价格上涨。

【同步思考】

旅行社销售员小李通过朋友介绍认识了一个客户王女士，王女士在一家医院的财务处工作。王女士的儿子和儿媳妇去泰国度蜜月就是小李安排的，回来后反映安排得还不错。王女士说以后有同学和朋友出去玩时再给小李介绍，小李一高兴，说那下周有时间，我请您吃饭，坐一坐，加深一下印象。王女士很高兴地答应了，并且说除了周三晚上不行，其余时间都可以，小李说没问题。但是三个月过去了，小李每天忙忙碌碌，没有兑现这个承诺，也没再和王女士联系，你认为王女士会在意这件事吗？

4）降低期望、额外赠送

出门游玩前，顾客往往抱有很高的期望值，但旅游市场的现状决定了在行程安排中难免会有不尽如人意的地方，而且不同的旅游景观对于不同游客的欣赏体验满足度是不一样的。因此，要向顾客强调说明可能出现的行程安排缺陷，尤其是旅游旺季，绝对不能说保证如何好之类的大话，应实事求是，让顾客作好充分的思想准备。

销售人员通常都会有一些特殊的惠客权限，如最终折扣价、赠送礼品、免费保险、免收签证费、儿童免单、优惠升舱、改海景房等。假如在推介的最后阶段，仍不能使顾客作出购买决定的话，销售人员可以通过提供上述优惠条件来吸引顾客，以促使顾客立刻购买。

5）熟悉顾客购买信号

顾客有了购买欲望时往往会发出一些购买信号，有时这种信号是下意识发出的，因此，销售人员准确地把握时机是相当重要的,顾客没有发出购买信号就说明你的工作还没有做到位,还应该进一步刺激而不宜过早地提出交易。

【业界语录】

不论你推销的是什么东西,最有效的办法就是让顾客相信——真心相信——你喜欢他、关心他。如果顾客对你抱有好感,你成交的希望就增加了。要使顾客相信你喜欢他、关心他,那你就必须了解顾客,收集顾客的各种有关资料。

——美国著名汽车销售员,乔·吉拉德

销售人员不要只顾自己滔滔不绝地介绍旅行社产品,要关注顾客语言上的细微反应。顾客问及旅行社产品相关的一些具体细节问题,并积极地讨论时,说明其很可能有了购买意向,客户提出的问题越多,说明产品销售成功的希望也就越大。顾客表露出来的语言信号包括:

(1)询问具体细节安排

如航班的时间、景点停留的时间、自由活动的时间、客房是否能够加床、签证要准备什么材料、旅游当地的天气情况、出入境的政策等。假如顾客不想购买的话,不会浪费时间询问这些产品的细节问题。

(2)询问产品价格

第一种是二次询价,顾客的第一次询价一般发生在看到心仪的产品后不久,这不一定是购买信号,只是顾客想确认所报价格是不是在其预算开销范围之内,或者与其他旅行社所报价格进行比较。而当顾客与销售人员在进行充分推介交流后发出的第二次询价,就是顾客发出意欲购买信号。第二种是讨价还价。这是最为明显的购买信号之一,顾客不一定马上作出购买决定,但这个信号说明顾客已经准备把本旅行社产品纳入其考虑范围之内。顾客在将最后几家旅行社产品进行比较之后,假如本旅行社的产品性价比最高的话,其肯定会毅然决定购买。

(3)询问产品服务

如能否上门签合同、能否安排市内接送机场服务、能否上门收取签证材料、导游领队的专业服务技能如何等。只有决意购买本旅行社产品的顾客,才会问及这些有关产品的服务细节问题。

(4)征求亲朋好友意见

顾客向陪同的客人征求意见,或者直接打电话询问亲朋好友,解释产品的情况,询问他们的意见,这都说明顾客对本旅行社的产品认可度在增强,一旦得到亲朋好友的求证和认可,产品的成功销售随即而来。在与顾客的谈话过程中,如销售人员听出顾客对产品的异议,应及时给予解答,消除疑惑。

(5)询问付款细节

如问能否使用信用卡?是现付订金还是一次付清?小费怎么付?最迟付款期限是什么时候?能否转账或支票支付?你们的银行账号是多少?……

　　潜在的顾客在最终作出购买决策时,往往还会通过一些非语言的行为信号表现出来,如当顾客由靠背而坐转而身体前倾、对推介的兴趣点频频点头认可、低头若有所思片刻、再次浏览阅读行程安排、说出自己掌握有关这类产品的信息、对门市接待人员的态度明显好转、询问旁人的意见等。若此时销售人员能够及时、准确地意识到其潜在的购买信号,抓住时机,有效地促成顾客签订旅游合同,必能达成交易。

【拓展阅读】

推介旅行社产品的对话技巧

1.关于目的地

您想去什么地方玩,远点还是近点的?

请问,您想去海边还是有山的地方? 其实带孩子去海边是最合适的了。

2.关于出游动机

请问,你们是想去度蜜月吗? 我们有专门的蜜月游产品。

这个季节去海南岛度假最适宜了,您考虑吗?

这次您去香港的主要目的是购物的话,您就订自由行产品吧。

3.关于同行人数

请问,您出行一共几位?

这次济州岛邮轮4日游,我们旅行社包船,您可以借此机会全家出游,现在同舱第3人免船费哟!

4.提供变更意见

如果您对这条线路不满意,看下我们另一条线路好吗?

你们是独立成团的,这个行程可以作细微调整,您有什么意见可以和我们说。

不如你们去内蒙古吧,这个季节那里还没转冷,一片秋色,很美的。

5.关于价位

您看,去东南亚海岛游的差不多都在4000~5000元这个价位,您可以考虑看看的。

我们还有纯玩团,虽然价格比这个行程稍微贵点,但自由舒适,给您看看行程可以吗?

6)掌握价格商谈原则

(1)价格最后原则

在销售过程中,不可避免地要与顾客谈及价格问题,除非对方已经多方比较过产品和价格,或者是面对价格敏感型顾客,否则的话报价和讨价还价一定是摆在销售的最后,有关产品的价值和服务应是销售人员推介的首选。

(2)轻易不降原则

销售人员需要清晰地知道,无论你怎样降低价格,顾客也永远认为你在赚钱,而不会赔本。

无论你怎样强调打折,没有利润,顾客永远不会相信这是事实。既然顾客摆明了其他旅行社的价格,销售人员也应再次强调本旅行社与众不同的档次、实力和服务,提升本旅行社的价值,刺激顾客的购买决定。

(3)加价优惠原则

有时降价未必能够达到促销的效果,轻易地降价反而会给顾客带来"产品价格虚高""可能还可以再便宜些""产品品质不高"的错觉。因此销售人员不妨反其道而行之,采取加价策略,和顾客说:"假如你现在报名参加这条线路的话,那么你只需要再加××元,我们就为你升为商务舱(海景房、五星酒店、赠送 SPA……),否则平时的话,至少需要加××元。"这样既提升了顾客自身的旅游品质,又避免旅行社陷入"降低价格——降低服务"的恶性循环,同时顾客心里还会意识到自己用较低的成本换来了更大的优惠。

【相关链接】

乔·吉拉德的"250 定律"

乔·吉拉德是世界上最伟大的销售员,他连续 12 年荣登吉尼斯世界纪录大全世界销售第一的宝座,他所保持的世界汽车销售纪录:连续 12 年平均每天销售 6 辆车,至今无人能破。乔·吉拉德也是全球最受欢迎的演讲大师,曾为众多世界 500 强企业精英传授他的宝贵经验,来自世界各地数以百万计的人被他的演讲所感动,被他的事迹所激励。

乔·吉拉德认为:在每位顾客的背后,都或许站着 250 个人,这是与他关系比较亲近的人:同事、邻居、亲戚、朋友。如果一个推销员在年初的一个星期里见到 50 个人,其中只要有两个顾客对他的态度感到不愉快,到了年底,由于连锁影响就可能有 5000 个人不愿意和这个推销员打交道,知道一件事:不要跟这位推销员做生意。这就是乔·吉拉德的 250 定律。

由此,乔·吉拉德得出结论:在任何情况下,都不要得罪哪怕是一个顾客。在乔·吉拉德的推销生涯中,每天都将 250 定律牢记在心,抱定生意至上的态度,时刻控制着自己的情绪,不因顾客的刁难,或是不喜欢对方,或是自己心绪不佳等原因而怠慢顾客。乔·吉拉德说得好:"你只要赶走一个顾客,就等于赶走了潜在的 250 个顾客。"

【教学互动】

◎请学生作为游客,上网调查旅行社网站销售人员(或在线客服)是如何销售产品的。
◎请学生作为游客,前往某一旅行社门市,分组考查门店的销售人员是如何销售产品的。
◎请各小组按自己设计的三条线路分别确定需要销售的内容,销售方式。

【完成成果】

◎按照"旅行社销售业务的技巧"中的 6 个技巧,针对自己小组设计的旅游线路,设计销售人员与客户之间的产品推介过程对话。

任务 4.2　电话和网络销售业务

【教学目标】

知识目标

掌握接打电话的礼仪、电话销售的业务流程和服务技巧。

了解网络销售的形式。

掌握网络销售的服务规范。

能力目标

能够用适当的礼仪进行接打电话,为游客提供销售服务。

能够应对各类网络销售问题。

【任务引入】

阅读下面的案例,思考在电话中销售人员应该用怎样的语言才能既不伤害游客的自尊,又能销售出旅行社的旅游产品?

实在不能便宜,应该这样说……

国庆节前两个星期,管小姐打电话到旅行社,咨询海南 5 日纯玩团的情况。

下面是其中一部分对话:

游客管小姐:你们旅行社国庆节海南 5 日纯游玩团,价格能不能再便宜一点?

回答方式 1:"这条线路不能减价!"

回答方式 2:"海南 5 日纯玩团是我们公司已推出相当长时间的一条旅游线路。去过的人都说这条线路既舒适又经济。我们的航班是直飞的白班机;在三亚住的是挂牌四星级宾馆,而且全都是海景房,早晨拉开窗帘就可以看到湛蓝湛蓝的大海,红彤彤的太阳跃出海平面;傍晚可以欣赏到海边升起的明月,听着海浪的声音进入梦乡……"

"而且我们的线路有三个不一样:一是纯玩团没有购物店的安排,您所有的时间都是用来游览的;二是我们选择的地接社是海南最大、口碑最好的旅行社;三是我们旅行社派有专业的全陪,您整个行程中如果有问题,都能够在现场及时地协商处理。因此,我们这条线路是专门为像您这样喜欢尽情畅游原汁原味大自然的人设计的。我相信,玩得愉快开心对您来说才是最重要的,您觉得呢?"

【任务分析】

在销售中,客人要求"再便宜一点"的情况是最常见的,而这种要求也是很正常的。因为,在商业交往中,每个人都想以最低的成本谋求相对最大化的利益。上述案例中回答方式 1"这条线路不能减价!"直接拒绝了游客的要求,这种拒绝极容易引发游客对旅行社产生不好的印象。游客会产生一系列的联想,如"市面上难道就你一家有这个产品吗?"而回答方式 2 既达到了拒绝旅游咨询者降价的目的,又给旅游咨询者留下了美好的印象;再加上一段"不厌其烦"而又深入透彻的产品分析,很容易让旅游咨询者打消降价的念头,并对旅行社的产品产生信赖。

【相关知识】

电话销售是指有潜在旅游服务需求的顾客打电话给销售人员,在电话中问询沟通旅游方面各项要素问题的过程。在接听电话时,销售人员所代表的是旅行社而不是个人,这能够真实地体现销售人员的个人素质、待人接物的态度以及通话者所在旅行社的整体水平。

4.2.1 电话销售业务流程

接打电话要求礼貌热情、使用普通话、话音清晰,回答问询准确、果断。电话销售的业务流程如下(图4-3):

图4-3 电话销售业务流程

1)通话准备

要作好通话的准备,应该在电话机旁边准备一些必备物品,如电话号码簿、记录本、记录用笔、计算器、客户资料等。除此之外,还需检查电话的接线是否良好、无绳电话及话筒是否正确摆放、理顺话筒的连线。

2)及时问候

在电话铃响三声内用左手拿起电话(便于右手作记录),并报出旅行社名称或部门。接听电话时一定要客气委婉,音质甜美,音速适中,语言委婉流畅,让客户感到放心、舒服。

例如:"您好!这里是某某旅行社,请问有什么能帮到您的吗?"接到电话咨询旅游线路时,首先要赞美顾客的出游设想,让顾客觉得自己的选择是正确、明智的,强化其出游意愿,巩固其购买决心。

3)问需推介

这个步骤和现场销售的相关咨询过程类似,当得知顾客要参加旅游时,要询问顾客的姓名、旅游的方向、时间、人数、是否有老人和小孩随行、价格定位、随团还是自由行等信息,以便合理地向顾客推介旅游产品。

由于电话中无法察言观色,因此,销售人员要做到听音辨意,对于顾客的语调、停顿,要能辨析出其中的顾虑和疑惑,及时将产品的特色和与众不同之处一一列举,使顾客感到长处多于短处,从而坚定购买的决心。

4)登记信息

尽可能让顾客留下联系方式便于日后联系,即使在电话中没有取得推介成果,但至少掌握了这位顾客的出游意愿,假如日后旅行社有相关产品的话,就可以有的放矢地主动进行电话联系,并进行有针对性的推介,提高促销成功率。

因此,在接听电话时,停止手中、口中的其他一切无关活动,手中持笔,详细地将顾客的问题和要求记录下来,包括来电时间、来电者、通话内容,及时获取旅游信息,以便联系和提供日后签约时的现场服务。

【同步思考】

一天早上,旅行社销售员小程上班就接到了客户打来的电话说:有 18 个人要在半个月后去大连旅游,让小程给个行程并报价。小程答应尽快报价过去,但偏巧这天工作特别忙,到了下午 3 点,客人又打电话来催问,他也没给客户回复,请问小程犯了什么错误?

5)结束通话

通话结束时,要向对方的来电表示感谢,表达期待其进一步咨询或签约的期望。比如:"非常高兴能够与您通话!""谢谢您,希望能再次为您服务!"接听人员注意要等对方挂断电话后,才可放下电话以示礼貌,同时动作要轻。

通话结束后,根据电话内容决定是要推介其他产品,还是要制订个性的行程安排。根据顾客的出游决定,销售人员应再次回电给顾客,或者约见其上门详谈具体细节。而对于 VIP 客户或单位等大单客户,则需安排专人进行上门推介和签约服务。当给顾客回电时,应该用"您好,某某旅行社的某某"开头,再告诉对方你打电话的目的。并询问对方是否方便接电话,如果不方便,询问何时方便,会如期再打电话来。切忌在商务电话中啰唆、絮叨,除非对方请你重复;要用精练的职业语言,不要用唠家常的俗语。

6)记录整理

应定期整理来电顾客的问题,按照出游目的地、时间、预算、同行人数等要素进行分类汇总,以便分析旅游市场趋势、动态。

【拓展阅读】

接打电话的礼仪

1.听清楚客人表达的准确意思,如果没听清楚,要委婉地问一下。

2.语速恰当、流畅,语意简单明了、清晰。

3.不要大声喊着回答问题,这容易让客户误解你态度不好。如果接电话时所处的空间声音嘈杂,则应该向客户致歉,并征求客户的意见,更换通话地点,或留下号码稍后再拨。

4.努力加以修正和克服习惯性口头禅。

5.不要同时接听两个电话,这样很容易造成声音互相交错,两边都无法听清楚的情况。况且如果你跟这边说:"稍等,我接个电话",不仅不礼貌,而且接了另一个电话没法马上放下,这边等待的人是继续等也不是,放下也不是,会因此很不高兴。

6.接电话的同时要用最短的时间暗中回顾,并整理出谈话重点重复给客人听,让客户知道你已经完全掌握了他的要求。

7.在工作期间不要在办公室电话聊私事、唠家常。

4.2.2 网络销售业务流程

网络销售是指有潜在旅游服务需求的客户通过旅行社的在线资讯平台、即时通信软件、专业论坛等形式实时咨询或留言给销售人员,问询沟通旅游各方面问题的过程。目前许多旅行社都有自己的网站,网站页面中会设计有旅游线路查询、在线客服、QQ 在线、关注微信、客户留言、FAQ 等网络咨询板块或窗口。还有些旅行社也会通过旅游网上销售平台,如淘宝旅游、欣欣旅游、携程等,开展对客咨询、预订、销售等一系列服务。

【拓展学习】

旅游电子商务的定义和类型

旅游电子商务是旅游企业基于互联网络技术,运用电子手段实现旅游商务活动的过程。狭义地讲,旅游电子商务是在网上进行的旅游产品的电子交易,利用网络进行的各种旅游经营活动和商业活动,如网上宣传与营销推广、市场调查分析、财务核算和计划安排等。常见旅游电子商务的类型有:

1.旅游企业对旅游消费者电子商务(Business to Customer,简称 B2C),它是旅游企业通过电子手段进行产品与服务电子零售的交易方式,或者说是旅游消费者通过旅游网络平台进行网上旅游产品与服务的购买方式。

2.旅游企业对旅游企业电子商务(Business to Business,简称 B2B),它是旅游企业间通过电子手段进行销售和采购的交易方式。

3.旅游企业对政府电子商务(Business to Government,简称 B2G),它是旅游企业与政府部门间通过电子手段进行的旅游交易或其他联系,如政府部门运用电子手段进行公务旅行采购或咨询。

4.旅游企业对非旅游企业电子商务(Business to Enterprise,简称 B2E),它是旅游企业与其他非旅游企业间通过电子手段进行的旅游交易或其他联系。例如,旅游企业运用电子手段代理其他企业的商务差旅服务与管理,或旅游企业通过网络向其他非旅游企业进行采购等。

网络销售业务流程如下:

1)保持网络咨询畅通

进入办公室后第一时间打开电脑,同时整理好自己的办公桌和日常工作用品(笔、记录本等)并放置于案头。及时登录在线客服系统,保持在线客服联机状态。并且首先查看在线客服系统离线留言、网站留言及公司邮件,及时给予详细回复。若有售后问题或客户意见建议,应及时递交给相关负责人处理。在工作过程中也应抽出空闲时间随时检查留言和邮件。若在工作中突然遇到电脑死机或停电、掉线等突发情况,应在上线后立刻登录,查看留言信息,一一回复并对突发情况向客户作出解释并致歉。

2)及时答复咨询问题

若有客户发起对话,应第一时间向对方问候。(参照格式:您好,我是在线客服,很高兴为您服务。)对待客户要态度谦和、热情礼貌,客户态度不好时,必须保持耐心。当客户提出问题后,要及时给予回复。任何客户的咨询尽量做到在1分钟内回复,若因繁忙或暂时离开而无法做到时,必须开启自动回复。

当客户提出的问题需要花时间确认或查询的时候,需先向客户说明并表示歉意,让客户稍等。回复客户问题时,不得给客户模糊的解释。杜绝使用"不知道""不清楚"等模糊话语来回复客户的问题。若客户提出的问题不明白或不能确认时,不能随便回答。可请对方联系相关负责人,不得拖拉不处理。如果遇到相关人员不在而自己又无法处理的时候,需详细记录在案并及时通知相关人员,遇到不能直接回答的问题,应委婉回复。

【同步讨论】

你咨询过在线客服吗?谈谈你网络交易中遇到的在线客服。你认为在线客服应该有怎样的专业素质和服务态度?

3)记录整理

对话结束后,应将客户咨询内容记录下来,以便汇总和查询。按期填报"在线客服受理记录表",交营销部领导。

4)网络销售业务注意事项

《旅行社国内旅游服务规范》(LB/T 004—2013)规定:倡导旅行社通过互联网销售旅游产品。旅行社在通过互联网销售旅游产品时,应注意网站应经过许可或备案、具有经营资质,网站首页应载明旅行社名称、法定代表人、许可证编号和业务经营范围,以及原许可的旅游行政管理部门的投诉电话;提供的信息内容应符合法律法规、规章的要求。

旅行社通过互联网销售旅游产品,宜提供有效的联系方式或在线客户服务;清晰的网站注册、浏览、预订、报名、支付、取消等使用路径。旅行社可与游客自行约定,通过互联网或者非互联网方式签订合同、支付旅游费。

当在线咨询客户较多时,应一一为在线客户回复问题,未及时处理的对话要向客户表示歉意并请客户稍候。尽量避免因咨询客户堆积太多而影响服务质量,与客户交流过程中,注意文明用词,不得出现粗俗脏话等内容。多使用礼貌用语,如"您好""对不起""非常抱歉""不好意思"等。工作时间严禁利用在线客服系统做任何与工作无关的事(如与非客户聊天等)。平时需要熟悉旅行社产品、旅行社网站各板块、门市各业务流程,同时应不断提高文字输入速度。

【相关链接】

旅行社那些不得不说的"网"事

"亲,有什么可以帮您的"——这几年,在旅行社此起彼伏的咨询电话中,总会夹杂着"叮咚叮咚"的网络咨询提示音。散客化、在线化、移动化是当下旅游市场的趋势,而传统旅行社的优势在于线下,与游客获取信息的方式相脱节。为了争取更多的客源,很多旅行社纷纷选择与成熟的旅游平台合作,开设网店。对许多旅行社而言,在互联网平台开网店,比起与OTA合作,有了更多自主权,比起自己建网站,既节省了投入又减少了风险。据悉,这种简单而且快速地参与到旅游电子商务的成效比较显著,很多旅行社的网店销售额占到了总营业额的30%~40%。

不少业内人士分析,旅行社在网上销售旅游产品,不仅方便了游客购买,还提升了旅行社的销售额。比如,中国国旅(厦门)国际旅行社在携程网、淘宝网、欣欣旅游网、天猫等网站均开有网店,由于一些出境游的价格与国内游的价格相差并不大,非常受年轻人欢迎,网店预订是其报团的主要途径。

但是,时下对于不少旅行社而言,开网店可谓喜忧参半,喜的是网店越来越受年轻人追捧,加上推出的特色旅游线路,销售业绩比门店好;忧的是深受搜索排名、资金投入等困扰,品牌推广也成为最大瓶颈。另外,在线上,价格对比是快速、透明的,所以消费者的比价行为会比线下更普遍。一溜儿产品罗列下来,全国各地旅行社的开价一目了然,销量最高的,总是价格最低的,因此,在网上开店,成交量大并不意味着高盈利。如何破解这些问题已经成为摆在各大旅行社面前的最大难题。

"不同的旅行社,同一条线路很容易被游客找出来进行比较。"欣欣旅游网副总裁冯志国表示,谁的产品包装更加精美、信息更加准确、客服响应更加专业及时,谁就会在这场比较中胜出。对于如何突破网店营销的瓶颈,冯志国给出3点建议:

一是针对在线营销的特点,优化运营团队。举例来说,传统旅行社门店是早九晚五的正常时间,可线上游客大多数的访问时间都是在晚上的黄金时段,旅行社开网店以后,需要适当安排客服做好值班,才可以及时处理游客的需求。

二是要针对网络游客的需求,开发特色旅游产品。在线游客对于类似"机+酒""酒+景"之类的自由行产品的需求占比要远高于传统渠道的顾客。而这些产品又是传统旅行社,特别是中小旅行社所不擅长的,这就需要旅行社重新进行资源整合。

三是策划营销与推广活动。在线旅游平台犹如一个传统的商场,而旅行社网店则像是商场里的一个个专卖店。商场会踩着节庆定时地举办一些活动吸引游客,而对于旅行社来说,适时地配合推出自己的活动,或者是与平台一起共同推广,才能将熙熙攘攘的客人真的引入自己的店中。

总之,旅行社开网店,公司领导的决心甚为重要。如果已经认定了要走互联网这条路,就要有坚定的决心。互联网的用户习惯、关注点、人群特征等都与线下不同,旅行社要做的不是一件"搬家"的事,而是重新开始奋斗的事,一切都要重头分析、深入研究、逐步尝试。

(资料来源:中国旅游报)

【业界语录】

在互联网的透明世界里,顾客会选择具有独特性价比的产品,也会青睐独特的资源,打价格战的产品,并不能创造多少利润。价格只是打开了一个流量入口,关键还要靠旅行社用自身的产品资源提升顾客对旅行社网店的黏性。

——荷杭假期旅行社首席运营官兼杭州国际旅行社总经理,陈欣安

【教学互动】

◎学生两人一组分别扮演销售人员和游客,进行模拟对话,内容为电话或网络销售本小组的旅游产品。

◎学生两两一组,分别扮演旅行社网络客服和咨询客户,利用 QQ 即时聊天软件,模拟一段销售服务过程。

◎教师对学生的对话进行指导,帮助学生完善接电话的礼仪和网络销售的注意事项。

【完成成果】

◎记住接打电话的礼貌用语和电话销售的服务流程,为后续的现场咨询做好引入工作。

◎浏览某一旅行社的网站,看看其在网络咨询服务方面设置有哪些具体板块或窗口,截图后分组在班级中进行演示。

◎请学生分角色扮演旅行社销售人员和游客,将咨询的内容填写入表 4-1。

表 4-1　客户咨询登记及回访表

咨询日期	旅行社名称	联系人	电话	出团日期	人数	行程	报价	成行日期	没有成行的原因

任务 4.3　现场销售业务

【教学目标】

知识目标

了解咨询顾客的类型及顾客咨询问题的类型。

掌握现场销售人员的问语类型。

掌握现场销售业务的流程。

能力目标

能够面对面地为游客的询问给予迅速、准确的解答。

能够为游客提出合理的旅游建议,努力给顾客留下良好的印象。

能够有针对性地给游客推介旅行社产品。

【任务引入】

阅读下面的案例,思考:面对到旅行社咨询的客人,怎样解除其疑虑,找出合适的旅游产品推销给客人?

云南,怎么去更经济?

陈先生听朋友说云南旅游中有加点、加餐、进店等现象,对参团游心有顾虑。但是,旅行社优惠的机票、酒店价格又促使他来到旅行社,想通过旅行社去云南旅游。旅行社销售员小蒋面对这位拒绝云南常规旅游产品,也不相信云南纯玩团,但又有云南旅游意向的旅游咨询者介绍如下:

"除了团队旅游之外,您还可以选择我们旅行社的云南自助游产品,我们只为您提供机票和酒店服务。这是最能满足您去云南旅游心愿的方式。享受最自由自在的休闲度假,同时又最经济实惠的一项产品。"但客人陈先生听过后,还是有些将信将疑。

于是销售员小蒋就说:"上一周我们的客人胡先生一家三口去云南度假,由于参加了我们旅行社的自助游,在酒店和机票上都享受了旅行社提供的团队价格,其中仅机票一项就打到了4.5折,而如果自己预订机票,这段时间最低也只能打到6折。最后,胡先生一趟云南双飞、住四星级酒店的五日游,一家人总共节省了1000多元,比原来的预算便宜了很多。胡先生前天回来后还特意给我电话,说一家人玩得非常开心,又很经济,比团队旅游感觉好多了,很感谢我们旅行社的这款云南自助游产品呢!"

听完小蒋讲胡先生的实例后,陈先生很爽快地签订了"云南自助游"的旅游合同。

【任务分析】

上述案例中,销售人员针对旅游咨询者的具体情况——"既想去云南旅游,又不愿参加常规旅游,哪怕是纯玩团",通过胡先生的具体案例,获得了旅游咨询者的信任。

对于游客亲自前往旅行社咨询旅游的相关事宜,销售人员要面对面地为游客服务,其态度的热情程度、业务的精通程度、办事效率的高低,都体现了整个旅行社的管理和业务水平。所以,在工作中应该热情、礼貌地待客,对游客的询问要给予迅速、准确的解答,并提出合理的建议,努力给顾客留下良好的印象。

【相关知识】

现场销售业务是销售人员面对面地为游客提供服务,其业务流程为:

4.3.1 热情问候、询问需求

不管是顾客前来旅行社咨询,还是销售人员拜访顾客,销售人员见到顾客,都应用眼神来表达关注和欢迎,同时热情问候,并合理运用手势语言。

问候之后,销售人员可以开门见山地询问客人的旅游意向。出游目标明确的,可以及时出示相关产品;出游目标初拟和茫然的,则需进一步询问其具体出游要素,如去过哪些地方、有几天假期、同行几人、希望乘坐什么交通工具以及此次旅游预算多少等。

1)目标茫然型

这类顾客对于目标没有明确定位,可能对产品价位和出游时间也没有非常严格的限制,其比较有代表性的问语有："最近我想带父母一起出去玩,哪些地方比较适合我们?""你们旅行社近来有什么热推线路吗? 性价比要高点的。""这个时候哪个地方景色比较好? 最好人少点的地方。""我是学生,暑假产品里有哪些适合我的?"

如果遇到这类顾客,销售人员要做的就是帮助顾客明确"出游目标",询问其出游目的地的倾向,出游闲暇时间段、旅游预算、出行避讳(如哪些地方不去、什么交通工具不乘、住宿要求的标准)等问题,在掌握顾客各出游要素后,再挑选符合其出游意向的线路产品,介绍时要全面细致。同时,尽量客观地告诉顾客,哪些线路时间比较长,但可以欣赏到其他时间段不能看到的很多风景;哪些线路这个时间正是淡季,游客相对会比较少,不会出现人挤人的情况,等等。

2) 目标明确型

这类顾客与前一类型的顾客恰好相反,他们有非常明确的出游目标,一般不会轻易改变,对于自己的出游目标事先已基本做过"功课",有一定的了解。他们要么是对本旅行社情有独钟,慕名而来,要么是前来比较价格,确定最后签约旅行社。他们见到销售人员往往直接开门见山:"我是来报名参加你们新马泰十日游线路的,还没报满吧?""我在网上看到你们有个俄罗斯九日游的特惠线路我想报名。""去海南双飞自由行五星级酒店,你们的报价是多少?""你们海报上的这条线路如何? 给我介绍下。"

对待这类顾客,销售人员要能根据顾客的需求,有的放矢地详尽介绍相关线路的旅游六要素,尤其突出特色和与众不同之处,尽可能回答顾客的问询,对于比价的顾客则更需突出自身产品的优势所在。

3) 目标初拟型

这类顾客有一定的出游目标,但目标一般比较笼统,且不是很确定,如果有新的更好的线路有可能会更改自己的初衷;或是只有某一出游要素方面(时间、价位、目的地、同行人员等)比较确定。其比较有代表性的问语有:"这个月底我有个年休假,想一个人自由行,你们近期有什么自由行产品推荐吗?""我没去过欧洲,听说法国不错,你们有哪些去法国的欧洲游线路?""我们几个同学想一起去海边玩,但我们只有双休日有空,有什么线路适合我们的吗?"

对待这类顾客,销售人员需要在顾客给定的出游要素范围内给予有针对性的回答和推介,要把范围内各产品的区别之处告诉顾客,让其自行选择。假如范围太大时,可以进一步询问顾客的其他限定条件,以缩小推介范围。

【相关链接】
客户接待用语标准

1. 使用得体的问候语

现场销售时,销售人员要使用既生动又得体的问候语,如"有没有需要我服务的?""有没有需要我效劳的?",切忌使用生硬的语言,类似"找谁?""有事吗?"等。

2.使用简单明了的礼貌用语

销售人员要使用简单明了的礼貌用语,如"您好、谢谢、对不起"等,向客户展现销售人员的专业风范。

3.使用规范的普通话

销售人员要尽量使用规范的普通话。若客户使用方言,在可能的范围内,销售人员也可配合客户,以增进沟通效果。

4.使用客户易懂的话语

销售人员应尽量使用客户易懂的话语,避免直接使用所谓业务术语,如"系统占位""清位"等,要给予客户必要的解释,以免客户费解。

5.恰当使用关怀用语

销售人员要学会根据沟通环境变化不同的关怀话语,拉近与客户之间的距离。比如,当外面下雨时,一句"您带伞了吗? 有没有着凉?"的话语,就充满温馨的关怀,让客户产生宾至如归的感觉。

6.使用商量的口吻

销售人员与客户交谈时宜采用询问、商量的口吻,不应出现强迫或威胁的口气,那会让客户感觉不悦。

【同步思考】

旅行社销售人员除了要注意接待用语的使用外,还应注意怎样的体态语言? 你能跟同桌一起展示一下旅行社销售人员的目光语、微笑语、手势语等体态语言吗?

4.3.2 出示并推介产品

当了解了顾客的出游意向后,销售人员可以立即出示宣传资料给顾客,指出相关的各条旅游线路,使其初步了解线路名称、时间、出行日期和价格。当顾客正注意观察某条线路时,销售人员应简明扼要地介绍该旅游产品的亮点以引起顾客的兴趣,介绍线路时要直接、快速切入正题。像"需不需要我帮您介绍一下?""能不能耽误您 5 分钟?"等问法是不正确的,正确的问法是"请允许我来介绍一下。"

可以让顾客欣赏旅游产品的精美图片,最好将旅游线路产品制作成配文字图片的 PPT,或者关于线路的视频、光盘等。尽可能地让顾客想象、感受、体验旅游产品,比如通过网络信息、游客论坛中的评论,让顾客实际感知旅游产品的优点,以消除顾客的疑虑。当顾客对具体购买某种旅游产品还不确定时,可出示几种行程相似或价格相近的旅游产品供其选择,但并不是说出示的旅游产品越多越好,而是就某条具体线路产品向顾客进行重点详细的推荐介绍。

通过销售人员的推介,能够及时帮助顾客了解所推介的旅行社产品的特色和卖点,或者根据咨询者的需求,为其设计和组合旅游产品,从而促成其购买行为。

【业界语录】

"营销"这两个字强调既要追求结果,也要注重过程,既要"销",更要"营"。

——阿里巴巴集团创始人,马云

现场销售推介业务的流程如下(图4-4):

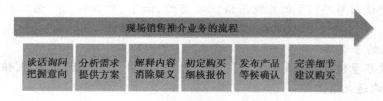

图 4-4　现场销售推介业务的流程

1)谈话询问、把握意向

通过与顾客的谈话交流,主动询问其出行的关键要素(目的地、时间、预算、人数、身份、年龄等),以此来了解顾客的出行意向。

2)分析需求、提供方案

在了解顾客的出行意向后,销售人员应在心中迅速分析其需求,并与本旅行社的产品进行配对,力求当即作出反应,给顾客提供一个或多个参考方案,并介绍提供这些参考方案的理由,由顾客进行比较和选择。

除非顾客提出本旅行社未曾经营过的旅游目的地,销售人员应尽量在现有销售的产品中为顾客进行行程安排方面的调整,而且调整内容越少越有利于之后的计调操作和费用核算。假如顾客要求前往本旅行社常规线路之外的旅游目的地时,销售人员可以推介其他替代或相关类似产品,也可以向顾客说明选择这条线路的确与众不同,但需要仔细安排落实行程和价格,敬请客人留下联系方式,便于之后沟通。

3)解释内容、消除疑义

当你把参考的出行方案为顾客展示后,应给他们一定的浏览或了解的时间。在他们表现出疑惑表情或提问时,销售人员应及时地进行详细解释,同时抛出本产品的"卖点",以消除他们心中的疑虑。

4)初定购买、细核报价

假如顾客流露出进一步了解产品详情的言行举止时,说明销售人员的推介有了成效,这时就需要继续趁热打铁、答疑解惑,说明该产品正是顾客所需求的,促成其购买行为的发生。

若顾客所需要的产品需要再次核价,当计调的核算工作较为简单时,只需顾客稍候片刻即可;若操作时间较长,则可敬请顾客留下联系方式,承诺待完成后第一时间联系或登门拜访。为了体现本旅行社工作的负责态度,应向顾客解释行程落实和团费核算工作的复杂性。

5)发布产品、等候确认

当行程设计和费用核算完成后,通过电话、邮件、传真等形式第一时间通知客人,对于大客户、新客户还可登门拜访,听取意见,避免因自身的时间拖延而造成客户的流失。在联系客人的过程中,销售人员应详细解释产品落实安排的情况,突出说明符合顾客需求的要点,给予顾客一定的考虑时间,等候其最后的确认,或再次提出修改意见。

6)**完善细节、建议购买**

当顾客表示认可或提出细微的修改后,销售人员应协同计调部门进一步完善和细化行程安排,同时应及时提出预付订金、签订合同的要求。

【同步讨论】

有人说:"旅行社销售人员的角色应该是旅游咨询者的'出游顾问',而不是一个急于实现销售的推销员。"你认为这种说法对吗?为什么?

4.3.3 建议购买

当顾客对推介的旅游产品没有其他异议时,就可以直接建议顾客当场购买;当顾客不满于推介的旅游产品时,则可以罗列其他相关产品,作进一步的推介;当顾客表示有待考虑时,仍需表示感谢,同时希望顾客带走旅行社的联系名片,或留下联系方式。建议购买的方法有:

1)直接建议法

当旅游咨询者对旅游产品没有异议时,就可以直接建议旅游咨询者购买,如"国庆节后到九寨沟玩,最合适不过了,秋天的九寨沟色彩最丰富、最美丽,现在的价格也最合适,比国庆节便宜了 760 多元钱! 您看我现在帮您报名怎么样?"

2)双项选择法

这是采用含蓄的方式促使旅游咨询者作出购买决定的方法。双项选择法是询问旅游咨询者要买哪种旅游产品,而不是让旅游咨询者在买与不买之间进行选择。在选择的范围上,一般不超过两种,否则旅游咨询者难以作出决定。例如,可让旅游咨询者在诸如去云南的"昆明、大理、丽江",还是去四川的"九寨沟、黄龙"两条线路之间进行比较选择,或者是在去四川的"九寨沟、黄龙"双飞还是四飞之间选择。(图 4-5)

图 4-5 建议购买的方法

3)化短为长法

旅游咨询者对旅游产品的缺憾犹豫不决时,应该将旅游产品的优点、缺点全部列举出来,使旅游咨询者感到长处多于短处,促进旅游咨询者对旅游产品的信心。

4)机不可失法

这是让旅游咨询者感到错过机会就很难再买到,从而坚定旅游咨询者购买决心的方法。例如,特价、折扣、淡季促销、会员优惠等。运用机不可失法使旅游咨询者感到:若现在不下定决心购买,以后不是买不到,就是价格上涨。但这种方法只有确认旅游咨询者喜欢该项旅游产品才可使用,否则会事与愿违。

5）印证法

旅游咨询者对旅游产品的个别问题持有疑虑、迟迟不愿作购买决定时，可介绍其他游客购买此项旅游产品后的满意度来印证之前所做的线路介绍，或淡化旅游产品的问题，消除旅游咨询者的疑虑。但所介绍的事例要让旅游咨询者感到是真诚的，而不是强行推销。

6）奖励法

这是一种通过向旅游咨询者提供奖励，鼓励旅游咨询者购买某项旅游产品的方法。这种方法与用削价出售旅游产品的方法相比，它不会让旅游咨询者产生旅游产品本身价值就低，或认为该项旅游产品有缺憾或者卖不出去的错觉，反而使旅游咨询者感觉到意外的惊喜。采用向旅游咨询者提供奖励的方法，可以使旅游咨询者更乐意购买，使得购买之旅也非常快乐。

洽谈结束时销售人员可以直接假定顾客已经购买本旅行社的产品，所做的只是帮助顾客对产品使用的介绍。例如，针对一位想去庐山的顾客，可以说："这个季节去庐山最凉爽了！我们这里38℃高温，白天晚上没有空调没法过日子，但庐山的白天也只有21℃左右，您还要带一件长袖去！还有，带个轻便的雨伞，到三叠泉瀑布玩时就不怕水了……"这样的谈话，轻松愉快，似乎不是在做交易，而是朋友间在谈一种感受，相互之间的距离一下就被拉近了。

要以将再次见面的心情告别顾客，可用"非常感谢您付出的宝贵时间，有什么疑问请随时与我联系""我们确认好，会再次联系您""那我们就明天签合同时再见啦"等礼貌用语。要以真诚的态度，待顾客移出视线时，才可结束送别仪式。

【拓展阅读】

游客经常问的6大问题，销售人员怎样回答才是完善的答案？

1.去旅游，什么地方最好玩？

可以回答客人：您没去过的地方都值得去。但是如果非要选择性地去，那么就看个人情况。如果您喜欢小桥流水人家，去江南；如果您喜欢历史和文物，去古都；如果您只是喜欢躺在酒店里，吃饱就睡，睡醒就去晒太阳，去海南；如果您要刺激点的，去香港血拼。总之，公司的旅游产品非常丰富，只有你想不到的，没有我们做不到的。

2.你能保证这个线路一定好玩吗？

可以客观地告诉客人，不能。因为那是您的旅行，不是我的。作为旅游产品的销售者，只能告诉您，这个产品有什么特色，有什么亮点。旅游是一种经历，每个人对事物的理解不同，得到的感受也会不同。旅游中也会发生很多不能预见的问题：有些人在机场延误几个小时甚至一整天，而有的人一路畅通无阻，还会遇上空前的好天气。但是，这些不同的情况，本身也是旅游收获的一部分。如果您需要一个设想和体验完全一致的旅程，您可以在家看纪录片。总之，有一个好的心态和一双善于发现美的眼睛，去哪里都是风景。

3.你能保证这个价格一定是最低价吗？

可以客观地告诉客人，不能。因为即使是同一家旅游公司的产品，去旅游的时间不同（旅游有淡季、旺季之分），报名的渠道不同，报名时间不同（有的人提前15天，有的人临时提前一天），亲疏关系不同（比如亲属价），人数不同（有些人同时去十几个，有的人一次去一个），都会有不同的价格产生。而不同的旅游公司，都会有自己主推的产品和特价产品。所以，旅游报名不要一味追求最低价，只要差不多和同期市场水平一致，您需要考虑的是旅行社对您的服务承诺，而不是价格。

4.导游有推介的自费项目，我一定要去吗？

可以回答客人，做旅游的人也是懂法律的，没有强迫消费这种概念。所以，这个问题的答案是：当然可以不去！从理论来说，您一分钱都不花，也一定会安全顺利回到家。但您没参加自费项目也许会影响您旅游的感受，出门一趟，当然要尽可能地多看看，多尝试，旅游才更有意思，您说对吗？

5.所有价格的旅游产品，各有什么优劣？

可以回答客人：最便宜——参团。如果您想要最划算的价格，您就按照市场同期价格，参加团队。缺点：如果一个3000元的产品，市场报价只有2500元的话，那么您在旅游目的地需要消费最少1000元。因此参团旅游最好理智考虑是否该参加低价团。

最贴心——私人定制。如果您需要更适合自己的旅行，可以根据您的需要，要求旅行社为您私人定制。想要住哪个星级酒店就住，想不去购物点就不去，想睡到自然醒就睡到自然醒。这样的产品价格会比传统的旅游团队稍贵，但是绝对比您自己去便宜很多。

最自由——自由行。自由行，您得做好功课，选好卖家，有足够的体力和耐性，而且自由行产品的价格通常比参团贵。

6.旅行社门店有何优势？

可以回答客人：网络报名的快速便捷和多样选择，是如今这个网络时代无法否定的事实。如果你喜欢找人聊天说话、拉家常，请您选择旅行社门店。如果您是那种在网上交易之后就回家后悔的，请您选择旅行社门店。

有些人喜欢工作人员把合同和行程全部念给他听，这个服务估计也只有旅行社门店可以做到。网络产品丰富、快捷、程序化，旅行社门店虽然传统，但是更加让人信任，更贴心，而且门店是一对一的服务，网上不可能每次做到，因此门店服务更周到。用良心做旅游的人在线上和线下都会用良心做。

【教学互动】

◎学生两人一组进行模拟对话，内容为现场销售本小组的旅游产品。

◎教师给定某一产品（如港澳线）的五个不同线路（如观光、度假、购物、商务、蜜月等），请学生讲述不同线路的共同点和区别，以及各自的特点。

◎教师对学生的对话进行指导，帮助学生完善现场咨询。

【完成成果】

◎记住现场销售业务的流程。

◎以某一咨询服务的类型(如目标茫然型)为例,要求学生在给定的出游要素范围内有针对性的回答和推介,要求学生把范围内各产品的区别之处告诉顾客。

任务 4.4　办理出行手续

【教学目标】

知识目标

掌握旅游合同需要填写的事项和签订合同的注意事项。

掌握行前通知的内容,需要给客人的文件(如行程表、行程须知等)。

能力目标

能签订旅游合同。

能收取费用并开具票据和录入系统。

能给客人发行前通知。

【任务引入】

阅读下面的案例,思考:销售人员在与客人签订合同时,应该尽哪些告知义务?

孩子参加浮潜意外受伤　父母状告旅行社索要赔偿

暑假期间,许先生夫妇二人带着刚刚结束高考的儿子参加了某旅行社组织的新马泰旅游。许先生代表一家三口与旅行社签订了"出境旅游合同"。该合同载明:自费项目,游客自愿参加,请注意自身安全及财产安全。

依约支付了旅游费用人均 5000 元后,许先生一家踏上了旅程。旅行中,在旅行社领队的带领下,他们和其他游客一起自费参加了当地的海洋潜水项目。潜水结束后,返回岸上的途中,许先生的儿子突然摔倒受伤,旅行社的领队及地接社的导游等人在联系相关人员对其进行急救后,将其送达当地医院进行治疗,医院诊断为:晕倒(异物绊倒)致溺水。治疗期间,许先生夫妇为此支付了医药费 1 万余元,并不得不终止了剩余的旅程,一直陪护儿子直至出院。

回国后,许先生代表其子将旅行社告上了法庭,认为该旅行社只是在旅程中对游客进行了简单的安全告知,并未提供旅游线路产品的详细说明书,亦未垫付相关医疗费用,对此存在过错,故要求该旅行社赔偿其子医疗费、护送费、护理费、住院伙食补助费、翻译费等损失近 2 万元,并返还旅游团费 5000 元。对此,旅行社答辩称,许先生之子摔倒系其自身原因所致,旅行社已尽到提醒、警示及救助义务,并不存在过错,故不同意赔偿其损失。

法院经审理认为,许先生一家与旅行社所签"出境旅游合同"合法有效,双方均应依约履行。许先生之子已年满 18 周岁,属于完全民事行为能力人,应充分认知到在水中行走时需谨慎慢行,但其未能予以足够注意,并因此摔倒而受伤,其自身行走不当是造成此次受伤的直接原因。同时根据查明的事实,双方所签旅游合同中明确载明自费项目属于游客自愿参加,且游客应注意自身及财产安全,且旅行社在潜水之前已对包括原告在内的全部游客告知了相关安全注意事项,同时,在原告摔伤后,旅行社也及时将其送至医院救治,充分履行了安全保障义务,已尽到了必要的提示、协助及处理义务,故不应对原告所受损害承担赔偿责任。但鉴于原告在旅行过程中受伤,影响了随后的行程,致使涉案旅游合同无法继续履行,故根据该合同的实际履行情况,酌情判令旅行社退还原告旅游团费2500元,并驳回原告其他诉讼请求。

（资料来源：中国法院网）

【任务分析】

旅游合同是对游客和旅游组织者双方权利义务的约定,一旦发生纠纷,该合同就是各方主张权利、承担责任的重要依据。旅游合同通常采用格式合同的形式,即旅行社事先拟订好主要合同权利义务条款的、模式化的合同版本,作为销售人员,要建议游客在签字之前最好完整地将全部合同条款逐一看完,对于其中涉及双方主要权利义务,尤其是限制游客权利、减免旅行社责任的条款以及需要另行支付费用的项目条款要充分研读。

销售人员遇到游客不懂的条款或名词要事无巨细地解释清楚,如景区门票是否包含特定核心景区、行程是否包含早餐费用、护照和签证的办理费用是否包含在团费中、入住酒店的星级标准、旅游费用是否包含返程交通费、不可抗力具体包括哪些情况等,切忌因为贪图方便而签订合同,致使客人在消费过程中因不清楚情况引发不满和投诉。

【相关知识】

在完成旅游产品推介后,销售人员需与游客签订书面的旅游合同,收取相关费用、开具发票,登录系统,才能正式确立双方的服务与被服务的权利义务,这是维护游客和旅行社合法权益的基本保证。因此当游客决定购买旅行社产品后,应及时为其办理相关手续。

4.4.1 办理出行手续的要求

1）国内旅游办理出行手续的要求

《旅行社国内旅游服务规范》（LB/T 004—2013）规定,接受游客报名时,销售人员应准确告知游客办理旅游手续的资料要求,认真审验游客提交的旅游证件及相关资料物品,以保证其符合旅游相关手续的形式要求;如游客办理旅游意外保险,还应保证其符合办理旅游意外保险的形式要求;关注游客提出的特殊要求（住宿要求、宗教信仰、饮食习惯等）,以确保所接纳的游客要求均在旅游经营者服务提供能力范围之内。

该规范强调游客应了解合同内容,特别是合同的补充协议、合同中的免责条款及特别约定的事项;销售人员应向游客说明所报价格的限制条件、成团的人数要求、不成团的相关约定等;与游客交接参团旅游资料时,应填写资料交接单据,完善交接手续;将游客的特殊要求和所作承诺及时准确地传递到有关工作环节。

2）出境旅游办理出行手续的要求

《旅行社出境旅游服务规范》（GB/T 31386—2015）规定,接受游客报名时,销售人员应向游客提供有效的旅游产品资料,并为其选择旅游产品提供咨询;告知游客填写出境旅游有关申请表格的须知和出境旅游兑换外汇有关须知;认真审验游客提交的旅游证件及相关资料物品,以使符合外国驻华使领馆的要求,对不适用或不符合要求的及时向游客退换;向游客/客户说明所报价格的限制条件,如报价的有效时段或人数限制等;对游客提出的参团要求进行评价与审查,以确保所接纳的游客要求均在组团社服务提供能力范围之内。

该规范要求销售人员与游客签订出境旅游合同及相关的补充协议,应提供"旅游线路产品说明书"作为旅游合同的附件;接受游客代订团队旅游行程所需机票和代办团队旅游行程所需签证/注的委托;计价收费手续完备,收取旅游费用后开具发票,账款清楚;提醒游客有关注意事项,并向游客推荐旅游意外保险;妥善保管游客在报名时提交的各种资料物品,交接时手续清楚;将经评审的游客要求和所作的承诺及时准确地传递到有关工序。

【同步讨论】

办理国内旅游出行手续和办理出境旅游出行手续有什么不同?

4.4.2 签订书面旅游合同

旅行社与旅游者签订书面旅游合同时,可参照国家旅游局、国家工商行政管理总局共同制定的《团队境内旅游合同》(GF-2014-2401)、《团队出境旅游合同》(GF-2014-2402)、《大陆居民赴台湾地区旅游合同》(GF-2014-2403)。

1)旅游合同的内容

旅游合同是指旅行社与旅游者(团)双方共同签署并遵守、约定双方权利和义务的合同。旅行社应使用旅游行政管理部门和工商行政管理部门联合推行的示范文本。旅行社应严格履行与旅游者签署的旅游合同,并提供符合约定的旅游服务。如因客观原因,旅行社需变更合同内容的,应与旅游者基本协商一致并签署书面变更协议或取得旅游者书面确认。

《旅行社国内旅游服务规范》(LB/T 004—2013)规定,旅游合同应包括以下内容:旅行社的名称及其经营范围、地址、联系电话和旅行社业务经营许可证编号;旅行社经办人的姓名、联系电话;签约地点和日期;旅游行程的出发地、途经地和目的地;旅游行程中交通、住宿、餐饮服务安排及其标准;旅行社统一安排的游览项目的具体内容及时间;旅游者自由活动的时间和次数;旅游者应当交纳的旅游费用及交纳方式;旅行社安排的购物次数、停留时间及购物场所的名称;需要旅游者另行付费的游览项目及价格;解除或者变更合同的条件和提前通知的期限;违反合同的纠纷解决机制及应当承担的责任;旅游服务监督、投诉电话;双方协商一致的其他内容。

2)签订旅游合同的要求

(1)签订合同的前提

销售人员在签订旅游合同前,要确认客人已付清全额费用,若客人已付定金,有部分余款后付,应在合同中明确并标注付清全款日期,并执行欠款审批程序,方可签订合同。

收取费用时一定要做到"三唱一复"。"三唱"即"唱价"(确认旅游咨询者所购旅游产品的价格）、"唱收"（确认所收旅游咨询者现款金额）、"唱付"（确认找给旅游咨询者余款金额），"一复"即"复核"（确认所付旅游产品的价款与收进费用相符）。

收取费用时，销售人员应主动口头向游客表示感谢，赞扬游客的选择，并请其对该项旅游产品的质量和旅行社的服务放心。

（2）签订合同的要求

销售人员在签订合同时，应熟悉国家旅游局的规范合同文本、当地旅游管理部门和工商管理部门制定的地方性旅游合同文本，掌握合同的全部详细条款，并具备深入浅出地解释相应法律、法规知识的能力；明确合同关系中有关双方权利与义务的条款，特别要注意哪些是旅行社要承担的义务、旅行社享有哪些权利、游客要承担哪些义务并享有哪些具体权利等细节；还要特别注意与游客的特殊约定一定要写入补充条款或者协议条款中，并且表述明确、翔实；合同签订好后，如需要更改合同内容，一定要有文字记录和游客签名。

旅行社与游客签订旅游合同时，应符合以下要求：

①合同上的空白格应全部填充，无内容时应用斜线画掉；

②旅行社和客人双方都要填全各自信息情况，客人若以单位名义签订，应加盖单位公章或合同章；客人若以个人名义签订，应亲自签名，并写上经办人或客人姓名及有效证件号码、联系方式；

③合同填写的字迹要清晰，意思表达要准确；

④游客的自身情况由游客提供或填写（如身体状况等）；

⑤游客是未成年人的，旅行社应与游客监护人签订合同；

⑥合同原件一式两份，客人和销售部门各持一份；

⑦旅行社与游客签订的旅游合同、收取的游客文件资料，应至少保存两年；

⑧旅行社应对游客因签订旅游合同提供的个人信息采取保密措施，防止信息泄露。

【业界语录】

抓住"价格关、合同关、购物关"三个重点环节，统筹协调、上下联动、齐抓共管，严肃查处一批违法违规旅游企业，坚决治理旅游市场乱象，切实优化旅游发展环境。

——国家旅游局副局长，王晓峰

3）签订旅游合同应注意的问题

旅行社在与顾客签订旅游合同时，为了维护双方的权益和规避风险，应注意以下几个问题：

（1）参团者的要求问题

应要求游客提供与旅游活动相关的个人健康信息，并以书面形式予以确认。为了防范旅游风险，老年人参团时，最好要求客人提供医院体检证明。儿童（18岁以下未成年）报名签合同，需在监护人的监督下签订合同，并提交家长书面同意出行书，不能单独与未成年人签订旅游合同。旅行社对游客提供的资料应在形式上进行审核，以保证其符合办理旅游意外保险及在出境旅游服务中办理签证的相关形式要求。

（2）旅游行程安排问题

旅游行程安排单一般由旅行社计调或专门的产品策划部门人员制订,在与顾客签订合同之前预先打印好。销售人员应就行程中吃、住、行、游、购、娱等项目逐一向客人解释清楚,如:

旅游行程中餐饮服务安排及其标准方面:旅行社一般不负责大交通旅途过程中的用餐,尤其是火车、飞机以及邮轮上的用餐,所以销售人员应说明整个旅游过程中旅行社要负责几餐,几顿正餐几顿早餐,每餐几个菜,几荤几素,几凉几热,主食是什么,有多少,几人一桌,正餐的标准金额,如超过或不足 10 人一桌,菜品数量依人数酌情增加或减少等内容。

旅游行程中住宿安排及其标准方面:对于不挂星的饭店最好向顾客说明是否为标准间,有无空调或暖气,有无 24 小时供应热水,有无一次性洗漱用品等详细信息;对于相对简陋的农家乐等住宿条件,应说明是几人间,有无热水,有无室内卫生间,能否洗澡,是否有电视、电话;若是市区的便捷酒店,是否是无窗房等详细信息。单房差的解决办法要写清(如拼房、住三人间、补单房差及金额等)。

旅游行程中交通安排及其标准方面:明确说明交通工具的种类、档次或具备的功能,对汽车团应说明有无空调、多少座位等内容,注意避免出现"豪华车"等字样,以免引起不必要的麻烦;对于火车团,则应该说明是硬座还是软座,卧铺是硬卧还是软卧;对于乘坐飞机的应该说明是经济舱还是公务舱,能否升舱,能否退改签票;乘坐游轮(邮轮)应该说明是几等舱、几层,内舱还是外舱。

旅游行程中景点安排及其标准方面:对于游览的景点,要说明共有几个,名称是什么,是需要门票还是免费开放,有些景点除大门门票外还会有小门票(如登塔费、内部展览参观费等),旅行社一般只提供景点大门票,小门票则由游客自费。另一方面,合同中必须规定每个景点的大致游览时间。

旅游行程中购物安排及其标准方面:《中华人民共和国旅游法》实施后,旅行社安排的购物次数、停留时间及购物场所的名称通常是以补充协议的形式纳入合同范围,销售人员要明确告知游客,客人在知晓并同意由旅行社安排购物点后,应请客人签字确认。

（3）安全提示问题

《旅行社安全规范》(LB/T 028—2013)规定,与旅游者签订的旅游合同中,应有专门的条款约定双方的安全责任。对特种旅游产品应编制专门的旅游合同,或在现有旅游合同中设置专门的安全条款,制定专门的保险合同或条款。应建议旅游者购买个人旅游意外保险,以防范旅游过程中的各类风险。招徕无民事行为能力或限制民事行为能力的自然人参加旅游活动的,应与其法定监护人订立含有安全条款的旅游合同。

销售人员在签订合同的同时,还需要给客人提供两份参团须知或安全告知书之类的文书,并由客人阅读后亲笔签名,一份交给客人,一份旅行社留档,与合同一同保管。

（4）费用支付问题

销售人员应跟客人说明团费的支付方式、时间、团款金额、团费内是否包含旅游意外保险等事项。企事业单位旅游时会采用分期付款方式,因此还需约定好收尾款时间。

（5）陪同派遣问题

国内旅游团当成团人数低于一定人数时(一般为 15 人),旅行社为了节约成本,降低报价,一般不派全陪导游陪同前往旅游目的地,或者是自组成团的企事业团体为节约费用,也会提出旅行社不必派全陪导游陪同。旅行社将游客送上飞机,抵达目的地后,由旅游目的地的地接社工作人员接机、接待,这种情况需预先向顾客说明,但出境旅游应根据规定必须派遣领队。

【相关链接】

改革创新:佛山市在全省率先推广旅游电子合同助推智慧旅游建设

为促进我市旅游行业信息化、智能化发展,推动我市传统旅游行业监管方式向现代管理方式转变,努力提高游客、旅游企业的合同意识,提升旅游服务质量和旅游主管部门行业监管及资源整合能力,助推我市旅游产业发展,2017年3月开始,我市在全省率先推广使用旅游电子合同,受到了游客及旅行社的一致认同,并获得了广东省旅游局的高度肯定。

旅游电子合同是将传统纸质旅游业务合同电子化,通过现代信息技术,实现旅游合同的网上填写签署、修改审核、上传备案、统计分析、监督管理等全套流程。与传统的纸质旅游合同相比,旅游电子合同由于采用了环保的电子形式签约,具有实时、规范、便捷、安全、唯一五大优势,为游客提供了方便和安全保障。同时旅游行政管理部门可以通过电子平台查看签约情况和游客的出游反馈,监督旅行社的服务质量。

以旅游电子合同为基础的电子平台,是服务旅行社、游客、管理者的综合性平台,对提高旅游质量,建立综合性、开放式全域旅游新格局,规范合同管理、杜绝合同纠纷发挥了积极的作用。旅游电子合同的推广使用,取得了以下成效:一是打造游客评价功能,反馈真实客诉;二是完善应急功能,跟进实时救援;三是统计精准数据,掌控市场动态;四是创建全流程管理体系,解决旅行社实际需求;五是多场景应用,优化游客体验。

2017年3月以来,市旅游局联合相关单位,积极协调、稳步推进,组织全市旅行社开展电子合同业务推广培训,并向全市50多家旅行社免费提供130多次上门培训和回访。截至2017年8月底,已为全市28家主要旅行社开通了366个旅游电子合同账号,完成旅游电子合同1600多份,签约游客超过6500人次,旅游电子合同得到了旅游行业和市民的广泛好评。下一步,市旅游局将在取得阶段成果的基础上,认真总结经验,加大推广和培训力度,力争到2017年底在我市全面使用旅游电子合同,为佛山乃至全省旅游行业管理做出积极的贡献。

(资料来源:佛山市旅游局)

4.4.3　收取相关资料并录入系统

1)收取相关资料

销售人员在为客人办理手续时,要收取相关资料,比如:

（1）护照资料

销售人员要注意查验客人的护照有效期是否在半年以上(自出发日期起);护照上的签发地是否适用于目的地国家;护照上是否有足够的签证页;护照的最后一页是否有本人签字。

（2）签证资料

销售人员要注意客人的相片是否符合规定;前往国家或地区的签证申请表是否填写正确;

前往国家或地区的签证是否按要求完整齐备。

2) 录入旅行社系统

目前,几乎所有旅行社内部的办公和业务运营都已做到信息化,通过软件系统平台来进行和完成各项交易。因此,旅行社的每一笔交易都必须进行系统登录,才能确保游客的出行。录入系统的步骤如下:

①订单录入:客人详细资料(姓名、性别、出生日期、联系电话、家庭住址、邮编等);证照信息(证件号码、签发地、有效期等);特殊要求标注(机票、儿童、分房、素食等);付款方式及金额;特殊优惠及附加费。

②订单提交确认。

③记录订单号和团号。

④再次确认客人参团的各类信息及收款金额,确认无误后提交完成订单。

⑤确认提交订单不在欠款审批状态。

【同步思考】

销售人员将客人报名资料录入旅行社系统有什么作用?

4.4.4 发出团通知

1) 发出团通知的要求

《旅行社国内旅游服务规范》(LB/T 004—2013)规定,旅游者出发前,组团社应向旅游者提供国内旅游产品、销售服务和选择旅游辅助服务者;旅游产品发生变化时应及时与旅游者沟通协商;根据合同约定和报名情况(包括旅游者名单、住房安排、特殊要求等),与旅游辅助服务者书面确认最终接待计划并保存记录;旅行社在团队出发前应向旅游者发放"出团通知书",告知旅游者旅游行程中尚未明确的要素、旅游目的地联系人的具体接洽办法和应急措施,出境团队出发前还应召开行前说明会。

出团通知服务的主要工作是将具体的出行时间安排、往返交通工具班次时间、集合地点、目的地情况、安全注意事项等具体出行内容告知游客。出团通知的服务环节在不同的旅游产品操作时,各有不同之处,负责出团通知的人员可能会是旅行社的销售,也可能会是计调。

2) 出团通知书的形式

出团通知书的形式主要分两种:

一种是在顾客签订旅游合同的同时,当场向顾客进行出团通知。出团通知的具体内容包含在旅游行程安排单中,或者单独打印"××团队出团通知书"或"××团队旅游出行注意事项"等书面材料交予顾客,对其中的关键内容再进行口头重点强调。

另一种是在顾客签订旅游合同之后,等计调和票务人员将具体行程安排全部落实完成,再通过电话、电子邮件、信件寄送或邀请游客上门领取等形式进行出团通知。而对于重要顾客或单位公司集体顾客,一般由专门的客服或销售接待人员前往顾客所在地,携带"××团队出团通知书"或"××团队旅游出行注意事项"等书面材料,亲自登门进行出团通知。

3)出团通知书的内容

对于自组成团产品,在组团同时旅行社计调就基本完成了具体行程安排的落实工作。而对于散客拼团产品,在游客完成旅游合同签订之后,相关旅游产品的具体行程安排落实工作就会转入旅行社的后台计调操作。在计调完成相关行程安排的落实之后,旅行社才会安排服务人员将具体的行程安排通知顾客。出团通知书的主要内容包括:

①旅行团具体出发时间及集合地点。

②出发交通工具的航班或车次、起飞或发车时间,需提前抵达的时间。

③介绍导游的相关信息:姓名、性别、联系方式等,对于特殊或重要团队,可以介绍得更加具体全面些,凸显在导游选派方面的针对性和专业性。

④具体详尽的行程安排,包括旅游的吃、住、行、游、购、娱六要素等。假如具体详尽的行程安排已附在旅游合同的"旅游行程安排单"中,则在出团通知时可以省略,或挑选其中重要的、有特色的内容进行说明。

⑤前往旅游目的地天气、特产、风俗习惯等基本情况以及当地的电压、电器插座类型,酒店是否提供洗漱用品,酒店和行程中自费项目、时差、货币兑换、通信、购物退税、外事等内容。

⑥对可能危及游客人身、财产安全的事项和需注意的问题,向游客作出真实的说明和明确的警示。

⑦发放旅行纪念品(如太阳帽、旅行包等)和安全保障卡,并请游客亲笔填写其中个人信息(包括游客的姓名、血型、应急联络方式等)。

⑧告知本旅行社的紧急联系人和联系电话、旅游目的地的地接旅行社名称、紧急联系人联系电话,并告知出入境行李及物品携带规定。

⑨提出文明旅游,倡导游客践行。

【相关链接】

中国公民国内旅游文明行为公约

营造文明、和谐的旅游环境,关系到每位游客的切身利益。做文明游客是我们大家的义务,请遵守以下公约:

1.维护环境卫生。不随地吐痰和口香糖,不乱扔废弃物,不在禁烟场所吸烟。

2.遵守公共秩序。不喧哗吵闹,排队遵守秩序,不并行挡道,不在公众场所高声交谈。

3.保护生态环境。不踩踏绿地,不摘折花木和果实,不追捉、投打、乱喂动物。

4.保护文物古迹。不在文物古迹上涂刻,不攀爬触摸文物,拍照摄像遵守规定。

5.爱惜公共设施。不污损客房用品,不损坏公用设施,不贪占小便宜,节约用水用电,用餐不浪费。

6.尊重别人权利。不强行和外宾合影,不对着别人打喷嚏,不长期占用公共设施,尊重服务人员的劳动,尊重各民族宗教习俗。

7.讲究以礼待人。衣着整洁得体,不在公共场所袒胸赤膊;礼让老幼病残,礼让女士;不讲粗话。

8.提倡健康娱乐。抵制封建迷信活动,拒绝黄、赌、毒。

（资料来源：中国国家旅游局官网）

中国公民出国（境）旅游文明行为指南

中国公民，出境旅游，注重礼仪，保持尊严。

讲究卫生，爱护环境；衣着得体，请勿喧哗。

尊老爱幼，助人为乐；女士优先，礼貌谦让。

出行办事，遵守时间；排队有序，不越黄线。

文明住宿，不损用品；安静用餐，请勿浪费。

健康娱乐，有益身心；赌博色情，坚决拒绝。

参观游览，遵守规定；习俗禁忌，切勿冒犯。

遇有疑难，咨询领馆；文明出行，一路平安。

（资料来源：中国国家旅游局官网）

4）行前说明会的内容

除了出团通知书外，导游或领队还会在出发集合地给游客开一个行前说明会来说明出团的注意事项。但有时候，针对一些比较重要的单位团体旅游，销售人员或该团的计调、导游或领队、经理也会专门组织召开行前说明会。所以除了导游或领队，相关人员也要熟悉行前说明会的内容，行前说明会的内容可参照本书 4.4.4 中出团通知书的内容。

【拓展阅读】

某旅行社前往日本的团队出团通知书

团号：JPN07B-2F-0721-17+1 日本 7 日游	人数：17+1 领队
领队：×× ×××××××××	国内紧急联络人：×× ×××××××××
日本导游：×××080-4057-××××	
出发日期/返回日期	07 月 01 日/07 月 07 日
集合时间与地点	请客人携带好第二代身份证原件于 07 月 01 日早上 10：00 前到达机场国内出发厅与领队汇合。
航班 CKG　重庆国际机场 PEK　北京国际机场 HND　羽田国际机场 NRT　成田国际机场	07/01 CA1432 CKGPEKKK26_x001D_ 1200 1425 07/01 CA183 PEKHNDKK26_x001D_ 1710 2130 07/07 CA926 NRTPEKKK26_x001D_ 1515 1810 07/07 CA986 PEKCKGKK26_x001D_ 2015 2225 （参考航班，以最终出票为准） 备注：欢迎加入赴日旅游的团队，为了整团出行顺利，请您于以上集合时间准时集合。因出境手续烦琐，请各位团员务必准时到达集合地点，过时不候，因客人迟到所造成的损失，由客人自行承担！根据日本大使馆规定，客人在境外一律不得擅自离团活动。

温馨告知：

1.因7、8月份是日本旅游旺季，日本交通会非常挤塞，行车时间难以预计，游览景点、用餐地点人流量又较多，在此情况下需要各位的配合及耐心等候，配合领队和导游工作，谢谢！

2.安排的酒店均为两人间，旺季若标间爆满会免费提升单人间或其他房型或分酒店入住等，请配合领队和导游的协调工作。

3.因自然原因和社会原因引起的事件，如自然灾害、罢工、台风、大风雪、政治、战争、重大传染性疫情、航班取消或更改时间等，交通延阻导致赶不上飞机或是影响行程及其他不在旅游公司控制范围内情况所导致的额外费用，都由客人自行承担，组团社及地接社尽力协助处理，但不承担任何责任及费用。

4.日本政府要求旅游巴士司机每天12小时工作时间（早上8点至晚上8点）。因此如因天气或塞车等不可抗力的因素以致行程未能完成，客人需配合导游调动或删减行程，请配合领队和导游的协调工作。谢谢。

注意事项：

1.按航空公司规定，所有航班必须按顺序乘坐，若有航段未使用，后面的航段航空公司会予以取消，导致无法正常出行，所有风险由客人自己承担，后果自负，团费不予退还！特别注意：根据国家新修订的《中华人民共和国居民身份证法》，自2013年1月1日起停止使用第一代居民身份证，全面使用第二代居民身份证。第一代居民身份证将作废，无法用于购买飞机票，也不再作为有效乘机证件。

2.特别提醒：请客人务必在规定的时间内到达指定机场办理相关手续，同时北京中转的客人，请务必至少提前3个小时到机场集合并主动积极联系领队。

3.客人千万不要携带海关限制的违禁物品过关，包括所有相关的"损害他人身体"的物品等，否则必定会被没收，后果自负！

4.中国游客在日本期间不议论中日政治等敏感问题，不与日方媒体接触，不谈论与旅游无关的事情，如遇日方有不友好言行，领队需马上带客人回避，不与日方正面冲突，并及时报告组团社，组团社及时报告旅游局。

5.关于携带锂电池旅行的相关运输规定公告

根据国际民航组织规定，旅客或机组成员个人自用的内含锂电池的便携带式电子装置（手表、计算器、照相机、手机、手提电脑、便携式摄像机等）应作为手提行李携带登机，并且锂金属电池含量不得超过2克，锂离子电池的额定能量值不得超过100瓦特小时。超过100瓦特小时但不超过160瓦特小时的，可以装在交运行李或手提行李中的设备上。旅客所携带的100~160瓦特小时的备用锂电池数量不允许超过两个。便携式电子装置的备用电池必须单个做好保护措施以防短路（放入原零售包装或以其他方式将电极绝缘，如在暴露的电极上贴胶带等），并且仅能在手提行李中携带。严禁旅客携带超过160瓦特小时的锂电池，旅客和机组成员携带锂离子电池驱动的轮椅或其他类似的代步工具和旅客为医疗用途携带的，内含锂金属或锂离子电池芯或电池的便携式医疗电子装置的，必须依照《技术细则》的运输和包装要求并由航空公司批准。

6.每人可免费托运2件行李，重20千克，长宽高之和不大于158厘米。

行程如下：(此处略)

特别声明：

1.全程专业国语导游和领队。

2.请于出团前一天联络领队。

3.全程酒店均为两人一室，如您的订单产生单房，我社将安排您与其他客人拼房。如您要求享受单房，我社将加收单房差价。（如旺季期间所安排酒店标间爆满，会自动提升全单间或大床房。）

续表

4.全程不允许脱团独自行动,特此注明! 团队旅游请客人一定听从导游及领队的安排,按照旅游过程中的时间和地点集合,以免浪费全体团员的时间。日本的高速交通较为繁忙,堵车是经常的现象,希望客人配合领队和导游做好景点间的协调工作以保证团队的顺利出行!

5.行程景点所列时间及游览顺序可能因具体情况而变化(天气、交通等),具体景点的游览时间以及次序以当地天气或实际情况调配,若遇旺季或节假日,各景点或游乐场等热点游人较多,本社安排之行程及餐食,导游将按照实际交通、天气及游览情况,略作适当调整,以便顺利完成所有景点,敬请客人配合! 因不可抗力因素(自然灾害、政治形势、政府法令、航空、铁路及公路出现紧急情况等)造成团队行程发生变化可能引起费用的变化由客人承担,旅行社协助解决。

6.客人如需临时取消行程内所含项目(景点、膳食、酒店等),作自动放弃处理,旅行社不退任何费用。

7.建议购买个人旅游意外保险(保费30元/每人、最高赔付额30万元)和航空保险。

8.自费项目按我社行程内所列,导游将视乎行程时间考虑是否安排,行程中自费项目属于自愿参加,不强迫消费参加人数不足10人,该项目会被取消。

9.旅游巴士每天服务时间为早上8点至晚上8点,如客人自身原因景点集合迟到导致整团需延长巴士服务,按日本条例,需每小时付10000日元给司机作延长金,此费用将由客人承担!

10.因客人自身问题而不能在中国海关出境或在日本入境,则所有费用,恕不退款。

11.全程不允许脱团独自行动,特此注明! (出团前已经与我社约定好的情况除外)

12.特别通知:日本入境时需提供指纹和拍摄面部照片,然后接受入境的审查。若拒绝提供,将不准其入境,造成后果责任自负,亦将不会退回任何费用。

日本观光须知

一、出团前请检查随身携带物品

注意:请携带好您的身份证(没有身份证的儿童请带好户口本)。

必备品:身份证、出团通知书、现金、手机、常备药品、雨具、笔、换洗衣物。

推荐携带:信用卡、重要证件、零食、变压器、拖鞋、旅游鞋、太阳镜、旅游资料、笔记本、转换插座、相机、电池。

药物:胃肠药、感冒药、晕车药、私人习惯性药物。

钱币:人民币现金不超过20000元,外币不超过5000美元(旅行支票、汇票不计)。

二、安全守则

为了您在本次旅游途中本身的安全,我们特别请您遵守下列事项,这是我们应尽告知的责任,也是保障您的权益。

请于班机起飞前2小时抵达机场,以免拥挤及延迟办理登机手续。

领队将于机场团体集合地点等候团员,办理登机手续及行李托运。

搭车时请勿任意更换座位,头、手请勿伸出窗外,上下车时请注意来车以免发生危险。

搭乘其他交通工具时请依序上下,听从工作人员指挥。

团体必须一起活动,途中若要离队必须征得领队同意以免发生意外。

夜间或自由活动时间若要自行外出,请告知领队或团友,并应特别注意安全。

行走雪地及陡峭之路请谨慎小心。

公共场合财不外露,购物时也勿当众取出整叠钞票。

遵守领队所宣布的观光区、餐厅、饭店、游乐设施等各种场所的注意事项。

三、注意事项

【电压参考】日本电压为110伏特,各大城市的主要饭店都有110伏特的电源插座,但是一般只能够插入双脚插头。

【时差参考】抵达日本后,首先调整时间,日本时间比北京时间快一小时。如中国正午12点,日本是下午1点。

【通信】手机需提前开通国际漫游功能,方可在日本使用。

【兑换外币】在国内规模较大的中国银行出示身份证均可兑换日币,汇率每天变动。在日本,兑换货币必须在外币兑换银行或其他合法的货币兑换场所兑换,比在国内银行兑换稍贵,建议在国内先行兑换完成,另外在日本的大型商场或超市可以使用印有VISA或者万事达标志的信用卡及银联卡。

【语言文化】日语,但简单的英语也能沟通,日文中有不少的汉字,所以用汉字做笔谈,也可沟通。

【季节气候】日本的气候属于温带海洋性气候,北端位于亚寒带,而最南端属于亚热带,大部分地区的雨季约在6月中旬至7月中旬,降雨量比其他时期多。春、秋两季气候较为凉爽,需穿外套和薄毛衣。夏季炎热,以短袖运动服装等轻便衣着为主。冬季寒冷,需携带轻便大衣、保暖外套或厚毛衣等。冬季12~2月、春季3~5月、夏季6~8月、秋季9~11月。

【团队签证须知】因为此团是日本团体签证,在日本旅游时必须随团活动,不得擅自离团活动。如果擅自离团所造成的通信联络费、人员寻找费等将由本人承担。如果擅自离团后未能及时归队并与团队一起回国,哪怕是第二天就回国,也将被日本法务省和中国边防海关视为离团潜逃。

【住宿】

入住酒店时,听从领队及导游安排,保持安静,等候分房。请注意形象,切勿大声喧哗。请记住领队、导游房间号码。外出离开酒店,请随身携带酒店卡片,以防万一迷路可以搭车回来。私人财物请自己保管好,贵重物品可存放总台保险箱,酒店概不负责赔偿失窃物品。

酒店设施:日本酒店房间内一般均有烧水壶,可自己烧水;酒店内均备有茶叶及洗漱用品(洗发液、沐浴露、护发素、牙具、拖鞋、浴衣等);请勿擅自带走酒店内任何物品(如浴衣、拖鞋等),若需留念请向酒店购买。日本酒店房间相对国内均比较狭小,但是设备齐全。另外,日本传统温泉旅馆规模不是很大,以泡温泉、品尝日式料理为主,体验日本传统文化。在日本洗温泉时,必须先淋浴,将身体洗净后才能进入温泉池,请勿着任何衣物或持毛巾进入温泉池,不能在温泉池里使用香皂,酒后、心脏病和高血压患者或自觉身体劳累不适者请不要泡温泉。

【用餐】日餐与中餐相比,清淡少油,中国团队在日本用餐可能会有不习惯之处。旅程中有时会遇上塞车,最好自备一些零食,以便饥饿时有东西吃。

【吸烟人士】通常公共场所(包括路边)都是禁烟的。请在设有烟灰缸的吸烟区吸烟,否则会被罚款。

【交通规则】在日本,所有车辆都是靠左侧行驶,过马路时,请一定要遵守当地交通规则,不要闯红灯,以免发生意外。

【购物】

1.在日本购物要征收消费税,大型百货公司购货超过10000日元以上可出示护照当场申请退税,但化妆品、酒类、食品除外。在自动售货机上购买的商品,其价格中已包括消费税。

2.日本的特色产品是高级电器、健康食品、饰物、药品等。

高级电器:液晶电视机、手提电脑、游戏机、照相机、摄像机。

珍珠:日本珍珠、珍珠制品种类繁多,价钱因品种、大小及色泽而异。

手表:精工、西铁成、卡西欧等。

民间工艺品:几乎所有的旅游度假区,都有独特的工艺品。

续表

> 日本人形：就是日本娃娃的意思，不同娃娃的种类及形态都有着不同的历史背景及地区上的差异。
> 现代服装：日本的服装设计新颖，质料、剪裁颇佳。
> 药品：日本的药品与医疗水平很高，各种汉方药品、西药以及医疗用品等一应俱全。
> 干货：种类繁多，深受外国旅客的喜爱，如香菇、海藻类、鱼干、柿饼等。
> 化妆品：适合东方人的皮肤，如资生堂等。
> 3.日本的商店，都在其商品上标有价格，原则上不能讨价还价。
> 4.日本的一般商店和购物商场的营业时间是从上午10点至晚上8点，星期六、星期日以及全国假日也正常营业。
> 5.购买电器或者电子用品时，应留意电压是否可以调节，以便于在本国使用。各国的录放影机制式不同，请确认制式是否正确。
> 【出入境规定】
> 1.无论何种货币都可以携带进出日本。但是如果携带100万日元以上，或者是与其等值的支票和有价证券时，则必须向海关申报。
> 2.长焦距照相机和录像机必须在中国海关申报，以免返回时上税。
> 3.旅客携带的个人用品和专业设备，可以在海关认为合理的内容和数量范围内免税带入日本。免税的物品以及限量为：纸烟400支、烟草500克或雪茄100支、酒3瓶、香水2瓶，以及合计时价不超过20万日元的礼品。19岁或19岁以下的旅客不享受香烟和酒的免税限额。
> 4.海关申报：进入机场，海关申报走"红色通道"，没有需要申报物品的走"绿色通道"。
> 5.行李：事先分装好托运行李和手提行李。大件行李免费托运20千克，超重需自付现金；不能在行李中夹带贵重物品及易碎品，手提行李不可超过两件。贵重物品（如现金、相机、首饰、证件等）请随身携带，切勿托运，以防丢失。另外，指甲钳、小刀等利器及酒类等液体物品必须托运；打火机等易燃物品请不要携带。
> 6.过海关：需要随身携带护照，以便海关检查。出入海关时，请配合团体行动，集体过移民局（海关），不要私自行动，不要帮陌生人拿行李，以防被人利用。请看清登机牌上的登机时间及登机口，并随时留意航空公司的广播。
> 紧急联系地址及电话：
>
> | 地址： | 电话 |
> | --- | --- |
> | 中华人民共和国驻日本大使馆：东京都港区元麻布3-4-33 | 03-3403-3380 |
> | 中华人民共和国驻大阪总领事馆：大阪市西区靭本町3-9-2 | 06-6445-9481 |
> | 中华人民共和国驻福冈总领事馆：福冈市中央区地行浜1-3-3 | 092-713-1121 |
>
> 以上仅为本旅行社给予各位的一些便利日本旅游建议，最终以实际情况为准。
> 再次感谢大家参加本社组织的旅游团，愿大家在日本度过难忘的时光！

【教学互动】

◎学生两两一组，模拟完成旅游合同的签订过程。
◎模拟旅行社人员用电话、邮件、面谈的方式给游客发行前通知。
◎分组模拟某一旅行社出境线产品的行前说明会的服务场景。
◎教师对学生的对话进行指导，帮助学生完善谈话内容和方式。

【完成成果】

◎撰写一份指定旅游产品的行前通知单。

◎收集热门旅游产品的行程表、行程须知。

【项目回顾】

    旅行社线路产品的销售就是旅行社为了使顾客青睐自己的线路产品,使旅游中间商愿意推销、游客愿意购买自己的线路产品,而采用各种方法和手段,利用各种途径和工具,把旅行社的线路产品介绍推荐给他们。在项目4里介绍了旅行社线路产品的销售方式、对销售人员的要求,描述了旅行社线路产品的销售技巧,分别探讨了电话、网络和现场销售的流程。

    当游客决定购买旅行社产品后,销售人员应及时为其办理相关手续,与游客签订书面的旅游合同,收取费用,开具发票,登录系统,才能正式确立双方的服务与被服务的权利义务,这是维护游客和旅行社合法权益的基本保证。最后,在客人出团前,销售人员还应书面通知客人相关的注意事项。

【同步练习】

一、填空题

1.销售部是旅游产品与消费者之间的( ),销售人员是旅行社在消费者心目中的( )。

2.旅行社在某一目标市场中,选择几家或一家少量的中间商,并与其建立稳定的合作关系,委托其进行产品销售的策略是( )。

3.销售人员应在电话铃响( )声内用( )手拿起电话。

4.销售人员遇到目标茫然型顾客,要做的就是帮助顾客明确( )。

5.销售人员对待目标明确型顾客,要能根据顾客的需求,有的放矢地详尽介绍( ),尤其突出( ),尽可能回答顾客的问询。

6.销售人员在签订旅游合同前,要确认客人已( ),若客人已付定金,有部分余款后付,应在合同中明确并标注( ),并执行欠款审批程序,方可签订合同。

二、选择题

1.旅行社产品的销售技巧有( )。

A.预设范围、直截了当   B.重点突出、择优而行   C.机不可失、互动沟通

D.降低期望、额外赠送   E.熟悉顾客购买信号

2.间接销售方式有( )。

A.广泛性销售渠道策略   B.宽广性销售渠道策略   C.选择性销售渠道策略

D.单一性销售渠道策略   E.专营性销售渠道策略

3.掌握价格商谈的原则是( )。

A.讨价还价原则   B.决不让价原则   C.价格最后原则

D.轻易不降原则　　　　　　E.加价优惠原则

4.电话销售业务流程(　　)。

A.通话准备　　　　　　B.及时问候　　　　　　C.问需推介

D.登记信息　　　　　　E.结束通话

三、名词解释

1.旅游合同

2.三唱一复

3.旅游电子商务

四、问答题

1.直接销售方式的优点有哪些?

2.现场销售时建议客人购买有哪些方法?

3.请写出现场销售时推介业务流程。

4.出团通知书的主要内容包括哪些?

五、案例分析

成都某中学的高中生陈东刚满17岁,作为生日贺礼,舅舅(并非其法定监护人)请他到厦门玩几天,帮他在某旅行社门市的销售员小黄那里报名参加了成都到厦门的五日游团。回程后,其舅舅到旅行社门市投诉说,陈东在厦门用餐后腹泻,要求赔偿医疗等相关费用。经了解,虽然陈东在当地医院就诊,但他由于年龄较小,将在当地医院就诊的发票、收据、医生诊断证明等相关材料都遗忘在酒店房间内,并不知道要带回来。请问在此案例中旅行社门市销售员小黄错在哪里? 在处理未成年人参团时,销售人员应该注意些什么?

【实操考核】

1.考核内容:旅行社产品销售大赛。

2.考核标准:程序标准,介绍详尽,语言表达准确、亲切。

3.考核方法:

①各小组以PPT形式进行旅行社产品销售大赛,学生选择各自小组设计的旅游线路作为销售产品,每组根据所选择的产品撰写模拟销售方案,包括整个销售过程模拟角色的分配及对话。

②教师对学生的模拟销售方案进行评价、审核。每组把教师修改后的销售方案作为脚本,分组模拟演示。由教师、资深旅游从业者和学生成员组成评委,对每个小组的综合情况进行评比。(表4-2)

表 4-2　旅行社产品的模拟销售评分标准表

小组成员：		模拟旅行社名称：	
测试项目	评分要点	分值	得分及备注
组织、设计 （共 10 分）	场景设置、氛围、道具安排与摆放	4	
	参加人员占组员人数的 80% 以上	3	
	角色分配合理、均衡	3	
产品情况（共 10 分）	销售的线路产品是否有特点、有样品	10	
接近顾客（共 10 分）	接近顾客的方法和技巧的实施情况	10	
询问需求（共 10 分）	对询问顾客的问语是否恰当	10	
销售洽谈（共 15 分）	洽谈的导入、技巧和方法是否适当	15	
解答疑惑、提供建议 （共 15 分）	为顾客解答疑惑、提供建议的方法、技巧是否得当	15	
达成交易（共 15 分）	能否把握有效的成交时机，成交策略和方法的运用 是否得当	15	
销售现场表现 （共 15 分）	服饰及握手、接（打）电话、递（接）名片、面谈的礼仪	5	
	销售技巧的运用情况	5	
	模拟过程的完整性	5	
合计（共 100 分）		100	
评语：			

项目 5

旅行社产品
接待业务管理

【项目导读】

　　旅行社的接待业务,是旅行社按合同向游客提供其预订的保证质量的服务,而对游客来说,则是对其购买的旅行社产品的消费过程。由于旅行社产品的无形性以及生产和销售的同时性,游客只有在旅游过程中才能感受到旅行社产品质量的优劣。因此旅行社接待质量的高低直接影响到游客的满意程度。本项目包含在接待业务中如何管理接待人员以及接待过程两个学习任务。

【项目主要内容】

项目5　旅行社产品接待业务管理		
项目任务	学习内容	内容分解
任务5.1 管理旅行社 接待人员	5.1.1　管理导游	1)实行合同管理
		2)加强培训与考核
		3)建立合理的薪金制度
		4)建立灵活的激励制度
		5)对导游服务质量实施监控
	5.1.2　管理后勤人员	1)后勤人员的工作职责
		2)后勤人员的全面质量管理
		3)后勤人员的管理途径
任务5.2 管理旅行社 接待过程	5.2.1　管理旅行社接待过程的原则	1)标准化管理
		2)流程化管理
		3)个性化管理
		4)诚信化管理
	5.2.2　管理旅行社接待过程的流程	1)管理准备阶段
		2)管理接待阶段
		3)管理总结阶段
		4)危机管理日常化
		5)财务管理全程化

【学生工作任务书】

						学生工作任务书 14
任务 5.1	项目编号	建议学时	能力目标	知识目标	师生活动	完成成果
管理旅行社接待人员	5-1	4学时	能对接待人员在带团前、带团中和带团后实行管理和培训	①掌握导游的出团准备流程图 ②掌握导游的带团流程 ③掌握接待服务质量评价的内容	①通过角色扮演形式，小组成员分别扮演导游、计调、出纳，模拟导游在旅行社领取出团计划的工作场景，为带团活动补充物品和资料，保证带团活动的顺利进行 ②模拟导游带团流程 ③在模拟中，教师观察学生出错的地方，启发学生互相指出，并指导学生讨论和总结	①分组画出导游出团准备流程图（上交） ②分组画出导游带团流程图（上交） ③分组调查旅行社的规章制度，并上交文档。要求包括劳动条例、休假制度、考勤制度、奖惩制度、员工纪律等主要内容

						学生工作任务书 15
任务 5.2	项目编号	建议学时	能力目标	知识目标	师生活动	完成成果
管理旅行社接待过程	5-2	2学时	①能对团队的接待过程进行管理 ②能处理日常危机事件 ③能催收欠款	①掌握团队接待的原则和程序、流程 ②认识旅行社危机管理和财务管理的重要性 ③掌握催收欠款的要点和方法	①教师给出旅行社的接待过程的相关表格和流程图，要求同学们学习后分角色扮演游客、旅行社经理、计调、销售、导游，模拟周边线路团队的接待任务，针对同学的小组演示，教师提出团队接待过程中的突发事件，请同学们现场处理 ②教师对学生的模拟进行指导，帮助学生补充完善团队的接待方法	①分组制作旅行社接待质量调查表、导游工作小结并上交 ②设计一个团队接待过程中发生的危机和解决危机的办法，制作成文档并上交

任务 5.1 管理旅行社接待人员

【教学目标】

知识目标

掌握导游的出团准备流程。

掌握导游的带团流程。

掌握接待服务质量评价的内容。

能力目标

能对接待人员在带团前、带团中和带团后实行管理和培训。

【任务引入】

阅读下面的案例,分组讨论:游客未游览长城的责任在谁? 导游和旅行社的说法对吗? 旅行社如何对带团中的导游进行管理?

某导游擅改旅游时间导致重要景点未游览

2013 年 2 月,北京某旅行社接待香港某旅行社组织的观光团赴北京旅游。按照双方合同的约定,该旅游团在北京游览 7 天,其中 2 月 15 日是游览长城。该旅行社委派导游李某担任该旅游团的陪同。但李某未经旅行社同意,擅自将该旅游团游览长城的日期改为 2 月 20 日,即旅游团离开北京的前一天,而将 2 月 21 日改为购物。该旅游团的游客对这一变更曾表示过异议,但导游李某称这一变更是旅行社安排的。

但不巧的是,2 月 19 日晚北京下起了大雪,2 月 20 日早上该旅游团赴长城时,积雪封路,无法正常游览,该旅游团只得返回。第二天,该旅游团离开北京返回香港后向旅游行政管理部门投诉,称该旅行社委派的导游李某未征得游客同意,擅自改变旅游行程,违反了合同约定,造成旅游观光未能游览长城,旅行社应承担赔偿责任。但该旅行社辩称,改变旅游行程是导游自作主张的行为,与旅行社无关,而导游李某辩称,造成游客未能游览长城是由于大雪封路的原因,属不可抗力,依据法律规定,不承担赔偿责任。

【任务分析】

在上述案例中,旅行社作为合同的一方当事人,应当严格履行合同的有关约定,为旅游团组织安排游览活动。由于导游李某擅自改变旅游行程,造成该旅游团未能游览长城,违反了合同约定,当属违约行为。导游的行为应视为旅行社行为。导游李某是旅行社委派,因此导游擅自更改旅游时间导致游客未能游览长城,旅行社应负相关责任。另外,造成该观光团未能游览长城的原因,并非不可抗力,而是导游李某擅改旅游行程,也就是说,如果李某不改变约定的旅游行程,游览长城这一项目是能够实现的。因此,旅行社不得以不可抗力为理由推卸赔偿责任。

【相关知识】

管理旅行社的接待人员,主要是管理导游和后勤人员。导游是代表旅行社直接面对游客的第一接待人员,对导游的管理是旅行社接待人员管理中最重要的工作。旅行社后勤人员是旅游活动顺利进行的重要保障,是接待工作的重要组成部分,旅行社后勤人员主要包括计调、票务人员、财务人员、行李员等,他们的工作是一线的导游顺利完成接待服务的保证。

5.1.1　管理导游

导游的工作是十分重要的,因为他们处在接待工作的最前沿,是接待工作一线的组织人员,必须通过其联络安排等工作,整个旅程才能顺利进行。在出现情况变动时,导游必须及时参与协调解决,其工作方式、态度直接关系到旅行社的形象。但导游的工作较为特殊,通常为单兵作战,这就为旅行社的管理工作加大了难度。要实现旅行社对导游的有效管理,可采取以下主要措施(图5-1):

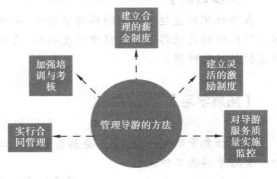

图5-1　管理导游的措施

1)实行合同管理

《中华人民共和国旅游法》规定,旅行社应当与其聘用的导游依法订立劳动合同,支付劳动报酬,缴纳社会保险费用。对导游实行合同管理,是促使导游依法为游客提供服务的保证,是提高服务质量的重要措施,可以促使导游增强责任感,自觉为游客服务。

2)加强培训与考核

导游素质的高低,是决定导游服务质量高低的关键因素,因此旅行社要通过定期、不定期的培训来提高导游的素质。对导游的培训是全方位的,其主要内容包括:

(1)职业道德的培训

旅行社帮助导游建立正确的政治思想,树立爱国主义观念和法纪观念,培养和督促导游在旅游接待过程中严格遵守导游职业道德。

(2)服务意识的培训

良好的服务意识是优质服务的根本,服务意识是以服务应尽的义务为根本,自觉进行服务的思想或精神。服务意识可分为超前服务意识和及时服务意识。超前服务意识体现在旅游过程中事事想在前,服务在前;及时服务是指导游一心为游客着想,及时提供服务。

(3)服务技能的培训

服务技能的培训包括使用设备的技能、讲解技能和带团技能等,这些都是导游基本技能。

(4)语言能力的培训

导游语言的基本要求是发音规范、语调自然、口齿清楚、声音响亮、用语得当、语速适中、语句流畅、语气诚恳、态度和蔼、体态有度、手势得体、合乎礼仪,无口头禅和不良习惯。

(5)专业知识的培训

专业知识的培训包括接待流程、游客心理、旅游团结算和景点知识等方面。

(6)应变能力的培训

导游应随旅行社业务的发展和社会的变化及时了解各种可能发生的意外事件,并熟练掌握处理要点和处理程序,确保旅游活动的顺利进行。

对导游的工作考核可由各部门进行,也可在旅行社内统一进行,考核的内容主要包括:全年工作量;业务能力;游客投诉和表扬情况;学习与进修情况等。

【同步讨论】

在个性化程度越来越高的旅游市场中,旅行社如何体现自身优势去打动游客? 怎样通过旅游团队的特色让游客在行程中深度融入,最大化实现二次营销? 导游在旅游服务过程中起着怎样关键的作用?

【拓展学习】

导游的工作流程

旅行社要管理好导游,首先要熟悉导游的工作流程,下面通过表5-1、表5-2来学习地陪导游和全陪导游的工作流程。

表5-1　地陪导游工作流程

地陪导游工作流程	说　明
领取出团计划并确认信息	1.接到出团通知立即回复;并前往公司领计划;仔细阅读计划,不清楚的及时与计调沟通;询问有无注意事项。 2.确认出团时间地点、核实客人名单、人数;如有变动及时与计调联系。 3.是否有代收款,有的话记得收取。 4.审查计划,借团款;核实房、餐、车,与客人联络。
材料准备	1.准备出团个人用品;导游证、车头牌、导游旗、身份证、通讯录及个人用品等。 2.按团队要求装备胸贴(或胸牌)、矿泉水,若团队特别要求派发帽子、旅行包、气枕等物品给游客的,应提前向公司领取,并在接到客人以后发给客人。 3.认真计算团队备用金并借领,带好各种签单和客人名单;按团队家庭数量复印行程,以便派给客人。
与客人联系	出团前必须与每位客人电话落实上车时间与地点,确保将以下信息通知给客人: 1.表明身份,将自己的姓名及电话告诉客人,提醒客人带报名合同或收据。 2.告诉客人集合时间和地点,强调不要迟到。 3.告诉旅游地天气情况,根据线路特点及当地天气情况,通知客人带备相应物品,如厚衣服、泳衣、雨伞、防晒霜等。 4.如线路需要客人带身份证或其他有效证件出游,必须提醒客人(16岁及以上必须带有效期内身份证原件,未满16岁的如没有身份证件须带户口簿原件)。
与司机联系	1.如有送团司机,提前与司机联系接客路线、时间、汇合地点。 2.告诉司机大致行程。
接客人	1.上车后放好车头牌,检查车况是否整洁,麦克风是否完好,调好设备。 2.与司机前往接客地点,途中与司机沟通行程顺序与安排,一定要提前到达接客地点。 3.高举导游旗,站在车门旁边,面带微笑,恭迎客人上车。 4.检查客人收据或合同,确认客人为本团客人,并做好登记,检查客人是否带身份证。所有客人到齐后,出发前往目的地。确定人数三步曲:点人数、点名、提醒。 5.若出团人数与计划人数不符,及时与销售员、酒店、计调联系,做好相关协调工作的调整。
途中服务及基本讲解内容	1.致欢迎词,代表旅行社热忱欢迎旅游团,介绍自己、司机,并表示热诚为客人服务的意愿。 2.向客人公布自己的电话,行程介绍,对旅游地的食、住、行、游、购、娱应作充分的讲解说明,讲解乘坐飞机(或火车)以及托运行李注意事项,并派发胸贴或胸章、矿泉水等物品。 3.车上讲解至少半个小时,另外可以以故事、歌曲、猜谜语、游戏、保健操等方式活跃车厢气氛。 4.如有用餐安排,提前向客人公布分桌安排,如有住宿的,与客人落实住房安排。 5.提醒客人上下车注意保管好随身携带的物品,以免丢失。

地陪导游工作流程	说　明
旅游景点服务	1.下车前，反复强调集合地点与时间，再次提及注意事项。 2.安排客人在指定地点集合，确定购票人数，迅速办理购买景点门票事宜并收回正式发票。 3.带领客人进入景区，按照既定旅游线路安排，针对游览重点进行生动详细的讲解，及时回答客人提问，并密切留意客人动向。 4.加点必须是在保证完成行程的前提下，客人自愿增加，填写"团队变更确认书"，全体客人签名确认。 5.游览完毕上车后，应清点人数，确定无误后方可开车，主动活跃车厢气氛。
酒店餐饮服务	1.入住酒店之前必须跟客人说明入住注意事项和叫早、吃早餐时间。 2.进住酒店，按照事先制订的分房方案，迅速办好入住手续。 3.登记客人入住酒店的房号，并通知客人全陪的房号，方便客人联系。 4.客人入住后，全陪与地陪导游必须逐一查房，了解客人入住情况。 5.退房当天应提前15分钟在大堂等候客人，收齐客人房匙，交给酒店有关人员，办理退房手续，提醒游客检查行李以及贵重物品。 6.如是散客，要在就餐前合理安排客人入座编排，并与客人说明，以免发生争执。 7.用餐时必须等客人的菜上完三道菜后，全陪与客人交待好后才能就餐。 8.用餐期间至少要两次（每次间隔10分钟左右）跟进上菜速度与质量。 9.收集客人对酒店、餐饮服务的意见，及时解答或反馈回公司。
返程服务	1.确定所有客人上车后才开车返程，及时联系迟到客人。 2.回程时在旅游车上，应当将送团路线对客人公布，按送团规定（送团原则：先接后送）送团，如需帮助，导游应及时寻求调度员协助。 3.致欢送辞：回顾旅程；不周之处表示歉意，征求意见；感谢合作、表达友谊（致以良好的祝愿）。 4.在合适的时间请客人填写"游客意见表"，强调填写的客观性和重要性，加深客人对本次旅游印象。 5.客人离团，提醒客人拿齐行李，并与客人一一握手道别。
团队结束	1.团队结束后2天之内报账。 2.如团队出现问题或投诉，及时向质检部反馈情况，协助处理。

表 5-2　全陪导游工作流程

全陪导游工作流程	说　明
领取出团计划并确认信息、准备出团物品	1.接到出团通知立即回复：并前往公司领计划；仔细阅读计划，不清楚的及时与计调沟通；询问有无注意事项。 2.确认出团时间地点；核实客人名单、人数；如有变动及时与计调联系。 3.核对是否有代收款，如有，记得收取；认真计算团队备用金并借领，核实房、餐、车，带好各种签单和客人名单。 4.准备出团个人用品：导游证、车头牌、导游旗、身份证、通讯录及个人用品等。 5.按团队要求准备胸贴（或胸牌）、矿泉水，若团队特别要求派发帽子、旅行包、气枕等物品给游客的，应提前向公司领取。另外，按团队家庭数量复印行程，并在接到客人以后发给客人。
与地陪联系	1.至少提前一天与地陪联系，自我介绍，并与地陪确认具体抵达时间、接站地点、车牌号码、接站方式、用房数量、用房标准（标间、三人间、加床、是否有陪同房等）；确认大致的行程，特别是第一天的行程安排。 2.询问地陪有无需要特殊交代的注意事项，并将游客的特殊喜好或要求告知地陪导游。 3.致以良好的祝愿：表明诚意"请多多关照，希望我们顺利完成接待任务，合作愉快"。

续表

全部导游工作流程	说　明
与客人联系和司机联系	出团前必须与每位客人电话落实上车时间与地点，确保将以下信息通知给客人： 1.表明身份，将自己（或地陪）的姓名及电话告诉客人，提醒客人带报名合同或收据。 2.告诉客人集合的时间和地点，强调不要迟到。 3.告诉旅游地天气情况，根据线路特点及当地天气情况，通知客人带好相应物品，如厚衣服、泳衣、雨伞、防晒霜等。如线路需要客人带身份证或其他有效证件出游，必须提醒客人（16岁及以上必须带有效期内身份证原件，未满16岁的如没有身份证件须带户口簿原件）。 4.如有送团司机，提前与司机联系接客路线、时间、汇合地点，并告诉司机大致行程。
接客人	1.上车后放好车头牌，检查车况是否整洁，麦克风是否完好，调好设备。 2.与司机前往接客地点，途中与司机沟通行程顺序与安排，一定要提前到达接客地点。 3.高举导游旗，站在车门旁边，面带微笑，恭迎客人上车。 4.检查客人收据或合同，确认客人为本团客人，并做好登记，检查客人是否带身份证。确认所有客人到齐后出发往目的地。确认人数三步曲：点人数、点名、提醒。 5.若出团人数与计划人数不符，及时与销售员、酒店、计调联系，做好相关的协调工作的调整。
途中服务及基本讲解内容	1.致欢迎词，代表组团社热忱欢迎旅游团，介绍自己、司机，并表示热诚为客人服务的意愿。 2.向客人公布自己的电话，行程介绍，对旅游地的食、住、行、游、购、娱应作充分的说明，讲解乘坐飞机（或火车）以及托运行李注意事项，并派发物品。提醒客人上下车注意保管好随身携带的物品，以免丢失。 3.如有用餐安排，提前向客人公布分桌安排，如有住宿的，与客人落实住房安排。 4.办理登机手续，分发登机牌，带领客人前往托运手续（注意与客人交待托运注意事项）。 5.带领客人过安检，与客人重申登机口及登机时间。必须确定所有客人登机后，导游才能登机。 6.登机后协助客人入座和摆放行李。下机后集中客人，引领客人提取行李，统一出闸与地陪汇合。
旅游地服务	1.与地陪核对行程，核实人数、购买门票情况和用房情况，全程监督地接是否按行程标准接待。 2.协助地陪工作，如收集身份证、清点人数，引导游览时的收尾工作等。 3.全陪必须以公司与客人的利益为重，一旦出现矛盾，全陪要处理好，化解矛盾。 4.加点必须是在保证完成行程的前提下，客人自愿增加，全体客人签名确认。
返程服务团队报账	1.回程前一天，确认接机用车，落实接机时间。收齐所有客人身份证，与地陪一同办理登机手续。 2.下机后与接团司机沟通好，引导客人拿齐托运行李，上接团巴士。 3.回程时在旅游车上，应当将送团路线对客人公布，按规定送团（送团原则：先接后送）。 4.致欢送辞：回顾旅程；不周之处表示歉意，征求意见；感谢合作、表达友谊（致以良好的祝愿）。 5.在合适的时间请客人填写"游客意见表"，强调填写的客观性和重要性。 6.客人离团时，提醒客人拿齐行李，并与客人一一握手道别。 7.团队结束后2天之内报账。如团队出现问题或投诉，及时向质检部反馈情况，协助处理。

3）建立合理的薪金制度

目前不少导游属于"三无"人员，即无基本工资、无基本福利保障和无明确劳动报酬。不合理的薪金制度极大地挫伤了导游服务的积极性。2016年5月，携程随机调查了全国各地超过500位导游与领队人员，发布《导游领队群体幸福度调查报告》（以下简称《报告》），指出：导游领队是离家在外工作最长、紧张度最大的职业之一，但只有半数导游认为得到游客的尊重和认同，近一半的导游认为收入与劳动不成正比。

所以，建立合理有效的导游薪金制度，有助于提高导游服务质量。导游薪金中应包括基本收入和社会保障制度所规定的基本福利待遇。根据导游的等级、业绩、学历、语种等,旅行社应该在薪金环节用一定的薪金档次给予体现。比如,将导游薪金与技术等级挂钩。

2017 年 9 月 7 日,中华人民共和国国家质量监督检验检疫总局、中国国家标准化管理委员会发布了《导游等级划分与评定》(GB/T 34313—2017),将导游划分为 4 个不同的等级,即初级导游、中级导游、高级导游和特级导游,并规定如下:

初级导游应有高中以上学历,并通过全国导游人员资格考试。此外,初级导游要掌握旅游政策与法律法规,熟悉相关的政策与法律法规。应掌握旅游和旅游业的基本知识,重点旅游景区(点)和线路的相关知识。应熟悉主要客源国(地区)的基本知识。中文导游应掌握汉语语言文学基础知识,外语导游应掌握外国语语言文学基础知识。初级导游应能够按照《导游服务规范》(GB/T 15971—2010)提供规范服务,有良好的沟通与协调能力。运用相关知识提供导游讲解服务的能力,有旅途常见疾病或事故的救生常识,熟悉救援程序,能按照应急预案的要求处理相关问题。

中级导游应有大学专科及以上学历,并通过全国中级导游等级考试,并且取得初级导游等级满 2 年,申请评定前 2 年内带团应不少于 30 次或 120 天,申请评定前 2 年内游客反映良好,应无重大服务质量投诉。此外,中级导游应掌握与旅游服务相关的政策与法律法规,与导游讲解相关的专题知识。中文导游应掌握汉语言文学知识,外语导游应掌握外国语言文学知识。应有娴熟的导游技能,有提供初步的个性化服务的能力,有初步的专题讲解的能力,有初步的创作导游词的能力。具有制订旅行应急预案并处理相关问题的能力。

高级导游应有大学专科及以上学历,并通过全国高级导游等级考试,取得中级导游等级满 2 年,申请评定前 2 年内带团应不少于 90 天,申请评定前 2 年内游客反映良好,应无重大服务质量投诉。此外,高级导游还应全面掌握与旅游服务相关的政策与法律法规,精通与导游讲解相关的专题知识。中文导游应全面掌握与汉语语言文学相关的知识,外国语导游应全面掌握与外国语语言文学相关的知识。应有提供个性化、创新性服务的能力,有融会贯通深入讲解专题的能力,有较强的导游词创作能力,有妥善处理旅游中各种突发事件的能力。

特级导游应有大学本科及以上学历,通过全国特级导游等考核评定,应取得高级导游等级满 3 年,申请评定前 3 年内带团应不少于 90 天,申请评定前 3 年内游客和社会反应良好,应无服务质量投诉,宜有一定的导游相关工作的研究成果。此外,特级导游还应有深厚的旅游知识和广博的文化知识,对旅游领域的某方面有深入的研究和独到的见解。中文导游应精通汉语语言文学知识,外语导游应精通跨文化交流、外语翻译等方面的知识。应有高超的导游艺术、独特的导游风格,宜创作富有思想性和艺术性导游词的能力,应有一定的导游相关工作的研究能力。

导游技术等级评定制度适用于全国专职和兼职导游,这有利于调动导游的工作积极性,同时也有利于导游服务质量的提高和导游队伍的建设。旅行社的薪金应与导游技术等级挂钩,以激励导游不断提高自己的业务水平。

【相关链接】

导游资格正式列入人社部职业资格

根据人力资源社会保障部关于公布国家职业资格目录的通知,导游资格进入国家职业资格目录清单,被列入准入类。

导游自由执业化一直是国家旅游导游改革的重点,根据人社部发〔2017〕68号文件,导游资格已经与教师资格和法律职业资格一致,列入国家认可的职业资格目录中。导游,从旅行社的一个工种岗位,正式接入职业化发展轨道!这是导游改革事业的一个重大突破,为导游资格未来纳入国家认可的职称等级评定,真正实现特级导游、高级导游、中级导游和初级导游的职业等级区别奠定了基础,是导游资格真正实现职业化发展和导游自由执业化的一个里程碑。

导游是旅行社的灵魂,即使当今电商高度发达,任何网上攻略再详细,也无法取代有温度的导游动态互动服务,旅行者在旅途中遇到的各种问题是瞬息万变的,旅游体验除了吃、住、行外,旅游乐趣还包括提供旅行目的地组织引导、悉心照顾、专业讲解和特产购买等,这与导游互动体验有很大关系。导游职业资格认定的逐步完善和实现导游职称等级行业评级认定,实现导游业务信息化、透明化管理,重新塑造导游社会公共服务的道德形象,正是国家旅游局导游改革的重点和方向。

导游,这是一份实实在在的靠自己勤奋工作谋生的职业,是一个人性化、个性化十足的服务行业。党的十九大报告提出,要坚决打赢脱贫攻坚战。对此,旅游业界人士纷纷表示,旅游扶贫是精准扶贫、精准脱贫的重要途径,在打赢脱贫攻坚战中发挥着独特且不可替代的重要作用!跟随着攻坚战的步伐,导游旗帜将四处飘扬,我们坚信,导游职业必定能重新恢复到全社会认可的一个正常职业评价状态,导游行业将大有可为!

(资料来源:棒导游微信平台)

4)建立灵活的激励制度

旅行社应通过对导游的工作责任心和工作动力的激发和强化,使之提高对导游工作的投入程度。灵活的激励制度包括:

①奖惩激励:对导游的工作表现进行公正、客观的评价,奖励和惩罚都必须公平合理。

②榜样激励:旅游企业可以利用评选优秀导游的办法来激励员工。

③培训激励:培训的激励作用是多方面的。培训可以满足导游求知的需要、提高自身实现目标的能力,为承担更大的责任、从事更富有挑战性的工作及提升到更重要的岗位创造条件。

④任务激励:利用工作任务本身激励员工,使员工在工作中学到新知识,取得成就,帮助别人。如一项符合员工专长或兴趣的项目,一个富有挑战性的任务等,这种从工作本身产生的激励因素对于旅行社管理来说,付出的代价小,作用持久,应当特别予以重视。

⑤制度激励:企业的各项规章制度一般都与一定的物质利益相联系,对员工的消极行为有一定约束,规章制度又为员工提供了社会评价标准和行为规范,激励员工向企业需要的方向努力。员工遵守规章制度的情况还与自我肯定、社会舆论等精神需要相联系,因此其激励作用是综合的。例如,企业明文规定企业可以辞退表现不好或技能过低的员工,会对员工造成一定的强制性压力。

⑥环境激励:创造良好的工作环境和生活环境,如经理对员工表现出尊重、关心和信任,保持工作群体内人际关系的融洽,及时调解其矛盾等,一方面可直接满足员工的某些需要,另一方面还可以形成一定的压力和规范,推动员工努力工作,形成优秀团队、先进班组等。因此,环境激励也是一个非常重要的激励手段。

⑦荣誉激励:这是一种低成本、高效果的激励办法。给员工一定的表扬、称号、象征荣誉的奖品,是对员工贡献的公开承认,可满足其自尊的需要,达到激励的目的。

【同步思考】

你认为还可以采取哪些方式方法对导游进行激励?

5)对导游服务质量实施监控

尽管持有导游证的导游都在相关书籍中学习过导游的规范化接团标准和程序,但导游接团的过程独立性、自主性太强,不易监督,这就导致由于责任心不强或受经济利益驱动等原因,少数导游在提供规范化旅游服务的时候违反标准和程序。因此,旅行社除了注重导游的选聘之外,还要加强导游的服务质量监控管理。对导游常规旅游接待服务质量的监控主要通过以下三方面进行:

(1)规范流程,严格制度

接待部应制订从接团准备到送团归来的标准化、规范化的导游接待流程,对接待过程中最容易出问题的环节进行量化管理,对导游容易疏忽的地方实行监督标准管理,对接团的每个步骤、每项业务制订详细的管理规划。

例如,一些旅行社规定导游送国内航班时,在淡季必须提前1个小时,在旺季必须提前一个半小时,在节假日必须提前两个小时到达机场。这种定量的硬性规定可以有效预防恶性误机的出现,避免重大经济损失。

又如,规定导游在任何景点开始游览以前,以及任何一次由导游宣布的自由活动时间开始以前,均需交代安全注意事项,在景点游览过程中地陪不准擅自离开团队,这样就可以防患于未然,即使出现安全事故,旅行社与导游的责任也相对轻一些。

再如,有些旅行社规定,地陪在旅行社领取接团通知单后,必须到票务处查看本团的出票情况并在登记簿上签字确认。签字这一接团准备环节作为一项检测标志确保了导游接团准备工作的标准化。

(2)深入一线,监督抽查

接待部应组织人员根据行程表上的行程前往接待一线,对导游接待过程进行抽查,以确保该过程得以顺利实施。接待部负责人还应要求导游将接团情况汇报上级,以便发现问题及时纠正解决。

(3)领导负责,严格奖惩

接待部应制订本社的导游奖惩制度,对接待过程中的导游违规现象及遭到游客投诉并查实的导游予以严肃处理,如处以罚金、停团等。对受到游客表扬的导游应给予奖励,如表扬、奖金等。导游受到的奖惩应记录归档,作为年终奖惩的依据。

【拓展阅读】

《导游管理办法》2018 年 1 月 1 日起正式实施

为深化新时代下旅游业供给侧结构性改革,促进全域旅游新发展,国家旅游局 2017 年 11 月 1 日发布《导游管理办法》(以下简称《办法》),进一步加强导游队伍建设,保障导游合法权益,提高服务水平,更好地满足人民美好生活需要。作为规范导游管理的部门规章,《办法》于 2018 年 1 月 1 日起正式实施。

近年来,国家旅游局积极推动导游体制改革工作,加强导游队伍建设,深化旅游业"放管服"改革。2016 年废止了《导游人员管理实施办法》(2001 年),取消了导游计分、导游年审、导游资格证 3 年有效等不适应改革发展需要的制度,确立了导游资格证终身有效、导游证全国统考、全国通用的原则。为巩固导游体制改革成果,回应开展导游体制改革一段时间以来,社会关注的热点难点问题,并填补相关规章废除后的制度设计,国家旅游局制定了该《办法》。主要规范导游执业许可和执业行为,促进导游执业保障激励,提升事中、事后监管效能,促进导游行业健康发展。

国家旅游局通过座谈会、培训班、实地调研、书面征求、网上公开征求意见等形式,广泛征求了地方旅游部门、旅游企业和导游、旅游行业组织、专家学者、社会公众,以及中央编办、人力资源社会保障部的意见。仅网上公开征求意见过程中,收到 80 余人次、300 余条、5 万余字的意见。结合各界意见,共对 50 余处作出修改,经进一步吸纳完善后形成了本《办法》。

《办法》分为总则、导游执业许可、导游执业管理、导游执业保障与激励、罚则和附则 6 章,共 40 条。规定了导游证采用电子证件,以电子数据形式存储于导游个人的移动电话等移动终端设备中,改变了原 IC 卡导游证制作流程复杂、核发时间长、执法成本高的情况,电子导游证在信息集成、使用便利、降低核发成本和执法成本等方面都有根本性的变革。

电子导游证采用网上申领、网上审批的方式,大大便利了申请人申领使用。游客、景区、执法人员等通过扫描电子导游证上的二维码识别导游身份。导游使用电子导游证、佩戴卡片式"导游身份标识",并开启"全国导游之家"APP 执业,导游的执业轨迹、评价信息、奖惩情况等,均归集于电子导游证,形成导游的"执业档案"。《办法》在"导游执业许可"一章中集中规定了电子导游证的申请、审批、变更、撤销等程序和要求,便于导游、旅游部门等相关主体操作执行。原 IC 卡导游证已于 2017 年 10 月 31 日停止使用,全国全面启用电子导游证。

为切实加强导游执业管理,保障游客的合法权益,《办法》对导游日常执业活动提出了具体要求,如导游证和身份标识佩戴、导游职责规范、突发事件处置等。重申了领队的备案管理制度,指明具备领队条件的导游从事领队业务的,应当符合《旅行社条例实施细则》等法律、法规和规章的规定。《办法》还细化了《中华人民共和国旅游法》第三十五条的规定,明确导游执业不得出现擅自变更行程、诱骗或强迫消费等 11 项违法违规行为,并在《办法》罚则部分对违反导游执业管理规定的行为,明确了相应的法律责任。

为激励和引导导游忠于职守、爱岗敬业,诚实守信、乐于奉献,使社会公众进一步理解、尊重和信任导游,增强导游的职业自信心和自豪感,近年来国家旅游局先后印发了《国家旅游局人力资源社会保障部　中华全国总工会关于进一步加强导游劳动权益保障的指导意见》《国家旅游局　交通运输部关于进一步规范导游专座等有关事宜的通知》《国家旅游局关于深化导游体制改革加强导游队伍建设的意见》等文件。《办法》将保障导游权益的指导意见和相关文件要求上升到规章层面,明确了导游执业权利、导游劳动保障制度、"导游专座"要求、导游服务星级评价和导游培训等制度,多维度保障导游权益。

国家旅游局监督管理司相关负责人表示,导游队伍建设和服务水平关乎行业形象、事关旅游业长远健康发展。面对大众旅游新时代,广大游客对导游服务提出的更高要求,国家旅游局积极制定适应形势发展、满足时代需求的导游管理制度;充分发挥市场的资源配置作用,强化旅游企业作为用人单位在管理和保障方面的主体责任;充分调动行业组织的积极性,强化导游行业组织在行业自律方面的作用;激励导游通过优质服务赢得更多执业机会和更高劳动报酬,形成正确的执业导向。下一步,国家旅游局还将积极推进"全国旅游监管服务平台"功能完善,以信息技术强化对导游执业全过程的无缝监管,充分保障游客和导游的合法权益,建立起新时代下法治化、市场化导游管理体制机制,奋力推动旅游业改革发展,不断满足人民美好生活需要。

(资料来源:中国旅游报)

【业界语录】

我是导游,请你们先救游客!

——中华人民共和国成立以来感动中国100位人物,文花枝

5.1.2　管理后勤人员

后勤工作是指旅行社在接待工作中为游客安排各种旅游活动所提供的间接服务,以及为确保这种间接服务而与其他旅游企业及旅游业相关部门所建立的合作关系的总和。在旅行社,后勤工作的主要人员就是计调人员、票务人员、财务人员和行李员等。

旅游接待中的后勤工作的宗旨是为接待业务服务,主要工作包括制订和落实接待计划,了解、掌握旅行团的动态,做好与导游的配合协调工作,密切与旅游团领队以及有关部门的联系,妥善处理旅游团的合理要求和发生的问题。

1)后勤人员的工作职责

①热爱本职工作,具有高度的责任心和严谨的工作作风。认真钻研业务,熟悉各种旅游基础知识,掌握最新旅游信息。

②严格执行和遵守国家的旅游方针和政策法规,自觉维护国家和集体的利益,保证游客的权益,不得利用工作之便营私舞弊,谋取私利。

③严格遵守工作程序,重大问题不得擅自决定,必须向有关领导汇报、请示、批准后再处理。

④在与有关部门、单位的工作往来中要维护本社的声誉,同时要善于合作,善于建立良好的往来关系。

⑤要严格遵守财务制度和有关合作单位的规定,既能维护本社的利益又不违反国家财务制度和各项相关规定,善于营造双赢的局面。

⑥一专多能,在工作过程中,对企业内部环境、市场情况、顾客的特点掌握得越全面,就越能优质高效地工作。

2)后勤人员的全面质量管理

为了达到以上要求,旅行社对于后勤工作人员必须加强管理,形成良好的内部运行机制。这就要求在旅行社内实行后勤工作的全面质量管理。

第一,要把对后勤人员管理的理念从检查为主变为预防为主,在工作中事先预测出可能出现的问题,在这一基础上提高后勤人员的工作水平以及解决问题的能力,防患于未然。

第二,要突出全员、全过程的质量管理。旅行社的后勤工作千头万绪,往往容易出现职责不清、互相扯皮、效率低下的问题。全面的质量管理在于让所有后勤人员了解管理是全体工作人员的事,不论领导还是普通员工都是管理链条中的重要环节,只有每个环节得到保证,才能保证总体的工作质量。

旅行社后勤人员在工作过程中,需要与别人建立联系,管理自己、激励别人、处理冲突、控制情绪等,这一切都与管理才能有关。对于大部分旅行社来说,许多人认为这一能力的要求往往是针对决策层、管理层而言,但是在市场导向的管理体制中,企业组织从"金字塔型"组织结构转变为"倒金字塔型"组织结构,服务工作决策权从管理部门和职能部门转移到工作第一线,每位服务员都成为"管理"人员。因此,管理能力不再是高层管理人员的"专利"。把工作责任落实到每个人、每个工作环节,有助于提高后勤人员的工作主动性。

3)后勤人员的管理途径

旅行社后勤人员个人能力的形成和培养途径有很多,但有些能力的形成如合作能力、沟通能力等,短期的培训不一定能产生立竿见影的效果,需要通过员工个人的自我完善、自我提高、不断实践、不断学习,逐渐得到发展和提高。旅行社对后勤人员实施管理的主要途径有:

(1)培养职业道德和协作意识

旅行社应培养后勤人员如何与周围的同事、同行、顾客、供应商等建立良好的关系,形成交往网络,利用社交群体,在讨论、交换、分享彼此信息的过程中,增长见识,丰富知识,提高个人能力。

(2)加强培训

大多数旅行社注重通过正式的、有组织的培训方式,使后勤人员获得与工作要求相关的知识和技能,如技能培训、专业知识辅导。旅行社应根据后勤工作的特点和企业的需要设计适合不同岗位、不同层次、不同需要的培训课程,并依据市场的发展,不断更新培训内容,使培训形成良性循环。

(3)不断提高工作人员的业务水平

旅行社后勤人员要通过设法解决工作中碰到的各种各样的困难,挖掘个人潜力,培养自己的洞察能力、分析能力、创造能力,不断地积累经验,提高专业服务技能。

(4)针对后勤工作的特点,制订严格的考核程序

对员工考核不应仅仅停留于数量考核,而应结合质量标准,对服务人员的工作实绩进行综

合的考核。管理人员通过质量评估,了解工作人员的工作态度行为,并帮助他们了解其工作方式存在哪些不足,如何改进,需要发展哪些方面的能力,给予指导性的意见。采用质量评估方法,有利于发现后勤人员的创造性业绩,并鼓励他们把这种创造能力进一步发扬。

（5）完善自我评估机制

旅行社后勤人员要通过对自己行为的评估,总结经验、吸取教训,并将经验逐步转化为知识、能力。例如,通过对服务过程中所遇到各种问题进行分析,对解决问题所采用方法加以评价,找出自己的不足,为以后的工作提供借鉴。

【教学互动】

◎通过角色扮演形式,小组成员分别扮演导游、计调、出纳,模拟导游在旅行社领取出团计划的工作场景,为带团补充物品和资料,保证带团活动的顺利进行。

◎模拟导游带团流程,请扮演导游角色的同学讲解一段导游词,并按表5-3对其讲解进行评分。

◎在模拟中,教师观察学生出错的地方,启发学生互相指出,并指导学生讨论和总结。

表5-3　导游讲解测评标准

姓名：	讲解题目：			
测试项目	评分要点	分值	得分	备注
景点模拟讲解 （共50分）	内容翔实、观点正确	10分		
	条理清晰、逻辑性强	10分		
	详略得当、重点突出	10分		
	讲解生动、有感染力	10分		
	讲解具有沟通性、现场感	10分		
回答问题 （共30分）	导游规范：回答正确、简明扼要	10分		
	应变能力：回答正确,思维敏捷；具有分析、处理和解决问题的能力以及临场应变能力	10分		
	综合知识：熟练掌握本地的时政、经济、文化、社会发展等知识	10分		
语言表达 （共15分）	普通话标准,清晰、流畅	5分		
	语法正确,用词准确、恰当	5分		
	态势语言自然得体	5分		
仪表礼仪 （共5分）	着装打扮得体、整洁,言行举止大方	3分		
	符合导游礼仪礼貌规范	2分		
合计	100分	得分：		
评语				

【完成成果】

◎分组画出导游出团准备流程图(上交)。

◎分组画出导游带团流程图(上交)。

◎参考旅行社员工管理表格(表5-4、表5-5、表5-6),分组调查旅行社的规章制度,并上交文档。要求包括劳动条例、休假制度、考勤制度、奖惩制度、员工纪律等主要内容。

表5-4　旅行社员工登记表

姓名		性别		民族		照片
身份证号码						
部门		工号		职务		
试用时间		转正日期				
试用工资		转正工资				
其他补助						
入职后履历						
培训情况	培训时间	培训内容	培训地点	考核结果	备注	
职务变动记录	原职务	新任职务	到职时间	调整原因	备注	
工资变动记录	原工资标准	新工资标准	生效日期	调整原因	备注	

表5-5　旅行社员工月度岗位评价表

姓名		部门			职务		
考勤奖惩	迟到	旷工	病事假	严重违纪	书面表扬	全勤	加班	月考核总分
加(扣分)	−2	−15	−2	−5	+5	+5	+5	当月绩效
项目		评价内容及配分				初核	复核	

续表

				初评
贡献值 (满分 40分)	月绩效100%,保质保量完成上级交办的任务,得分40			
	月绩效完成80%,保质保量完成上级交办任务,得分20			
	月绩效完成60%,保量未保质完成上级交办任务,得分10			复核
敬业精神 (满分 20分)	无违纪,保持全勤,正常参加全部会议,无严重违纪,得分20			
	未能参加公司会议,无严重违纪,得分15			平均分数
	违纪或缺勤,无严重违纪,得分8			
团队协作 (满分 20分)	热心帮助同事,善于理解上级意图,会议积极发言,得分20			等级
	沟通少,发言少,分享少,得分15			
	未能及时给予同事支持,沟通比较困难,发言不合要求,得分8			好:80~100分 较好:70~79分 正常:60~69分 差:40~59分 极差:20~39分
学习力 (满分 10分)	做会议和谈话记录,提出创意实例,改进工作细节,得分10			
	有建设性想法,无实际表现,得分6			
其他 (满分 10分)	超额完成绩效、收款、无投诉、敢提出意见、敢于争取第一,得分10			
	责任心强,为公司利益着想,得分6			
	能以绩效和业务为重心进行工作,得分4			
意见及 改进措施	主管:		被评价人:	说明:
审阅签字	行政部:		总经理:	

表5-6 导游年度考核表

姓 名		学 历		照 片 (1寸免冠红底露眉露 耳正面证件照)
出生年月		性 别		
政治面貌		民 族		
导游资格 证书号码		资格证颁证时间		
导游语种		身份证号码		

续表

导游证卡号		导游证 编　号			
导游等级 证书号码		等级证 颁证时间			
家庭住址			邮政编码：		
住宅电话		手机号码			
合同期限		自　　年　　月　　日至　　年　　月　　日			
当年带团量		自　年　月　日至　年　月　日共带团　批，人次，共　天。			
当年业务情况	有无损害国家和民族言行	有无私自承揽导游业务		有无索要小费	有无擅自增加减少行程
	有无诱导安排游客参加黄赌毒活动项目	有无欺骗胁迫游客消费		有无私自转借导游证	其他
	游客反映情况	游客反映良好率　%		表扬　次	投诉　次
扣分情况	一次扣10分	累计扣10分	8分　6分	4分　2分	0分
接受处罚情况					
当年考核结果	优　　良	中　　及格	不及格	评语：	

任务 5.2　管理旅行社接待过程

【教学目标】

知识目标

掌握团队接待的原则和程序、流程。

认识旅行社危机管理和财务管理的重要性。

掌握催收欠款的要点和方法。

能力目标

能对团队的接待过程进行管理。

能处理日常危机事件。

能催收欠款。

【任务引入】

阅读下面的案例,讨论:旅行社应当在案例中吸取哪些教训?怎样管理好旅行社接待过程?

过程监控不容忽视

刘某等24名游客在国庆期间,参加某旅行社组织的九寨沟四姑娘山9天豪华团,团费3920元/人。由于旅行社提供的服务存在质量问题,遂向旅行社投诉,在得不到及时解决的情况下,向四川省质监局投诉。投诉内容包括:①旅行社住宿安排严重违约,安排他们到一些无星级及卫生条件差的旅店入住。②用餐条件差,三个正餐吃冷饭菜。③全陪服务水平不达标。④缩减行程安排。由于双方未能达成一致意见,交省质监局处理。

经质监局调查核实,旅行社存在以下质量问题:①合同规定该团为豪华团,九寨沟和成都安排入住三星级或相当于三星级标准酒店,四姑娘山住标准间,茂县入住二星级或相当于二星级标准酒店。而实际上旅行社只在茂县和四姑娘山安排了符合约定的标准酒店以外,其余都安排入住无星级旅店。②旅行社导游没有跟团往返,只在目的地陪同游客参观游览,没有提供全陪服务,且分景点导游没有讲解。③部分用餐标准不达标。④没有按行程安排参观小熊猫馆等景点。最后,质监局作出了该旅行社应赔偿游客每人410元的处理决定。刘某等游客对质监局的处理决定不服,起诉到人民法院,法院就此案进行调解,最后当事人双方以旅行社给刘某等游客每人800元经济赔偿,诉讼费各付50%为条件,达成和解。

【任务分析】

通过这个案例,旅行社应吸取以下几点教训:

旅行社要加强过程监控,规范接待的流程,加强游客在消费过程中的质量监控,并建立和完善质量管理机制,保持投诉渠道畅通,及时、有效地处理投诉。游客对旅游服务质量不满意,首先会向旅行社投诉,问题解决不了,才向质监局投诉,因此旅行社要切实做好游客的投诉处理工作,把问题解决在萌芽状态。保护游客的权益,不仅能维护旅行社的品牌,也能获得游客对企业的信任。

【相关知识】

上述案例由于旅行社在接待过程中没有及时、有效地处理,引起游客投诉不断升级,最后起诉到法院,对簿公堂。纠纷虽然在法院的主持下得到调解,但旅行社为此耗费了大量的人力、物力和时间,支付了较大的经济赔偿金,并严重影响了旅行社的声誉。因此,旅行社应该在接待过程中注重管理,防患于未然。

5.2.1 管理旅行社接待过程的原则

在各个旅游阶段,充分贯彻规范化管理是确保接待质量的最有效方法,它包含标准化管理、流程化管理、个性化管理、诚信化管理四个内容。(图5-2)

图 5-2 管理旅行社接待过程的原则

1)标准化管理

旅游接待过程的标准化是指旅行社应按照"一定的标准"向旅游团队提供旅游过程中的各种相关服务。"一定的标准"指的是由中国国家旅游局、全国旅游标准化技术委员会发布实施的一系列国家标准和行业标准。旅行社的从业人员应该熟知这些标准,并按标准的要求进行业务流程管理。

这些标准主要有:《导游服务规范》(GB/T 15971—2010)、《旅行社入境旅游服务规范》(LB/T 009—2011)、《旅行社国内旅游服务规范》(LB/T 004—2013)、《旅行社安全规范》(LB/T 028—2013)、《旅行社服务网点服务要求》(LB/T 029—2014)、《旅行社服务通则》(GB/T 31385—2015)、《旅行社出境旅游服务规范》(GB/T 31386—2015)、《导游领队引导文明旅游规范》(LB/T 039—2015)、《旅行社行前说明服务规范》(LB/T 040—2015)、《旅行社老年旅游服务规范》(LB/T 052—2016)、《港澳青少年内地游学接待服务规范》(LB/T 053—2016)、《研学旅行服务规范》(LB/T 054—2016)、《旅游产品在线交易基本信息描述和要求》(LB/T 062—2017)等。

2)流程化管理

流程就是标准作业程序,流程化管理是指对旅行社接待服务的每一环节和每道程序都作出详细的规定,并据此向旅游团提供接待服务。流程化能够使旅行社在接待过程中减少事故隐患,保证接待过程中各项工作的落实,从而最终提高旅行社服务的质量。同时,接待服务流程化还有助于旅行社对接待服务质量的监督和管理,使得接待服务有章可循。

3)个性化管理

旅游接待服务的个性化是指研究不同类型游客的个性特点,提供具有针对性的服务。旅行社接待的游客来自不同的国家和地区,有着不同的生活习惯、文化背景、宗教信仰、价值观念,对旅游接待服务的要求也有不同程度的差别。旅行社应针对旅游团队不同特点,在坚持规范化原则的同时,尽可能充分照顾游客的个性化要求,提供有个性化的服务,使旅游过程显得温馨愉快。

旅行社的特色是在规范与非规范的有机结合中构成的。业内人士现在普遍的看法是越是高档次的旅游企业,越是要把个性化服务纳入规范化的内容,越是能充分满足游客的特殊需求。

4)诚信化管理

旅行社应加强自律,主动践行"游客为本、服务至诚"的行业核心价值观,推进旅游诚信体系建设,增强游客的旅游质量获得感和幸福感。旅行社的诚信化管理如:努力构建完善的诚信体系,形成诚信经营的风气,开展诚信教育培训,推行诚信规范,建立诚信记录档案和诚信经营约束机制,加强诚信监管,进行诚信评价,直接与员工的工资奖金挂钩。

旅行社在经营过程中,有下列行为之一的,应视为不诚信:以不合理的低价组织旅游活动;在旅途中擅自变更行程、变更服务项目或者中止服务活动;向游客强迫索取包价旅游合同以外费用;收取购物场所或者付费旅游项目经营者回扣等不正当利益;无正当理由不履行法定合同约定义务;非法泄露游客信息;不执行政府旅游突发事件应急预案的相关措施和要求;从业人员发生价格欺诈、强迫交易、欺骗诱导游客消费的情形;从业人员侮辱、殴打、胁迫游客。

【同步讨论】

旅行社在接待过程中,可以提供哪些个性化服务?进行诚信化管理的办法有哪些?

【业界语录】

诚信建设是旅游产业健康发展的重要保障,是旅行社重塑行业自信、产业自信、事业自信的根本要求。

——国家旅游局副局长,王晓峰

5.2.2 管理旅行社接待过程的流程

旅行社的接待工作可以分为接待前阶段、接待阶段、总结阶段三大部分。接待前阶段指旅游行程开始之前,旅行社的准备阶段;接待阶段指旅游团队从集合到解散的整个时间段。在这两个阶段,旅行社的服务质量管理规范要贯彻始终,接待服务的高质量才能落到实处。总结阶段是对工作反思阶段,不仅可以归纳出成功经验,更重要的是可以对工作失误及时总结,避免再犯。

1)管理准备阶段(图5-3)

(1)落实接待计划

接待计划是游客活动的依据,其落实质量的高低将直接影响游客对旅游活动的评价。接待计划应报部门经理审阅、签字后，及时发给计调、接待、财务等部门。计调部门根据此计划落实吃、住、行、游、购、娱等各环节的安排。

（2）安排适当的接待人员

旅行社委派上团的导游必须通过全国导游人员资格考试，取得国家旅游局颁发的导游证。旅行社应根据接待计划中对游客的介绍，以及游客的文化层次、年龄结构、职业特点等因素，选派合适的导游。人选不当会造成工作的失误，重点团要求经验丰富、反应灵敏，并具有一定协作能力的导游。专业团的陪同要求外语水平高，具有专业知识的导游。游览团的陪同要求性格开朗活泼的导游。总之，要根据旅行团的特点，选派相应的导游，才能取得理想的接待效果。

（3）检查接待工作的准备情况

在准备阶段，应适时检查或抽查准备工作的进展情况和接待计划的落实情况，以便发现计划的不足之处和可能存在的漏洞，特别是对重点旅游团（者）的接待计划和活动日程，应予以特别关注，并提供必要的指导和帮助，确保各个环节的工作顺利进行。

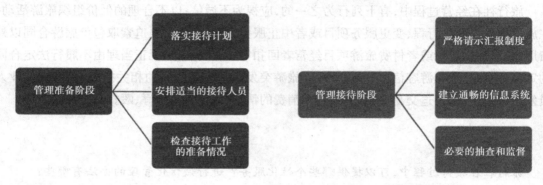

图 5-3　管理准备阶段的内容　　　　　图 5-4　管理接待阶段的内容

2）管理接待阶段（图 5-4）

管理接待阶段是旅行社工作中最困难也最薄弱的环节，接待阶段的管理主要包括以下三个方面。

（1）严格请示汇报制度

旅游团队接待工作是一项既有很强的独立性，又需要有旅行社加以严格控制的业务。一方面，担任旅游团接待工作的接待人员应具有较强的组织能力、独立工作能力和应变能力，以保证旅游活动的顺利进行。没有独立解决突发事件能力，不注重随时请示汇报的导游，是不能胜任独立接待旅游团的重任的。

另一方面，在遇到旅游接待计划发生重大变化的情况也不请示，自作主张，甚至出了事故隐匿不报的做法是错误的。为了加强对旅游团接待过程的管理，旅行社应根据自身实际制订请示汇报制度，并严格执行。

这种制度既要允许接待人员在一定范围内和一定程度上拥有随机处理问题的权利，以保证接待工作的高效率，又应要求接待人员在遇到重要变化或事故时及时请示有关部门，以取得必要的指导和帮助。

（2）建立通畅的信息系统

在社内要形成通达、快速的信息上报反馈机制，使旅行社能及时掌握各旅行团的活动进展情况，并及时采取有效措施，弥补接待过程中的服务缺陷，减少不必要的投诉，维护良好的声誉。

（3）必要的抽查和监督

抽查和监督是直接获取有关接待方面信息的有效途径，通过这一途径，旅行社管理部门可以迅速、直接地了解接待服务质量和游客的评价，为改进旅行社工作提供可贵资料。

【同步思考】

旅行社可以通过哪些途径对接待过程实行抽查和监督？

3）管理总结阶段（图5-5）

（1）检查陪同日志和接待记录

对旅游服务质量信息收集、反馈及处理制度化；旅行社应收集由游客填写的"游客旅游服务评价表"，对游客进行回访，主动征求游客旅行意见及建议，并通过陪同日志和接待记录，了解游客接待情况和相关部门的协作情况，为旅行社改进产品、提高导游水平和完善协作网络提供必要依据。

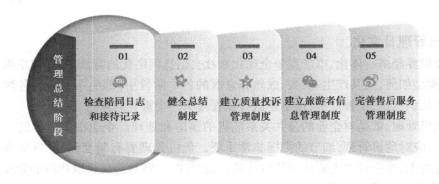

图5-5 管理总结阶段的内容

（2）健全总结制度

总结是接待服务不可缺少的一个环节，是旅行社提高工作效率和服务质量的必要手段。凡是总结制度健全的旅行社，其服务质量和接待人员水平就高，直接影响到旅行社的健康发展。通过审查重大事件报告可以积累经验，及时发现重大问题，采取补救措施。

（3）建立质量投诉管理制度

设立专门质量投诉管理机构、投诉电话并向游客公布；快速有效地处理投诉，并建立投诉档案，保存游客的反馈信息和处理结果等记录；定期对游客投诉原因及薄弱环节进行分析，找出发生或潜在质量问题的根本原因，采取纠正或预防措施以消除该根本原因，同时对改进情况进行跟踪。

对受到游客表扬的导游可采取精神鼓励、物质奖励等方法,更加激发其工作热情,并树立榜样,促进全社的进步。对于游客投诉,要仔细调查,在事实确凿的情况下,采取恰当的处理措施,对失误较小的导游可采用批评教育等方法,对情节严重者,则要作出必要处罚。

（4）建立游客信息管理制度

旅行社应加强数据平台的建设,将游客的信息通过信息管理系统把旅行社业务的各个环节集成起来,共享信息和资源,同时利用现代的技术手段来寻找潜在客户,有效地支撑旅行社的决策系统,达到增强旅行社市场竞争力的目的。

（5）完善售后服务管理制度

售后服务是指旅游活动结束之后,旅行社向游客提供的后续服务。旅行社售后服务的目的是主动解决客人遇到的问题,为旅游服务过程中的纠纷和矛盾进行有效的善后,同时负责处理游客在事后的旅游投诉,并强调通过加强同客人的联系来维护客人的忠诚度。

售后管理制度是在游客消费完旅行社提供的旅游服务以后,旅行社对旅游服务质量信息进行收集整理,进行投诉处理、维护客户等服务的管理制度。旅行社应完善售后服务的管理、跟踪服务质量,建立游客档案,从而提高旅行社的客户可信度,增加回头客。

旅行社仅有高质量的接待服务是不够的,良好的售后服务不仅是优质接待服务的延续,也是旅行社自身营销的一个重要途径。在某种程度上,售后服务是对游客心理需求的关怀和满足,做好售后服务有利于巩固和扩大客源,保障客源充足,为旅行社的安全发展、可持续发展奠定基础。

4）危机管理日常化

在当今世界经济一体化、市场竞争全球化和社会信息网络化的背景下,任何组织无论其规模、性质和类型如何,在其产生、发展、成熟和衰落的各个阶段中,都免不了出现各种各样的危机。企业要认识危机,了解危机,这也是旅行社管理中一个重要的课题。

所谓危机管理,就是对企业的公共关系危机的预防和处理。企业很多危机的产生都起源于很小的事,应对危机管理,细节的把握非常重要。危机管理要有制度保证,也牵涉企业每个员工的危机观念,旅行社首先要认识旅行社危机的形式,并针对危机采取相应的管理机制。

（1）旅行社危机管理的形式

①产品以及价格危机。由于我国旅行社普遍规模较小,对产品的开发、营销与推广较少下功夫,投资不力,往往出现"一家开发、大家搭车"的现象,产品质量标准化程度较低,产品重复利用、压价竞争现象严重,造成产品质量参差不齐,甚至产品质量低劣,在旅游市场上就出现了严重的旅游产品与价格危机。

【拓展学习】
旅行社接待业务的工作流程

旅行社要管理好接待过程,首先要熟悉接待业务的工作流程,下面来学习一下旅行社接待业务的工作流程。（图5-6）

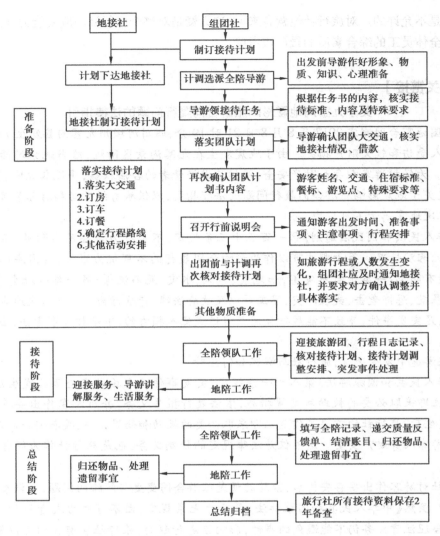

图 5-6 旅行社接待业务流程图

②信誉与人才危机。旅行社信誉是在长期的服务过程中,其产品和服务给社会公众及顾客带来的整体印象和评价。产品质量、性价比、售后服务、合同等,都可能给旅行社整体形象带来损害,使旅行社信誉降低,给旅行社造成信誉危机。旅行社的人才危机是指由于某种原因,掌握旅行社核心客源和商业秘密的人员,以及营销、导游方面的骨干突然流失,给旅行社的经营活动带来困难。

③财务危机。由于旅行社合作伙伴的变化,重要客户的流失,"三角债"的出现,投资决策的失误,利率、汇率的调整等,使旅行社投入增加,收益减少,财务出现了亏空,入不敷出。

④突发事故危机。首先是不可抗拒的自然灾害,如地震、水灾、火灾等;再就是人为造成的事故,如人身伤害、行程变更、刑事案件、疾病、财产损失、交通事故等。对旅行社来说,以上这些情形都表现出突发性、紧迫性、威胁性的特点,不及时处理或处理方法不当,或在危机面前惊

慌失措都是不允许的。对旅行社经营者来说,这无疑是对整个旅行社的应变能力、经营者的决策能力及全体员工的综合素质的最严峻考验。

【相关链接】

关于九寨沟地震影响旅游合同履行问题的法律指引

据中国地震台网测定2017年8月8日21时19分,四川阿坝州九寨沟县发生7.0级地震,造成数十人受伤和较大财产损失。由于地震发生在九寨沟景区附近,给当地旅游活动造成了严重影响。为保护游客人身和财产安全,维护旅游经营者的合法权益,降低本次地震造成的损失,特制定关于地震影响旅游合同履行问题的法律指引,以供旅游经营者和游客参考。

一、本次地震属于不可抗力

《中华人民共和国民法通则》第一百五十三条规定,不可抗力是指不能预见、不能避免并不能克服的客观情况。至于哪些可以作为影响合同履行的不可抗力事件,我国法律没有具体规定,一般有两类:一类是自然灾害,如地震、台风、水灾、泥石流等;另一类是社会事件,如战争、动乱、暴乱、恐怖袭击、武装冲突、罢工等以及政府法律、行政行为等。而本次地震显然属于不可抗力,是突发事件,导致不能履行合同或者造成他人损害的,不承担民事责任,法律另有规定的除外。

二、旅游途中发生地震,旅行社与游客如何应对

《中华人民共和国旅游法》第八十一条规定,突发事件或者旅游安全事故发生后,旅游经营者应当立即采取必要的救助和处置措施,依法履行报告义务,并对游客作出妥善安排。因此,地震发生后,旅行社的首要工作是立即采取必要的救助和处置措施,妥善安排游客,尽最大能力保障游客人身财产安全。这不仅是法律规定的强制义务,也是旅行社作为经营者应尽的社会责任。

旅行社对游客作出妥善安排后,紧随的便是旅游合同变更与解除的问题,是调整行程还是提前返程?虽然《中华人民共和国旅游法》第六十七条规定,因不可抗力或者旅行社、履行辅助人已尽合理注意义务仍不能避免的事件,影响旅游行程的,旅行社和游客均可以解除合同,但从保障自身安全与降低损失角度考虑,游客不宜解除合同。因地震影响导致后续安排具有不确定时,旅行社应当按照多数游客要求安排,游客应当听从、配合旅行社的安排。《中华人民共和国旅游法》第十五条也规定,游客应当配合旅游经营者采取的安全防范和应急处置措施,否则应承担相应责任。当然,游客如对旅行社的安排存在异议,可以在回程后解决,法律已规定相应的救济途径,如向旅游行政主管部门投诉、提起诉讼等。切忌为一己私利,采取不理性手段,过度维权,害人害己。《中华人民共和国旅游法》第七十二条规定,游客在旅游活动中或者在解决纠纷时,损害旅行社、履行辅助人、旅游从业人员或者其他游客的合法权益的,依法承担赔偿责任。此外,国家也出台了《国家旅游局关于旅游不文明行为记录管理暂行办法》,对游客损害旅游经营者合法权益、扰乱旅游秩序等不文明行为予以记录与惩治。

三、近期赴九寨沟旅游团如何处理

因地震刚发生势必影响九寨沟景区的开放,旅行社与游客应本着尽量促使合同目的实现的原则处理。首先,是变更合同。采取延期出行、更改行程等方式避开受影响的地区和时段,并协商承担由此产生的费用,以最大限度地降低双方的损失。其次,是解除合同。在合同无法通过变更继续履行时,则解除合同,以减少损失。解除合同的,旅行社应当及时停止订购或取消机票和酒店房间,及时通知地接社取消委托事项,尽量降低游客损失。

根据《中华人民共和国旅游法》第六十七条规定,合同解除的,组团社应当在扣除已向地接社或者履行辅助人支付且不可退还的费用后,将余款退还游客。因此,若解除合同时,旅行社尚未产生相应的预订酒店、机票、地接等费用的,则应全额退还游客已支付的旅游费用;若旅行社已经产生必要费用的,则旅行社应保留好支付费用的相应凭证及合同,并在扣除必要费用后,将余款退还给游客。

广东省旅游局、广东伟然律师事务所
2017 年 8 月 9 日

(资料来源:广东省旅游局)

(2)旅行社危机管理的方法(图 5-7)

要想使旅行社不发生危机是不可能的,关键的问题是如何预防危机,这就需要旅行社全体员工居安思危,采取积极的预防措施,防患于未然。

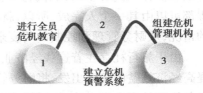

图 5-7　旅行社危机管理的方法

①进行全员危机教育。危机意识是一种竞争意识、超前意识、鞭策意识,也是一种凝聚剂,它能使整个企业像一个人那样,统一步伐,应对挑战。因此,危机教育已经成为一种先进的经营理念,被国内外许多知名企业广泛运用。旅行社的高层管理者要首先感觉危机,认识危机,方能教育别人。要经常地、系统地讲形势、讲问题,使员工牢固树立危机意识和主人翁责任感,才能常备不懈,把外部的危机转变成具有激励、压力、鞭策效应的机制,将危机意识传导到每个员工的心里。

②建立危机预警系统。即灵敏、准确的信息监测系统。及时收集相关信息并加以分析处理;定期或不定期地开展组织自我诊断,分析内部条件与持续发展的适应性以及经营状况,客观评价旅行社现状,找出薄弱环节,以便及时捕捉到旅行社的危机征兆。一般情况下,危机都有它的先兆,如受到政府和新闻界的严密监督和关注,自身频繁发生各类问题,顾客投诉增加等,都是危机发生前的不祥之兆。为此,应建立顾客访问制度,如电话询问、质量反馈等,及时了解顾客意向,掌握顾客动态。此外,也可以通过社会调查机构,使社会各界对本旅行社的产品、服务情况及效果进行全面调查。

③组建危机管理机构。危机管理机构应由旅行社高层管理者和各专业部门的管理人员组成,以增加其权威性和快速反应能力。其主要任务就是全面掌握旅行社危机管理方面的情报,制订危机处理预案,及时预测、预报危机的发生;超前决策、超前计划,协同有关部门制订有效的处理危机措施;在危机发生时,及时组织处理各种突发事件。危机过后,全面处理善后工作。

5）财务管理全程化

（1）旅行社营业收入的确认

在旅行社的经营收入中，代收代支的款项占很大比重，这也是其在业务经营中区别于其他企业的一个重要特点。旅行社在确认营业收入时采用权责发生制原则，即在符合以下两种条件时，可确认其获得了营业收入：旅行社在企业的劳务或商品已发出；旅行社已收到价款或取得了收取价款权利的证据。

入境旅游以游客离境或离开本地的时间作为确认其营业收入实现的时间；出境旅游以游客返回原出发地的时间作为确认其营业收入实现的时间；地接社以游客离开本地的时间作为确认其营业收入实现的时间；组团旅行社以游客旅行结束返回原出发地的时间作为确认其营业收入实现的时间。

（2）促进财务业务与旅行社业务全过程结合

旅行社的业务有不同于其他行业的独特性。由于旅行社多年的传统操作方式和其独有的经营模式，业务员掌握着经营业务的全过程。从客户资源的取得、业务操作的流程，到业务的外发和协作（寻找地接社和同行业务输送），再到最终价格的确定和资金的回收，整个业务流程都可以由其一个人完成，所以，就产生了对业务员业务流程监管的失控和资金结算管理缺位的情况，从财务管理和控制的角度来看，是一个严重的缺失，也是一个监控的死角。

由于旅行社存在着这些经济业务的特点，因此，旅行社要从加强财务管理、规范财务秩序、提高经济效益的角度出发，将财务管理的要求贯穿到旅行社经济业务的各方面，全方位地运用财务管理的观念和方法，使财务管理的要求与业务发展的方向紧密地联系在一起。只有这样，才能使财务管理的观念和要求成为经济业务的一个重要的关键支撑和支柱，使业务人员成为财务管理的一个控制环节，使财务人员成为业务运行的一个管理节点，以达到财务管理与控制的目的。

（3）加强旅行社财务风险管理（图5-8）

第一，建立健全旅行社的财务风险管理体制。完善的风险管理体制对于旅行社财务风险管理发挥着重要的作用，这种体制包括培养旅行社员工良好的财务风险管理意识、提高财务决策的科学化水平、建立积极有效的财务风险预警与监管机制等。

图5-8　旅行社财务风险管理的方法

第二，要设立专门管理机构，提高财务应变能力。旅行社应将财务安全监管贯穿于经营管理工作的始终，以寻求最优的管理方法，减少财务风险给旅行社带来的损失。

第三，加强应收账款管理，减少坏账损失。旅行社对应收账款的管理非常重要，要严格规定应收账款的额度,尽量控制赊账,根据合作方的诚信状况、一贯表现设置结算时间,总体来说结算期限不宜过长。刚开始的合作最好一团一结,没有预付款则不接团。对已经发生的应收账款要组织力量加强催讨,及时计算应收账款的平均周转天数,加速资金周转,降低坏账风险,优化旅行社财务结构。

第四,积极购买保险,减少财物安全损失。旅行社向保险公司投保,可以使旅行社在发生安全事故时获得经济补偿,减少经营过程中的不确定性。因此,旅行社为减少其经营过程的财务安全损失,应充分利用保险公司这一外部条件。

第五,加强旅行社的费用管理。旅行社的收入具有时间性和季节性等特点,因此,加强成本费用管理,对减少旅行社资金的占用量、提高资金的使用效益、减少财务风险的发生具有重要意义。应运用预算控制、制度控制、标准成本控制等方法,严格控制各项成本费用开支。旅行社成本费用管理的目的在于对旅行社的各项成本费用进行分析,按照管理目标对各环节进行严格管理,尽量减少成本费用支出,增加旅行社的利润。

(4)旅行社催收欠款的要点

首先,要调整心态,坚定催收欠款的信心。

其次,要做好欠款的风险等级评估。对不同类型的团款采取不同的催收方法,施以不同的催收力度。还要做好催收欠款的全面策划工作,制订出一个划分轻重缓急的回收计划。在催收欠款的过程中,还需归纳整理账目,做到胸有成竹,与客户对清账目,并留下其签字或盖章凭证,以防在今后收欠款时发生纠纷。

最后,在收到欠款后,要做到有礼有节。在填单、签字、销账、登记、领款等每一个结款的细节上,都要向具体的经办人真诚地表示谢意。如果客户的确发生了影响及时付款的事件,在理解客户难处的同时,让客户也理解自己的难处。

总之,企业只有建立了有效的预警制度,资金链才能实现良性循环。

(5)旅行社催收欠款的方法

在旅行社经营中,没有什么工作比催收欠款这项工作更难了。旅行社应对资金回收作出明确的要求和规定,对合作单位的商誉、偿债能力、支付能力作出调查与评估。旅行社应当统一制订合同样本,合同条款不经许可不可以随意变更。

旅行社催收欠款的方法如下:

第一步,培训:组织外联人员、财务经理、副总经理、总经理进行培训。学习的主要内容为:

首先,催收要有正确的心态,即怀着志在必得的心态上阵。此外,在催收中要注意运用各种技巧。

其次,聘请律师为大家讲解相应的民法以及关于债权合同的知识,大家懂得了法律的基本常识,可以避免犯错误。

再次,在催欠中的准备阶段,对重点欠款户要设法摸清欠款人的历史、信誉、目前企业的运转状况,弥补以前证据不足和对公司不利的漏洞。

最后,外联人员先制订出催收计划,再找合作商制订出还款计划。对债务进行管理,分清重点、难点,对每笔债务进行事前规划。每个催款人员应与公司相关部门密切配合,保持协调,对可能出现的意外问题及时进行处理。

第二步,计划实施:培训到位后,就开始实施计划。

首先,大家一起商议制订目标和催款计划、期限,以及制订催欠制度。制订催欠团款与收入挂钩的分配奖励制度,对有特殊贡献者还要进行个人奖励。

其次,确定催欠纪律。例如:不该对外说的绝对不说;不允许对客户乱表态;对外的承诺一律以总经理的批示为依据,其他形式无效;现金只能打入公司账户,不准随身携带或私存等。

最后,商议对"特殊户"采取"特殊"处理的方案。用合理的方法对一些"特殊"的欠款户进行"特殊"处理。

【拓展阅读】

旅行社如何应对垫付团款?

旅行社一次欠款处理不好,就要赔钱,所以旅行社应宁愿少挣钱,也不能冒风险去垫付大量的团款。对于已经欠款的,要逐步收回,而且应该认识到:

第一,垫付团款是一种缺乏自信心的短期行为。要实现旅行社的最大利益,必须首先为用户创造更多的价值,在帮助用户获得利益的过程中,旅行社自然也会得到发展。旅行社竞争的手段有很多种,有以品牌取胜的,也有以垄断资源取胜的;有以新产品取胜的,也有以规模经济、靠价格战取胜的,但还没有听说哪个旅行社是靠为别人垫付款项而发展起来的。旅行社之所以为别人垫付团款,是因为没有可竞争的手段。

第二,不搞垫付团款是一个"筛子",可以使我们筛选到真正优秀的合作伙伴。急于求成往往会留下很多隐患。不少旅行社甚至到了零利润还垫付,使得一些组团旅行社养成了拖欠款的毛病。这种短期行为最终既害客户,又害自己,致使整个行业的信誉受到严重的影响。真正有眼光的合作商会选择长远而稳定的利益,不会只顾眼前的利益,应看重的是企业的实力、信誉和文化,注重的是接待质量、产品开发、服务环节等方面。如果长期拖欠还款,双方很容易产生矛盾,不利于长期合作。

第三,不搞拖欠可以确保企业的接待质量,使企业的发展建立在稳定可靠的基础之上。

【教学互动】

◎教师给出旅行社接待过程的相关表格(表5-7、表5-8),要求学生学习后分角色扮演游客旅行社经理、计调、销售、导游,模拟周边线路团队的接待任务,针对学生的小组演示,教师提出团队接待过程的突发事件,请学生现场处理。

◎教师对学生的模拟进行指导,帮助学生补充完善团队的接待方法。

表5-7 游客意见反馈表

尊敬的游客：

感谢您参加我社组织的旅游活动,为进一步提高我社导游服务质量,提升企业良好信誉,为广大游客提供更周到的服务,请您如实填写以下意见表,以便我社及时了解情况、改进服务,谢谢合作!

旅行社质量监督电话：×××××× 　　　旅游投诉电话：96118、2399900

×××旅行社

团队编号		团　号		目的地	
旅游时间		出游形式		散客☐	团队☐
内容＼评价	好	较好	一般	差	内容＼评价	是	否
游程安排					是否签订旅游合同		
用餐质量					是否有被强迫购物或自费项目		
住宿安排					是否有景点遗漏现象		
车辆车况					导游是否索要小费和私拿回扣		
导游服务					导游(领队)是否佩戴导游证		
司机服务					旅游过程中是否有安全提示		
总体评价					是否会再次选择本社旅游		
意见建议							

全陪导游(领队)签名： 　　　　　　地接导游签名：

表5-8 旅行社安全自查检查表

序号	检查内容	是否达标	存在问题	整改情况
1	建立、健全并落实安全生产责任制及各项工作责任制			
2	进行规范宣传广告			
3	与游客签订的旅游合同包含安全事项的内容			
4	导游带团队执行派团单规定的旅游线路、车辆、住宿、用餐等			

续表

序号	检查内容	是否达标	存在问题	整改情况
5	旅行社和导游(领队)了解旅游线路及所到景区的安全注意事项并及时告知游客			
6	旅行社租用的旅游车辆是合法、有营运资质的车辆和司机			
7	领队或导游带团时持有派团单并佩戴导游证			
8	规范组团派团程序			
9	按规定投保旅行社责任险			
10	告知游客投保人身意外险			
11	遇到突发公共事件时能按《旅游突发公共事件应急预案》执行			
12	对通过出国(境)旅游渠道滞留不归的行为严加防范			
13	其他安全项目			

【完成成果】

◎分组制作旅行社接待质量调查表、导游工作小结上交。

◎设计一个团队接待过程中发生的危机和解决危机的办法,制作成文档并上交。

【项目回顾】

旅行社接待业务是一项十分重要的旅游服务工作,也是旅行社的主要经营业务之一。本项目主要探讨了以营利为目的的旅行社提供旅游服务时,应当如何进行接待管理,分为两个部分的内容:管理接待人员和管理接待过程。

旅游团接待成功与否的关键,是旅行社为他们配备的导游及其服务质量。因此,旅行社必须高度重视这个问题,为每一个旅游团配备一名合适的导游,并对他们进行有效监控和恰当管理。为确保旅行社接待业务的质量,还应对后勤人员进行管理。

在管理旅行社接待过程中,旅行社应注意遵守接待过程的管理原则:标准化管理、流程化管理、个性化管理、诚信化管理。对团队的全过程实行全面质量管理,并做到危机管理日常化和财务管理全程化。

【同步练习】

一、填空题

1.高级导游应有大学专科及以上学历,并通过全国高级导游等级考试,取得中级导游等级满(   )年。

2.规范化管理包含（　　　　）四个内容。

3.旅行社在确认营业收入时采用权责发生制原则，即在符合以下两种条件时，可确认其获得了营业收入：（　　　　）。

4.出境旅游以（　　　　）作为确认其营业收入实现的时间。

二、选择题

1.导游划分为四个不同的等级，即（　　　　）。

A.一级导游　　　　　　　　B.初级导游　　　　　C.中级导游

D.高级导游　　　　　　　　E.特级导游

2.旅行社对后勤人员实施管理的主要途径有（　　　　）。

A.培养职业道德和协作意识　　B.加强培训　　　　C.不断提高工作人员的业务水平

D.针对后勤工作的特点，制订严格的考核程序　　E.完善自我评估机制

3.管理接待阶段要注意（　　　　）。

A.严格请示汇报制度　　　　B.建立通畅的信息系统

C.安排适当的接待人员　　　D.必要的抽查和监督

E.检查陪同日志和接待记录

4.在旅行社，后勤工作的主要人员就是（　　　　）。

A.计调人员　　　　　　　　B.票务人员　　　　　C.财务人员

D.行李员　　　　　　　　　E.导游

5.旅行社危机的形式可大体分为（　　　　）。

A.产品以及价格危机　　　　B.信誉危机　　　　　C.人才危机

D.财务危机　　　　　　　　E.突发事故危机

三、名词解释

1.标准化管理

2.流程化管理

3.危机管理

四、问答题

1.旅行社管理导游有哪些措施？

2.为什么要促进财务业务与旅行社业务全过程结合？

3.旅行社催收欠款的要点有哪些？

五、案例分析

30名北京游客原计划2015年8月20日17:00出发前往辽宁兴城，预计21:30左右抵达兴城并入住酒店。但是出发不到1小时，旅游车因不明原因突然抛锚，刚刚还欢声笑语的游客顿时变得鸦雀无声，神采飞扬的表情也变得惊慌起来，有的游客甚至冷嘲热讽地对导游说："咱们今天是'马路游'吧，让我们来数车玩、吃灰尘吧！"导游向司机了解情况后，安抚游客，但似乎毫无效果，便立即与旅行社沟通。请问旅行社接到导游汇报后，应该如何处理好该事件才

不致引起游客更大的不满？

【实操考核】

1.考核内容：制订旅游团队接待方案制作和角色扮演。

2.考核标准：方案应包括以下内容。

①成员的详细分工，明确各接待人员的职责和要求。

②逐一列出与各相关接待单位(酒店、餐厅、景区、车队等)的联络事项。

③编制每个行程的时间表(每天的具体时间和景点活动安排)。

④写明交通安排、住宿安排、用餐安排、导游安排、后勤人员安排的细节。

3.考核方法：小组通过课后查找资料、课堂讨论、教师引导建议等方法制订出旅游团队接待的方案，打印成文档上交。(表5-9)

表 5-9　旅行社团队接待评分标准表

小组成员：		模拟旅行社名称：	
测试项目	评分要点	分值	得分及备注
方案完成情况（共40分）	是否有成员的详细分工和明确的职责	10	
	是否列出与各相关接待单位的联络事项	10	
	是否有具体的时间和景点活动安排表	10	
	是否有团队接待安排的细节内容	10	
模拟演示情况（共50分）	导游的讲解是否通俗易懂、富有感染力	15	
	导游的对客服务是否符合规范	10	
	团队对突发事件的处理能力	15	
	团队接待过程中是否有财务的全程参与	10	
其他(共10分)	团队的配合度和完成度、成员的礼仪礼貌	10	
合计(共100分)		100	
评语：			

项目 **6**

旅行社产品
售后业务管理

【项目导读】

旅行社售后服务是指旅行社在游客旅游活动结束之后,继续向游客提供的一系列服务,以主动解决客人遇到的问题和加强同客人的联系。旅行社仅有高质量的接待服务是不够的,良好的售后服务是优质接待工作的延续。向游客提供新的信息并从游客那里得到意见反馈,不仅可以维持和扩大原有的客源,还可以不断更新产品内容,提高接待服务水平,让旅行社在激烈的市场竞争之中立于不败之地。本项目包含在售后业务中如何处理游客投诉以及维护客户关系两个方面的学习任务。

【项目主要内容】

项目6 旅行社产品售后业务管理		
项目任务	学习内容	内容分解
任务 6.1 处理投诉	6.1.1 关于《旅游经营者处理投诉规范》	1)旅游投诉的定义和受理范围
		2)处理投诉的基本要求
		3)设置处理投诉的机构、人员、制度
	6.1.2 处理投诉的原则	1)耐心倾听
		2)认真记录
		3)迅速处理
		4)加强防范
	6.1.3 处理投诉的流程	1)受理顾客投诉
		2)倾听沟通记录
		3)初步区分责任
		4)分析核查事实
		5)制订处理方案
		6)反馈处理结果
		7)存档汇总跟踪
	6.1.4 防范及处理旅行社常见投诉	1)防范和处理住宿、餐饮和购物问题的投诉
		2)防范和处理旅游车坏在途中的投诉
		3)防范和处理导游、司机甩团的投诉

续表

项目任务	学习内容		内容分解
		项目6　旅行社产品售后业务管理	
任务6.2 维护客户	6.2.1	建档客户	1) 客户的分类
			2) 客户档案的形式
			3) 客户档案的内容
	6.2.2	回访客户	1) 回访对象和内容
			2) 回访形式
			3) 回访时间
			4) 回访常用语
	6.2.3	关怀客户	1) 关怀客户的意义
			2) 关怀客户的形式

【学生工作任务书】

任务6.1	项目编号	建议学时	能力目标	知识目标	师生活动	完成成果
					学生工作任务书16	
处理投诉	6-1	4学时	能对游客的投诉进行妥善处理	①了解常见投诉的防范和处理 ②掌握旅游投诉处理流程	①教师给出各种投诉案例,请学生分别扮演旅行社人员和投诉者,进行投诉处理的模拟 ②模拟中,教师提出相关问题,通过提问启发学生在投诉处理过程中可能会发生的问题,让学生思考该如何处理 ③通过讨论,总结处理投诉的原则、方法和技巧	①绘制一份旅游投诉处理的流程图 ②收集一份旅游投诉的案例,模拟接待人员与投诉者之间的谈话,并填写一份旅游投诉记录表

续表

<table>
<tr><td colspan="7" align="center">学生工作任务书17</td></tr>
<tr>
<td>任务 6.2</td>
<td>项目
编号</td>
<td>建议
学时</td>
<td>能力目标</td>
<td>知识目标</td>
<td>师生活动</td>
<td>完成成果</td>
</tr>
<tr>
<td>维护客户</td>
<td>6-2</td>
<td>2学时</td>
<td>能对旅行社现有客户进行有效维护,从而稳固现有客户,开发潜在客户</td>
<td>①掌握建立客户档案的主要内容和方法
②掌握客户回访的方式方法
③了解客户维护的重要意义</td>
<td>①学生两两一组,模拟旅行社人员对游客进行电话回访的情景
②模拟中,教师提出相关问题,通过提问启发学生在回访过程中可能会发生的问题,让学生思考该如何处理
③通过讨论,总结客户维护的方法和技巧</td>
<td>①分别设计一份散客和单位的客户档案记录表(上交)
②分组设计一份旅行社的年度客户关怀方案(上交)</td>
</tr>
</table>

任务 6.1 处理投诉

【教学目标】

知识目标

理解行业标准《旅游经营者处理投诉规范》的相关要求。

了解常见投诉的防范和处理。

掌握旅游投诉处理流程。

能力目标

能对游客的投诉进行妥善处理。

【任务引入】

阅读下面的案例,思考:旅行社应该如何面对游客的投诉?

在旅行社干了15年,他为何说要"拥抱投诉"?

2003年从中国人民大学法学院研究生毕业入职中青旅以来,李广已经在这个"简洁和谐"的大家庭里度过了将近15个年头。

2012年5月,李广成为客户服务中心总经理,那时候客户服务中心的工作还以受理游客建议和投诉为主。实践过程中,李广发现其实很多客户的投诉完全可以通过完善合同、优化流程来规避,客服工作有更大的潜力可挖掘。于是,在他的提议下,中青旅客户服务中心变身为质监合规部。

李广曾经受理过这样一个投诉,一对新婚夫妇去韩国度蜜月,投诉酒店房间电视机播放的色情节目给他们造成了不好的影响。了解情况后,李广得知那种节目在当地是合法的,而且只是一个打马赛克的片花,如果想看是要支付费用的。虽然这个投诉后来不了了之,但是李广觉得也有隐患,"假设是一对夫妇带着十二三岁的小姑娘看到了这个节目呢?旅行社方面到底知不知道这个事情,知道了有没有做到提醒呢?每一起投诉都值得旅行社深挖,这就跟侦探破案一样。后来,我们对业务流程进行标准化,尤其是采购境外酒店时,要看看有没有不适合的场所和环节,比如赌场、色情场合,如果不能避免,也一定会要求业务部门在行程单和行前说明会上提醒游客。"

现在已成为中青旅质监合规部总监的李广认为:旅行社应该拥抱投诉,不要小看任何投诉,即使是无效投诉,也会给旅行社带来警示,帮助改进。

(资料来源:中国旅游报,有删减)

【任务分析】

旅行社应该遵守国家有关法律法规,诚信经营,认真履行合同,用心为游客服务,并教育员工在工作中注意保留相关的证据材料。当发生投诉时,积极处理,挽回客人的信任。如果旅行社只是从法律角度尽量规避问题,从责任角度上做到免责,而不从提升质量、关注客户体验的角度去考虑,那就是忘了"初心",问题必然会发生。

【相关知识】

6.1.1 关于《旅游经营者处理投诉规范》

《旅游经营者处理投诉规范》(LB/T 063—2017)(以下简称《处理投诉规范》)是国家旅游局批准,2017年8月15日予以公布,2017年10月1日起实施的行业标准,是旅行社处理投诉的指导性文件,本节内容大量引自该规范。

1)旅游投诉的定义和受理范围

《处理投诉规范》提出,旅游投诉是旅游者对旅游产品及服务质量向旅游经营者提出不满意的表示。当旅游经营者因违反合同约定或因不可抗力、意外事件致使旅游合同不能履行或者不能完全履行时;或者因旅游经营者的责任致使投诉者人身、财产受到损害时;以及发生其他争议和纠纷时,旅游经营者可以受理游客的投诉。

旅游经营者应受理投诉者直接提出的投诉,也应受理相关机构或部门转办的投诉。旅游经营者应受理游客本人提出的投诉,也应受理游客委托他人代为提出的投诉。对于委托投诉,旅游经营者应要求投诉者提交由投诉者签字并载明委托权限的授权委托书。

旅游经营者应提供满足投诉者需要的、灵活的投诉受理方式。受理的投诉方式可包括来电、来访、来函及其他。旅游经营者应设立电话、网络等投诉(咨询)沟通渠道,并予以公示。旅游经营者应向游客及时、准确、完整地传递:投诉受理范围和方式;投诉者应提供的材料;处理投诉的过程;投诉处理过程各阶段时限;投诉者反映意见以及获得反馈信息的途径;投诉者可选择的其他解决方式。

2)处理投诉的基本要求

《处理投诉规范》提出,旅游经营者应以旅游者为关注焦点,投诉处理方案应易于投诉者理解,处理流程便于操作;应对投诉迅速作出反应,密切关注相关社会舆情,主动跟踪并积极应对;应建立投诉处理的信息沟通和反馈渠道,及时、准确地传递与投诉处理有关的信息;旅游经营者要平等、公正地对待所有投诉者以及可能涉及的员工,即被投诉者,保护投诉者隐私;并依据国家有关法律、法规、标准和与旅游者签订的旅游合同处理投诉。

3)设置处理投诉的机构、人员、制度

《处理投诉规范》建议旅游经营者宜设立投诉处理机构。不具备设立专门投诉处理机构条件的旅游经营者,应指定专人负责投诉处理工作。旅游经营者应有满足投诉处理工作需要的必要场所、设施、设备以及相关工作文件和技术资料。有条件的旅游经营者宜设立投诉处理工作的专项资金。

旅游经营者应配置专兼职投诉处理工作人员。投诉处理工作人员应具有一定的工作经验,掌握国家有关法律、法规和标准,掌握本单位制订的投诉处理的规章制度,熟悉所提供的旅游产品方面的知识,具有良好的职业道德、沟通协调能力以及突发事件防范应急处置能力。

另外,旅游经营者应建立投诉处理制度,制订投诉处理程序和工作规范,明确从事投诉处理工作各级人员的职责。旅游经营者应建立投诉处理工作人员教育培训制度,建立教育培训档案,提高员工处理投诉应具备的知识、技能和职业道德水平。

6.1.2 处理投诉的原则

《处理投诉规范》提出旅游经营者应建立合理高效的投诉处理流程,并尽可能促成与投诉者协商和解,避免争议激化。旅游经营者处理投诉时,工作人员应态度和善积极,使用文明礼貌用语,使用普通话或能与投诉者有效沟通的语言。处理投诉的原则如图 6-1 所示。

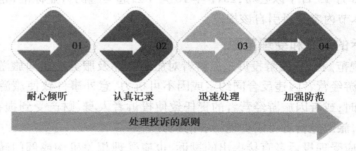

图 6-1 处理投诉的原则

1)耐心倾听

接待人员必须认真、耐心听取客户投诉的内容,多站在客户的角度处理问题,不得以任何借口推卸责任。

处理游客投诉时,态度应真诚、友好,保持冷静,为安抚游客的情绪,不得提高嗓门,鼓励客户提供主要的细节,不要对客户说这是客人的错导致的。

【同步思考】

游客投诉的心理是什么?为什么我们要耐心倾听游客的抱怨?

2）认真记录

当处理权限超过本身职权时,应记录下对方的资料及要求,并尽快报告上级处理,同时感谢其指出的不妥之处,或对引起客户不方便的地方表示歉意。所有投诉过程和处理结果均应记录在案,而且必须真实记录客户投诉的第一时间和处理结束的时间。

3）迅速处理

如果是出团前的投诉,包括报价和航班等的投诉,必须在20分钟内处理完毕,因为旅行社自身原因导致的错误,应该与客户商量,客户不同意的前提下必须按原方案执行,产生的损失由责任人承担;如果是在行程中的投诉,必须在10分钟之内回复客户原因及处理结果;如果是回团后的投诉,必须在20分钟内回复客户原因及处理结果;接待人员不得私自承诺客户及商讨责任赔偿问题,应及时向上级汇报处理。

4）加强防范

旅行社要进行全面质量管理,对可能经常发生的质量问题应预防在先,尽量避免。防范旅游投诉发生的全面质量管理包括:

（1）产品质量管理

主要是产品设计质量管理、产品促销质量管理、产品销售质量管理。例如,产品设计做到旅游线路安排合理;产品内容要符合游客的需求;交通工具要得到切实保障;旅游项目要避免雷同;产品促销做到真实可靠;产品销售做到标准化、规范化。

（2）采购质量管理

主要是服务设施、服务质量的管理。例如,检查旅游服务供应单位的服务设施情况、提供的服务是否符合国家、行业的标准,能否达到旅行社产品的要求和满足游客的期望。

（3）接待质量管理

主要是服务态度的管理、导游讲解水平的管理、业务能力的管理。应要求全体员工对服务质量作出保证与承诺,共同向游客提供服务。另外,针对目前国内游的情况,旅行社应注重销售旅游产品和"行前说明会"上的"告知",让游客了解责、权、利,可以有效地降低投诉的概率。

旅行社还应制订相关的规定或标准。对能直接控制的环节,根据国家标准或行业标准,结合本企业的实际情况,制订质量标准、操作规程与岗位责任,并通过奖罚制度使之得以贯彻。对不能直接控制的环节,应签订合同来保证其所提供的服务质量,以"法治"的方法来防范游客的投诉。另外,旅行社还应抓好质量教育,如质量意识教育、职业道德教育、法制教育、业务知识教育等。

【相关链接】

12301 全国旅游投诉举报平台

为了提升游客投诉便利性,提高旅游投诉处理效率,2016年9月底,国家旅游局将12301旅游服务热线和全国旅游投诉举报平台技术整合为12301全国旅游投诉举报平台。

12301平台是各级旅游质监执法人员受理及处理旅游投诉的统一平台,实现了属地直办、全程监控、多渠道入口统一的闭环投诉受理和处理,能够更快速、有效地处理游客的投诉,为各级旅游质监高效工作提供了技术支持。一是12301平台穿透层级管理,直接将投诉案件同时发送至国家、省、地市、区县等四级旅游质监执法机构,基本实现了旅游投诉处理的扁平化。二是各级旅游质监执法机构通过12301平台,可在第一时间实时查询、督办、处理属地的旅游投诉案件,初步实现了旅游投诉处理的实时化。三是12301平台整合了网站、微信、电话、信函等多种旅游投诉渠道,提供全天候的汉语和英语旅游投诉受理服务,初步实现了旅游投诉渠道和受理时间的常态化。

(资料来源:中国旅游报)

6.1.3 处理投诉的流程

旅行社处理投诉的流程如图6-2所示。

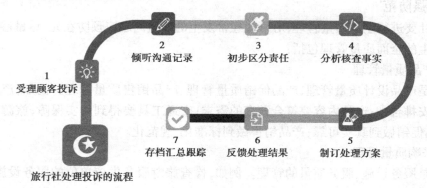

图6-2 旅行社处理投诉的流程

1)受理顾客投诉

旅游投诉是指游客、海外旅行商、国内旅游经营者为维护自身和他人的旅游合法权益,对损害其合法权益的旅游经营者和有关服务单位,以书面或口头形式向旅游行政管理部门提出投诉、请求处理的行为。导游素质差,如导游知识贫乏,工作缺乏热情,没有责任感,应付游客,缺乏职业道德,贪图回扣或好处费;游客的安全得不到保障,旅行社对游客的透明度不高,游客和旅行社在赔偿标准的认识上不一致,旅行社缺乏完善有效的管理等,都可能引起旅游投诉。

游客的投诉可以是通过上门当面口头投诉或递交投诉信的直接形式,也可能是通过电子邮件、电话或邮寄投诉信等间接形式。对于前者,接待人员应立刻邀请顾客到投诉专区内进行,必要时还可以设置专门的投诉接待室,用于接待那些情绪激动、言语过激的投诉客人。对于后者,接待人员应每天定时多次查收旅行社的专门客服电子邮箱,对于转达的投诉信件应及时拆阅,投诉专线电话应迅速接听。

【名人名言】

我们所提倡的中国服务更多的是用心服务,用心服务我觉得体现在两点:第一层,用心讲的是聚精会神地关注,另外一层含义是充满感情。

——中国旅游协会副会长、秘书长,张润钢

2)倾听沟通记录

旅游经营者应友好地接待投诉者,理解投诉者的情绪,耐心听取相关诉求,不应推诿和拒绝。旅游经营者应建立投诉受理记录,记录内容包括涉事双方基本信息、事由或事情经过、相关证据及资料、投诉诉求(投诉者提出的解决问题的具体要求)等。旅游经营者应在 12 小时内作出受理决定,特殊情况下不应超过 24 小时。投诉受理后,旅游经营者应立即告知(通知)投诉者;由相关机构或部门转办的投诉,旅游经营者还应立即告知转办的机构和部门。

倾听是解决问题的前提。在与游客沟通时,接待人员要耐心倾听投诉者的陈述,即使投诉者言语过激或没有正当理由,接待人员也不要立即辩解或马上否定,更不得与投诉者发生争吵,应让投诉者满足发泄"怨气"的心理需求。

在倾听顾客投诉的时候,不但要听其述说的内容,还要注意其语调与音量,这有助于了解投诉者语言背后的内在情绪和想法。同时,对投诉者未表达清楚的关键环节或未倾听明白的问题进行询问,通过沟通以确保真正了解投诉者的诉求和事情原委。

认真倾听和记录顾客的投诉,向顾客重述其投诉所表达的意思,并请教其自身理解是否正确,都是向顾客表达真诚和对其的尊重,同时,这也给顾客一个重述意图的机会。(表 6-1)

表 6-1 旅游投诉记录单

投诉者姓名		联系电话	
投诉收到时间		出游地点	
投诉受理时间		出游时间	
投诉主要内容			
处理结果			
旅行社总经理意见			
经办人		日期	

3)初步区分责任

在听取并充分了解顾客的投诉事由后,接待人员依据当初与顾客签订的旅游合同规定的相关条款,已经可以基本把握造成投诉的缘由和责任方了。

对于可能是本旅行社或其他旅游单位造成的顾客权益损害时,可以先向顾客道歉,并告知其待事情原委核实后一定与顾客进一步进行沟通协商;对于可以明确把握属于不可抗力因素、自身因素或其他无关单位个人造成的投诉事由,接待人员要给予最大耐心的解释和说明,并表示同情和遗憾,必要时解释旅游合同中的相关条款和旅游相关法律法规的说明。

4）分析核查事实

旅游经营者应对投诉相关背景和信息进行调查，核实投诉原因、损害程度，分清责任。旅游经营者可调查收集的材料，包括：旅游经营者与投诉者签署的合同；服务过程中形成的数据、票据、影音以及其他相关资料；其他需要调查收集的材料。

对于可能属于本旅行社或其他旅游单位和人员责任的情况，接待人员需初步判断其情况的复杂程度，对于涉及单位人员较多、环节复杂、索赔超限的情况，可以请投诉者暂时回去，待核实清楚后再主动约见。若涉及的单位人员简单、明了、责任清晰的话，或者已有旅游产品的游客投诉处理预案的情况下，可以邀请顾客暂候片刻，待联系相关责任部门和人员，或请示专职管理人员后，直接与顾客进行沟通、道歉和协商。接待人员应尽量避免当着顾客面进行联系相关责任部门和人员以及请示专职管理人员，以免造成不必要的矛盾或尴尬。

因为有些问题比较复杂或特殊，接待人员不能确信该如何为顾客解决。如果不确信，不要向投诉者作任何承诺，诚实地告诉顾客，会尽力寻找解决的方法，但需要一点时间，然后约定给顾客回话的时间。接待人员一定要确保准时给顾客回话，即使到时仍不能解决问题，也要向顾客解释问题的进展，并再次约定答复时间，接待人员的诚实会更容易得到顾客的尊重。

5）制订处理方案

旅游服务过程中发生投诉的，旅游经营者应评估即时解决问题的条件和能力，第一时间与投诉者协商处理意见，以确保后续服务开展：能够当场解决的问题，应立即解决；不能立即解决的，应与投诉者约定后续解决方案。

通过与相关单位人员的情况核实，接待人员可以根据旅行社的相关规定或以前的投诉操作案例，拟订相应的处理方案，包括再次约见顾客的时间、地点、形式、解释说明内容、补偿方案等，然后交由专职的管理人员进行审核，审核无误后付诸实施。通常一个问题的解决方案都不是唯一的，给顾客提供选择会让顾客感到受尊重，同时，顾客选择的解决方案在实施的时候，也会得到来自顾客更多的认可和配合。

6）反馈处理结果

审核完成后的处理方案应尽快地反馈给投诉者，反馈的形式视顾客权益损害的大小和与顾客初步沟通后而定：可以再次在旅行社约见，也可以登门道歉；可以口头表达歉意，也可以通过信件或电邮书面赔礼；可以是精神上的表达歉意，希望得到谅解，也可以是物质上的补偿经济损失、赠送礼品、其他旅游产品折扣等，并请顾客在投诉处理记录中签名认可。

旅游经营者应根据调查核实的情况以及投诉处理难易程度，做出相应的处理时限响应：对双方无争议、事实基本清楚、仅造成轻微损失的投诉，宜在 1 小时内形成协商处理意见，最长不宜超过 24 小时；对比较复杂的或对主要事实存在争议的投诉，宜在投诉受理之日起 10 个工作日内形成协商处理意见。

旅游经营者应主动与投诉者沟通，说明调查核实情况，协商处理意见：达成一致处理意见的，旅游经营者应形成书面投诉处理决定，并做好记录；假如顾客对处理的结果和方案不满意，表示要二次投诉或升级投诉时,接待人员应尽可能地再次做好解释说明工作,如投诉与事实有较大出入时,可以再次进行事实的核查;如不满足赔偿额度时,可邀请专职管理人员协同解释说明;如不能达成一致处理意见的,旅游经营者应形成投诉处理终止纪录,建议投诉者向消费者协会、旅游投诉受理机构或者有关调解组织申请调解;或者依据双方约定的仲裁条款或达成的仲裁协议向仲裁机构申请仲裁;再或者向人民法院提起诉讼。

【同步思考】

为什么我们在处理投诉时要规定时间?这对旅行社和游客来说有什么好处?

7)存档汇总跟踪

旅游经营者应确保投诉处理决定得到有效实施,做好记录,并对投诉处理决定的履行及其效果进行跟踪、回访。投诉处理完毕后,旅游经营者应整理与投诉处理有关资料和记录,立卷归档。因突发事件或者旅游安全事故引起的投诉,旅游经营者应在第一时间向旅游主管部门报告,并随时报送投诉处理过程信息和结果信息。

旅游经营者应对投诉处理过程进行监测和分析,探索、识别和使用最佳的投诉处理方式,持续改进投诉处理的效率和效果。旅游经营者应对投诉进行分类并分析,通过纠正和预防措施,消除导致投诉产生的根本原因,防止问题发生或重复发生,持续改进旅游产品和服务质量,提高游客的满意程度。对于多次投诉反映的普遍性或严重性问题,应向主管领导提交整改建议,以免再次发生。对于投诉成功处理之后的顾客,应继续通过各种形式跟踪和回访,巩固与其的关系,保持联系,争取使其成为忠诚客户。

6.1.4 防范及处理旅行社常见投诉

1)防范和处理住宿、餐饮和购物问题的投诉

(1)防范住宿、餐饮、购物问题的投诉

计调应对客人生活区域的食俗及习惯有所了解,在给酒店、餐厅下确认单前,一定要保证一年内曾经亲自考察过该酒店。如果没去过,则最好去酒店、餐厅实地考察(如周围环境、设施等),确保符合团队要求方可预订。在给酒店下确认单时,一定注明入住、离开酒店的时间,房间数(双标间、三人间、大床房数量各多少),以及是否含早餐,含什么形式的早餐,早餐标准,入住楼层,司机和陪同的住宿解决方法。同样,在给餐厅下确认单时,一定注明用餐时间、人数、桌数、套餐类别、有无特殊餐或素餐、是否含司机陪同餐等。

导游除了需要了解上述内容外,还要知道酒店及餐厅的详细位置、联系人及联系方式,并提前和酒店、餐厅联系。还应禁止游客吃不卫生的食品,以免出现痢疾、中毒等事件。

欧洲的中餐馆无论是环境还是质量都不能跟国内比,所以游客经常反映餐食太贵、太差,此情况多发生在第一次去欧洲的游客身上。所以销售人员要跟客人讲清楚,打好预防针。

旅行社要和信誉较好的定点购物店合作,并且每年和该购物店签协议时要有"一旦买到假冒伪劣产品遭遇索赔的处理方式"这一项内容。

（2）处理住宿、餐饮、购物问题的投诉

当游客抱怨酒店的房间小、隔音效果差、早餐品质差等,导游立即调查游客不满因素并上报旅行社。如果是计调安排有误,则应在损失最小的情况下、最短时间内就近重新安排符合团队要求的酒店,并做好相应的安抚工作;如果是游客主观原因,则需要导游耐心地向游客解释,化解其心中的不满。

游客在餐厅用餐过程中,如发现用餐质量问题,则需要及时更换同样的菜肴,情节严重的,导游上报旅行社经同意后可以采取临时提高用餐标准以作补偿。

旅客在定点购物店买到假冒伪劣产品,应认真听取客人的意见,向客人道歉,积极协助公司收回游客手中的假冒伪劣产品,并尽快寄回商店,或让其他导游带过去,按合同退回货款,并给予客人赔偿。

（3）相关案例及案例分析

钱某等 12 位客人参加了北京某旅行社组织的"张家界、凤凰古城双飞五日游"旅游团。回到北京后,钱某等 12 位客人向该旅行社客户服务中心投诉:该团队回程当天在凤凰古城用过团餐后集体出现腹泻。由于该团用餐后就乘机返回北京,而且客人腹泻并不严重,导游未带客人去医院就诊,部分客人在当地买了一些止泻药以缓解病情。钱某等人认为发生集体腹泻是由于食物中毒引起的,要求该旅行社予以经济赔偿。

该旅行社客户服务中心对此的处理意见为:是否为食物中毒通常需要有医生的诊断证明,但客人在旅游目的地出现腹泻症状后却未去医院就诊,因无医生诊断证明,缺乏充足的证据认定是否为食物中毒引起的腹泻。

根据该旅行社实行的"关怀慰问制度"规定,为体现旅行社对游客的尊重和关爱,对于游客在旅行中发生的生病或受伤情况,不论什么原因,不论是谁的责任,旅行结束后,客户服务中心都要安排人员接站或前往家中进行慰问。慰问费用标准为每人 100 元人民币,并记入当团成本。

此团客人回京后,病情已基本好转,且认为没必要到家中看望,因此,客户服务中心向客人提出每人补偿 100 元,以表该旅行社对客人的关怀与慰问,客人表示接受。

2）防范和处理旅游车坏在途中的投诉

（1）防范旅游车坏在途中的投诉

旅行社在派旅游车时,一定要派具有旅游经营资质的旅游车,并要和具有旅游经营资质的车队签订租车协议,做好详细周密的订车确认单,除详细行程外,还要明确车型、车龄、是否含高速,司机是否检查好车况,带上常用的修理工具,以及责任的划分和解决方法等。

（2）处理旅游车坏在途中的投诉

当旅游车坏在途中,旅行社在接到导游的现场情况报告后,应先让导游安抚游客,尽快带领他们去安全地方等待。旅行社立即与该旅游车的车队领导沟通,商议解决办法。如离出发地不远,尽快再派一辆旅游车支援,以免耽误游客行程;如坏在景区附近或中途可让导游带领大家步行或改乘其他交通工具前往景区。

（3）相关案例及案例分析

某高校师生 51 人参加了武汉某旅行社组织的天柱山两日游。该团于 5 月 1 日早晨出发，途中旅游车半路抛锚，旅行社得知该团旅游车出现故障，立即派出车队队长带专业人员赶到现场对旅游车进行维修。经过队长的亲自检查，认定该车车况良好，可以继续行驶，此过程延误了 3 小时，导致部分旅游景点被迫取消。5 月 2 日晚 21 点，该团乘坐旅游车返回武汉，然而，不幸的是旅游车在途中又一次发生故障而抛锚，致使该车游客在高速公路上长时间滞留。经多方联系，旅行社最终从武汉调车，将游客于次日早上 6 点接回武汉。

游客认为旅行社提供的旅游车车况极差，不达合同约定标准，严重侵害游客利益，实属欺诈行为，于是向武汉市旅游质量监督管理所联名投诉，要求旅行社赔偿违约金及相关精神损失。

武汉市旅游质量监督管理所经调查核实，认为此案系因汽车机械故障引起交通服务未达到旅游合同约定的内容和标准，属于服务质量问题，不存在欺诈行为。被诉方旅行社作为旅游合同的主体，在提供旅游产品或服务中，因为汽车机械故障，造成服务不达合同标准，游客经济损失，旅行社应承担主要的赔偿责任。因此，质监所作出协调意见：旅行社退还游客未游览景点费用，赔偿往返交通补偿费用共计每人 100 元。

当旅游过程中发生旅游车中途抛锚等无法预见的情况时，旅行社应及时采取补救措施，如果确实给游客造成损失，旅行社应该进行适当赔偿，以挽留客户和旅行社的信誉。

3）防范和处理导游、司机甩团的投诉

（1）防范导游、司机甩团的投诉

旅行社应在确保公司利润的前提下，三者互惠互利，保证导游、司机的合理收入。在安排旅游车、导游时，必须标注详细的行程线路（如团队成员所属区域、进购物店、加景点情况）、地接社、车队等信息。组团社应讲诚信，不欺上瞒下，与游客签订合同时，要以地接社行程及接待标准为依据。

（2）处理导游、司机甩团的投诉

首先要了解导游、司机甩团的真正原因，如果是旅行社责任，在确保公司损失最小的前提下满足他们的要求，尽可能不随意更换导游、司机；如果是游客与司机、导游发生矛盾，要化解他们的矛盾，让他们互相理解，尽量不影响行程。

其次，了解真正原因后，如果化解不了矛盾，如客人投诉导游、司机，以至于不换导游、司机不上车，从而影响团队日程，这样就必须尽快更换导游、司机，以不耽搁正常行程为宜。另外，还需要做好游客的安抚工作，让游客接受新的导游、司机。新的导游、司机短时间内到达游客所在地后，原导游、司机才可离开游客。尽量不让游客将不满情绪带到以后的行程中。

（3）相关案例及案例分析

李某一行 18 人参加西安某旅行社组织的中国香港、澳门 5 日游，签订了合同，交了 5500 元团款。西安某旅行社未派领队，仅安排送机人员负责送客人上飞机，在港期间全部由香港某旅游公司负责接待安排。到港后，地接旅行社的导游将旅行团直接带到珠宝店购物，由于旅行团人员刚到香港，满心是观光游览，无心购物，导游见无人购物，便很生气地一人乘车扬长而

去,将旅行团甩在大街上,当天午饭、晚饭无人管,只好自掏腰包解决餐食。按计划应去的景点也只有各自安排。第二天的早餐也无人过问,直到上午10点,旅游公司才另派一人带旅行团进行游览,但原计划昨天的行程并没有进行。该案例中西安某旅行社错在哪里?

本案例中西安某旅行社错在未派领队,致使合同未完全履行。《旅行社出境旅游服务规范》规定,出境旅游团队应配备符合法定资质的领队,如果西安某旅行社为此团配备领队,则出现当地导游甩团情况后,领队可以第一时间联系组团社,及时为旅游团另派导游或采取补救措施。

参观游览是游客的目的,该团由于未派领队,致使无人监督团队在当地的运行情况,导致游客的游览活动没有完全实现,旅行社必须部分退还旅行团在香港期间的用餐、游览、导游、交通费等,并赔偿相关损失。

【拓展阅读】

旅行社处理投诉"八大注意"

在处理投诉的过程中,不仅要考虑到相关的法律法规、合同等基础性要素,也要考虑到游客的感受、保护投诉者隐私等相关要素,毕竟投诉处理不同于法官判案,客户才是企业的价值源泉。

注意一:以法律为基础

法律、法规、规章、合同中已作出规定的,从其规定,这是处理投诉主要的法律依据。但同时,也要考虑到维护客户关系,法律应当是企业遵循的底线,客户是企业的生存之本,企业从考虑客户关系的角度,可以在法律的基础上,以双方认为合理为标准,以客户满意为目标,与客户达成适当的投诉处理方案。

注意二:保护投诉者的隐私

客人回到旅游客源地向组团社提出投诉后,组团社可能会将客人提出的地接服务质量问题直接反馈给地接社,这样就有可能出现:地接社知道投诉者的姓名和相关联系方式,打电话给投诉者,希望私下解决,或者电话、短信骚扰投诉者,这种地接社与投诉者直接联系的问题给投诉者带来了更多的麻烦,并招致进一步的投诉。与投诉者有关的个人信息应仅限于需要所用,并且限于企业内部处理投诉,除非客户或投诉者表示可以公开,否则不能对外公开,应保护被投诉者和客户的身份。

注意三:性别差异服务

研究表明,差异化的性别服务效果较好。对于男性投诉者,以女员工接待为佳;对于女性投诉者,以男员工接待为佳。在异性面前,人们倾向于展示个性中积极的一面,更容易消除心理戒备,还之以礼,融洽配合。

注意四:律师的作用

由法律顾问与客户谈投诉的处理,客户往往会生戒心,处处防备,交流的气氛会越来越紧张。法律顾问的身份对于客户起着很强的暗示作用。有时,客户提出要法律顾问来谈,是表达他与投诉处理人员在法律问题上的分歧,以及他希望有法律专业人士发表一下对问题的看法。

因此,当客户提出希望与法律顾问交流的时候,投诉处理人员应妥善安排。随后,还是应由投诉处理人员与客户协商投诉处理。如果某个投诉涉及较多的法律专业问题,那么也可以由法律顾问处理。但这时向客户介绍身份时最好不是法律顾问,而是投诉处理人员。

注意五:企业高层何时出现

如果企业高层亲自处理投诉,对于投诉的及时处理、了解具体的业务情况都有积极的作用。但是,从资源的合理分配以及从投诉处理的规律考虑,对企业高层亲自出面处理的投诉量,应当适当地加以控制。对于一般投诉,企业高层不宜亲自出面处理。对于社会地位较高的投诉者,出于对等原则及为企业营造良好的社会关系的目的,企业高层可以适当出面,如致电、拜访等。

对于其他投诉者的投诉,如果投诉者要求见企业高层,可先由秘书出面处理。对确实需要安排高层与客户见面的情况,高层应着重谈宏观原则,不宜深入投诉细节,同时,高层可当场指定跟进人员,后续事务由该员工处理。这些安排的目的是为了给企业高层留下回旋的余地,避免投诉僵局发生。

注意六:要考虑合作伙伴的利益

无论是组团社还是地接社,当遇到游客投诉抱怨后,在解决顾客抱怨的过程中,也要考虑到合作伙伴的利益,尤其是作为组团社,不能完全为了赢得客户,而以服务质量不达标准为由,扣押地接社团款。

注意七:如何应对群体性投诉

群体性的投诉破坏力强,即使最后成功平息,企业也会为此付出很大的成本。遭遇群体性的投诉时,企业可以注意以下几点:

1.危机预警

一线接受投诉处理的人员应根据投诉的严重性、影响范围等判断是否会是群体投诉,并报告相关领导。之后,企业要紧急制订应对方案,包括调查投诉设计的人数、预测可能出现的问题、投诉者可能提出的投诉要求、企业回应客户的投诉处理方案及方式等。

2.获得政府、媒体和消费者协会等相关组织的支持

企业应对方案确定后,要及时取得政府和媒体等相关组织的支持。主动与政府、媒体、消费者协会等组织沟通、讲清情况,取得相关组织的理解和支持,也可以从他们那里获得一些建议。政府方面主要是企业的主管部门和监管部门,要准备好报告书和相关资料,派专人进行沟通。媒体方面要视情况确定何时、以何种方式召开新闻发布会,视情况确定是否请记者发稿。

3.监控事态发展

企业要安排专人对事态发展进行监控、报告,包括每日的投诉情况、媒体和公众的舆论动态等。通过监控获得的信息调整企业的应对方案。

4.奖励配合

在企业统一的投诉处理方案基础上,可以根据情况制订奖励条款,比如,对于在某段时间内接受投诉处理方案的人,给予最高额的奖励,随后一段时间内将略低;后期接受投诉处理的没有奖励。企业做出投诉处理方案后,投诉者一般倾向于观望,都不愿意先接受方案,一方面

是碍于面子,另一方面也可能会觉得越到后期越能得到更大的补偿。

企业提出奖励政策,有利于推动投诉者及早接受投诉处理。企业的奖励政策应及早提出,否则投诉者会认为这是企业在其处理方案无人响应后被迫加码,会期望企业能给出更高的条件。

注意八:建立企业版标准

旅行社可以设计自己的投诉处理标准,以此为基础对客人进行补偿,并设立品牌维护基金,以便更好地强化服务质量,提升客户满意度。

(资料来源:计调圈儿微信平台)

【教学互动】

◎教师给出各种投诉案例,请学生分别扮演旅行社人员和投诉者,进行投诉处理的模拟。

◎模拟中,教师提出相关问题,通过提问启发学生在投诉处理过程中可能会发生的问题,让学生思考该如何处理。

◎通过讨论,总结处理投诉的原则、方法和技巧。

【完成成果】

◎绘制一份旅游投诉处理的流程图。

◎收集一份旅游投诉的案例,模拟接待人员与投诉者之间的谈话,并填写一份旅游投诉记录表。

任务 6.2　维护客户

【教学目标】

知识目标

掌握建立客户档案的主要内容和方法。

掌握客户回访的方式方法。

了解客户维护的重要意义。

能力目标

能对旅行社现有客户进行有效维护,从而稳固现有客户,开发潜在客户。

【任务引入】

距离春节只有一个多月时间了,在旅行社工作半年多的小刘被要求参与公司的客户维护工作。除了每周初都要汇总上周顺利结束行程的团队信息,然后通过电话进行回访、征求游客的意见和建议外,经理还让小刘共同参与策划针对春节产品销售的客户关怀活动方案。请思考:旅行社为什么要重视维护客户关系?如果你是小刘,你怎么写客户关怀活动方案?

【任务分析】

在旅游产品日益市场化和透明化的今天,旅行社只靠开发新、优、廉、特的旅游产品来占据市场份额已经远远不够了,新线路的推出一般在短时间内就会被模仿,甚至被超越。目前市场上主流的旅游线路行程安排已经基本雷同,同质化趋向越来越明显,这种市场竞争态势下,能保持市场竞争力的利器之一就是针对客户的服务,即维护客户。

维护客户是旅行社日常工作中的重要内容,它并不仅限于游客在消费旅游产品之后,也包括旅游产品消费的开端或进行中。维护客户不仅可以完善客户信息,实现信息的整合利用,还能提升客户满意度,提高社会美誉度,从而促进产品销售,实现企业目标。

【相关知识】

客户是旅行社重要的经营基础和生产资源,有广义和狭义之分。广义的客户是指与旅行社有经济和业务往来的旅游要素供应商、其他服务机构和游客,而狭义的客户则专指旅行社的客源,即游客,包括已经消费本旅行社产品的老客户,也包括潜在消费的新客户。本项目中涉及的内容专指狭义的客户。旅行社客户维护不是一次性的服务满足,而应注重实现客户的长期满意,让客户持久地感受旅行社服务的超值和惊喜,从而确保客户和旅行社双方利益的最大化。客户维护的基本工作主要包括建档客户、回访客户和关怀客户3个方面。

6.2.1 建档客户

旅行社通过日常收集的游客资料,逐渐建立起一个庞大的游客数据库,这是旅行社客户关系管理的基础。此外,从营销的成本上来说,开发一个新客户的成本要远远高于留住一个老客户的成本,因此,针对已消费本旅行社产品的老客户来建立客户档案是旅行社的一项重要工作。

旅行社收集客户信息可以通过有奖登记活动获取;也可在调查问卷或服务中、投诉中获取;还可通过各种媒介、已建立客户数据库公司等其他渠道获取。

1)客户的分类

旅行社可根据客户与自身的关系,将客户分为4类:一般客户、单位客户(企业级客户、政府部门)、内部客户(员工、业务部门、分公司)、合作商(酒店、航空公司、旅游景点)。旅行社还可根据客户的价值,将客户分为:VIP客户、主要客户、普通客户、小客户4类。旅行社要对客户进行分类建档和管理,并建立相应的社群。下面运用ABCD管理理论对旅行社客户进行分类。

A类客户:大公司、大企业、政府部门、学校、高级职员、管理者或知名度高的名人。这类客户往往交易额较大,信誉较好,付款及时。旅行社应该经常与此类客户通过电话、邮件、面谈等方式进行沟通,要周期性地派专门的销售人员或经理去拜访这类客户,第一时间让客户获得有价值的促销信息,并在客户生日、春节等重要节假日时,送上问候礼品。

B类客户:购买率较高的散客。这类客户相对分散,但其对旅行社提供的新旅游路线或服务具有较高的购买意愿和兴趣,是具有成长性的客户。旅行社应及时提供新产品信息,在重要节假日送上信息问候,通过电话或问卷的形式定期询问客户对产品的建议和看法。

C类客户：交易额较少，具有不稳定性。旅行社面对此类客户，仍要与其保持联系。旅行社可在此类客户中找出有前途的"明日之星"，进行重点维护，增加其对旅行社的认知与依赖，将其培养为B类客户。

D类客户：易转移的散客。此类客户很多都是因为价格低才吸引过来的一次性交易，往往会比价。旅行社应尽量维持现有的关系，满足其普遍性的旅游需求而不进行针对性的开发，也可以向其提供自助式服务，如通过旅行社网站进行自助查询、结算。

【拓展阅读】

关于ABCD管理和客户分类管理的重要性

ABCD是销售管理的核心内容，是平衡收入、资源投入、人员配备以及时间规划的重要手段，也是以价值营销为核心的最直接表现。首先，ABCD理论是将客户分成ABCD四级，根据不同的级别对客户实行差异化管理，这种对客户的分级有利于企业将资源有针对性地进行高效运用。

企业对客户实施差异化管理是客户关系管理的一个重要前提，这是双向利益驱动。从企业的角度来说，客户规模、利润贡献度等不同，也就是说不同客户对企业贡献的价值具有差异性，对于很多企业，80%的利润往往是20%的客户提供的。在这种情况下，企业就有必要对客户进行分类并区别对待，采取不同的服务政策与管理策略，使企业有限的资源进行优化配置，以实现高产出。

从客户的角度来说，客户对分类管理也存在着潜在要求，那就是客户需求呈现出日益多样化、差异化和个性化的特点，客户希望自己的个性化需求能够得到满足，而不仅是希望能够满足自己基本的需求，并认为这是企业对自己的一种尊重。因此，客户会努力在市场中尽可能地寻找能满足自己个性化需求的企业，并与之建立合作关系。

另外，不同客户对增值服务的需求也不同，对于与企业建立深层次合作关系的客户来说，客户还希望能够比其他客户多得到一些增值服务，而客户个性化需求和增值服务需求的满足程度，对客户满意度和忠诚度有着巨大影响。

2）客户档案的形式

目前，各旅行社建立客户档案的形式主要有两种：一是利用普通的电脑办公软件来实现，如利用微软Office软件中Excel或Word建立客户资料表格。这种形式往往需要在团队出游结束后，利用游客登记表进行二次登录整理完成，多为中小型旅行社采用。它最大的优点是投入成本很低，但后期的客户资料查询、维护以及使用都不够便捷，且客户资料容易外泄。二是采用专门的客户管理系统软件，多为大中型旅行社采用。它的一次性投入成本较高，但后期的查询和使用方便。

3）客户档案的内容

无论哪一种客户档案管理形式，其基本内容是大同小异的，而不同客户类型的档案内容略有不同，主要内容如下（相关表格参照表6-2、表6-3）：

表6-2　单位客户档案和回访表

单位名称和性质：								
单位地址					邮编：			
单位负责人资料								
主管员工旅游和差旅方面负责人资料	姓名：			联系方式：				
	兴趣爱好：			出游偏好：				
员工主要差旅地				差旅预算：				
员工旅游周期				员工旅游预算：				
以往组织员工参团去向		时间	年　月　日	人数		人	单价	
回访时间	年　月　日	反馈						
处理结果								
下一次组织员工参团去向		预计时间			预计人数			
跟踪回访时间	年　月　日	反馈						
跟踪回访时间	年　月　日	反馈						
活动促销产品	年　月　日	反应						
活动促销产品	年　月　日	反应						

表6-3　散客客户档案和回访表

姓名		性别		出生日期	年　月　日	证件号码	
工作单位名称、职务							
家庭地址、邮编							
家庭成员情况							
私人手机		家庭电话			公司电话		
QQ		电子邮箱			微博		
出游偏好							
类型特点							
兴趣爱好							

续表

上一次参团去向			时间	年 月 日	人数	人	单价	
回访时间	年 月 日	反馈						
处理结果								
下一次参团去向			预计时间			预计人数		
跟踪回访时间	年 月 日	反馈						
跟踪回访时间	年 月 日	反馈						
活动促销产品	年 月 日	反应						
活动促销产品	年 月 日	反应						

散客客户档案内容主要包括:姓名、性别、生日、身份证(护照、港澳通行证等)号码、工作单位名称、职务、联系方式(手机号码、家庭电话、紧急联络电话、电子信箱等)、家庭地址、邮编、家庭成员情况、个人兴趣爱好、以往游览地、在本旅行社的参团记录(时间、目的地、同行成员、团费、游后反馈等)、出游偏好、未来的出游意向、散客回访记录等。

单位客户档案内容主要包括:名称、性质、地址(包括总部、分公司、门市部等)、职能部门及人数、邮编、差旅管理专员资料、差旅管理决策者资料、员工主要差旅地、差旅管理预算及制度(包括姓名、性别、联系方式、个人喜好等)、员工旅游周期、员工旅游洽谈专员资料、员工旅游决策者(副总、办公室主任、工会主席等)资料、员工旅游预算、以往员工集体组织游览地、在本旅行社的参团记录、出游偏好、未来的出游意向、回访记录等。

【拓展学习】

关于旅行社社群

物以类聚,人以群分。凡是以人群划分的都可以称之为社群,如教师群、学生群等。旅行社在维护客户关系时,应该对自己的客户群进行分析,通过他(她)们的职业、教育水平、爱好、年龄等分门别类,运用微信或 QQ 等互联网技术,建立相应的社群,如摄影群、滑雪群及以探访美食为主的吃货群等,将客户拉入群中,定期分享美食美景、话题讨论、嘉宾互动分享以及相关的专业知识等(比如滑雪的雪具如何购买),拉近与客户之间的距离,让更多的游客喜欢和关注旅行社的产品和服务,之后通过社群转化为业务,使线上线下融为一体,形成旅行社的稳定客户群。

【同步思考】

你加入过某个 QQ 群或微信群吗?有没有让你印象深刻的社群营销?谈谈你认为怎样才能保持社群活跃?

6.2.2 回访客户

回访客户是指旅行社在客户消费旅游产品之后，客户人员通过电话回访、登门拜访、社群讨论、发放问卷、网站留言、意见箱等多种形式和渠道与客户沟通交流，来了解其对本次及今后旅行社产品的评价和期望。旅行社既可以通过回访获得客户的各种反馈信息，改进服务工作，也能够让客户感受到旅行社对自己的尊重，是旅行社维护客户关系的重要方式。

旅行社客户服务人员实行对特定客户访问和所有客户巡回访问相结合的回访制度，经常与客户通过电话、电子邮件以及面谈等方式进行沟通，以保持良好的关系，充分了解客户的需求，在可能的前提下，尽全力满足客户的个性需求。特别谨记打电话的时间一定要慎重选择，面访的话须提前预约，不能给客户的工作生活造成麻烦。

1）回访对象和内容

回访的对象主要是通过旅行社报名，并已完成旅游活动的客户。回访内容主要包括确定行程安排相符情况，对行程安排的满意度，对导游等服务人员的满意度，了解客户的建议和意见，了解客户的旅游消费偏好，表达旅行社的谢意和进一步沟通联络的意愿等。

2）回访形式

对客户回访应由专人负责，普通散客的回访基本采用电话回访的形式，语言要简明扼要、重点突出，时间尽可能控制在两分钟以内。

单位或重要客户需由销售人员或旅行社领导亲自登门拜访，但拜访之前应电话预约登门时间，拜访时间应该控制在半个小时之内，避免打扰客户工作。

旅行社网站的售后服务模块、游客意见箱、旅游结束时导游安排游客填写的游客意见表等也是客户回访的不同形式，这类客户回访信息要做到及时查看，及时回复和处理，建立规范的审阅和处理机制。

3）回访时间

不同形式和渠道的回访时间各有不同：常用的电话回访必须及时，一般在行程结束后的2~3天内完成；针对重要客户或单位客户的登门拜访一般需提前与客户联系时间，尽可能在行程结束后一周内完成；旅行社网站售后服务的游客意见箱应长期设置，并有专人定期查看；游客意见表一般由导游在行程临近结束前安排游客填好，导游在回公司报账时交给旅行社相关人员。

4）回访常用语

您好，我是阳光国旅的客服代表，想耽误您 2 分钟的时间，请您对我们的服务作个评价，可以吗？

不好意思，打扰您了，那您空了我再联系您吧！

很抱歉，您反映的问题我们再核实一下，尽快答复您，好吗？

您曾经向我们反映的问题，我们已经进行了仔细的核查，我想给您解释一下……

对不起，是我没有说清楚，我再给您解释一下，好吗？

您还有什么意见或建议，欢迎您再次拨打我们的客服热线。

不用谢,这是我们应该做的,谢谢您对我们工作的支持。

6.2.3 关怀客户

关怀客户就是旅行社通过节日问候祝福、旅游信息发布、消费奖励等形式向客户表达旅行社对其关心或关注的一系列服务行为。

1)关怀客户的意义(图 6-3)

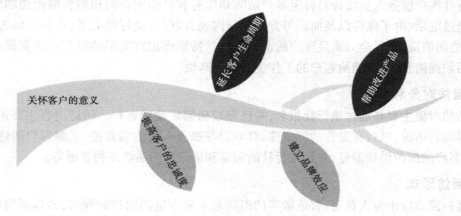

图 6-3 关怀客户的意义

(1)提高客户的忠诚度

客户忠诚度是指由于质量、价格、服务等诸多因素的影响,使客户对某一旅行社的产品或服务产生感情,形成偏爱并重复购买该旅行社产品或服务的程度。忠诚的客户是旅行社最有价值的顾客,客户的忠诚小幅度增加能够带来旅行社利润的大幅度增加,建立客户忠诚度是实现持续的利润增长的最有效方法。

关怀客户会使客户更久地忠实于旅行社;主动尝试旅行社更多的新产品并提高购买价值更高的产品的意识;对旅行社及其产品说好话,形成良性口碑;忽视竞争品牌及其广告,并对价格变化反应平淡;由于更加熟悉与交易的程序化而降低服务成本。

(2)延长客户生命周期

客户生命周期是指一个客户对旅行社而言是有类似生命一样的诞生、成长、成熟、衰老、死亡的过程。成长、成熟和衰老这三个阶段往往伴随消费,尤其是成熟期,是客户消费的黄金时期,有效延长客户生命周期将通过提高单客价格,从而提高总盈利。

(3)帮助改进产品

忠实顾客是最好的产品设计师,通过使用,他们会发现旅游产品的缺陷所在,关怀客户能为旅行社建立聆听建议的渠道,让旅行社发现改进空间,设计出更符合顾客要求、更有市场的产品。

(4)建立品牌效应

当旅行社的产品或服务超出了顾客的期望,他们将习惯性地和周围的朋友分享。很显然,熟人传递的产品信息更加可信,成交概率也更高。

【业界语录】

出远门旅行的人都跟小孩子差不多,需要特别的照顾和关照。我们要把所有委托本公司代理的游客都当作即将出远门的朋友,只要根据这种精神做下去,库克公司永远不会被别人取代。

——近代旅游业之父,托马斯·库克

2)关怀客户的形式(图6-4)

(1)节庆问候

节日、客人生日、重大的节庆赛事活动等都是客服人员加强与客户联系的最佳时机。可以利用客户档案,适时(一般需提前两周)通过寄发贺卡、明信片、短信、微信、电子邮件、电话、登门拜访等形式向客户表达诚挚的祝贺,也可根据情况,适时进行产品推介。

贺卡一定要由高层管理人员亲笔签名,不可采用打印或盖章的方式签名;手机短信、微信要主题突出、内容健康、个性新颖,并附上旅行社名称和联系电话;电子邮件格式要规范,内容简明扼要,最好

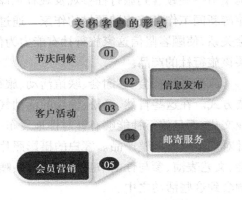

图6-4 关怀客户的形式

能使用带有旅行社LOGO、抬头、联系方式等内容的旅行社标准化电子稿纸;电话或上门祝贺主要针对一些重要顾客,问候时要主题突出,内容简洁,有针对性。

【同步思考】

如果让你代表旅行社给一位过生日的客户发一张贺卡,你将会怎样设计贺卡?填写什么内容?

(2)信息发布

对于即将开始旅游活动的客户,旅游信息主要是通过手机短信、微信、电话、电子邮件等形式发布。发布内容根据三个不同时间阶段各有不同:出发前的主要内容是行前通知和计调操作状态(如机票出票情况、签证情况等);临近出发日的主要内容是出行安全、携带物品的提醒和紧急联络电话;旅程结束后的主要内容是致谢和征求意见。

对于老客户,旅游信息主要通过微信及微信公众号、电话、电子邮件、手机短信、旅游宣传手册、旅行社小程序、旅行社APP、产品介绍单、旅行社DM广告单等形式,把旅行社最新的产品推广信息告知顾客。信息发布时间可以按照旅行社季节性产品推广的周期而定,不宜过于频繁,选择发布对象需根据游客的出游偏好或意向。

(3)客户活动

旅行社可通过在社内或饭店内举办风景点幻灯片、视频欣赏活动及游客招待会等方式,来与顾客进行面对面的直接接触。这些活动不仅能使旅行社与顾客的联系更密切,还能有效提

高旅行社的知名度和声望。被邀请的游客通过对幻灯片、视频和照片的欣赏及彼此间的相互交流,可能会欣然订购自己感兴趣的旅游产品。此外,旅行社还可以通过举行招待会、野餐会或狂欢节舞会的方式,为独来独往的游客提供互相认识与互相推荐旅游线路的机会。这种做法使得顾客同旅行社的联系犹如一个大家庭的联系那样轻松自然,从而给旅行社的后续推销工作带来诸多益处。

为了和顾客的联系更密切,旅行社每年都应该例行举办一次旅行社开放日活动,有针对性地邀请一些顾客到旅行社参观及观看录像,并向他们介绍有名望的顾客、旅游专家、飞机机长、旅游新闻工作者或旅游题材的作家。通过此类活动,可以让顾客了解旅行社的企业文化及社会关系,使顾客坚信这家旅行社有能力为他们提供良好的咨询和服务,也使更多的顾客愿意购买该旅行社的产品。

旅游者招待会、答谢会、联谊活动、旅行社开放日等都是旅行社增进与客户之间友谊的重要方式。在这些自然、轻松、愉快的活动气氛中,不仅客户能够感受到旅行社的品牌气质和企业文化,而且旅行社能够有针对性地发布一些旅游产品信息,还能了解到客户需求的变化,有针对性地及时调整产品。客户的摄影照片展、产品的幻灯片简介、旅游专家的发言、冷餐会、酒会、文艺表演、参与性的节目、抽奖活动、赠送纪念品、组建旅游专题俱乐部等形式都可以综合融会到这些活动之中。

（4）邮寄服务

旅行社可以通过给顾客写亲笔信或寄送明信片的方式与客户保持联络。旅行社给游客写亲笔信突出了业务关系中人与人的直接交往,使游客倍感亲切,愿意再次购买该旅行社的产品。

与写亲笔信相比较,更简捷的方式是给游客寄送问候性或促销性的明信片。问候性明信片通常附有旅行社的社徽、地址、电话等内容。促销性明信片则是旅行社工作人员在考察旅游胜地时向顾客寄送的当地风光明信片。一旦顾客接到明信片后与旅行社联系,旅行社则可向他们推销新的旅游产品。

（5）会员营销

随着 IT 技术的发展,尤其是互联网的普及,会员制的营销手段已经渐渐扩大到旅游行业,目前许多大型旅行社已经建立了比较成熟的会员制营销体系。借助先进的信息技术,上述多种关怀客户的形式都可以便捷、低成本地实现,更重要的是可以根据会员信息和消费行为将会员分类,有针对性地进行营销,将促销变为优惠和关怀,提升会员消费体验。

会员营销是客户经过首次消费后,旅行社发展其为会员,通过会员卡管理,将会员基本资料、消费、积分、储值、促销和优惠政策等一系列信息进行管理,达到旅行社和客户随时保持良好的联系,从而让客户重复消费,提高客户忠诚度,实现业绩增长的目的。

【相关链接】
玩美假期会员卡积分规则
1.如何成为会员并获得会员卡

方法 1 参加旅游:凡在我社参加过旅游活动的游客朋友均可成为我社的会员,并获得我社发放的会员积分卡。

方法2 书面申请:在我社门市填写会员卡申请表免费申领。

方法3 官网申请:登录我社官网,在线注册成为会员,并随时前来我社柜台免费领取会员卡。

方法4 微信申请:前来我社出示已关注的我社公众微信号"玩美假期旅游"免费领取会员卡。

2.会员卡积分规则

您可以通过在我社旅游、订机票、订酒店、租车、订票等方法进行积分,具体计算方法如下:

(1)旅游积分

会员通过网上或我社预订旅游线路,最终成交后(即签订旅游合同、付清团款并完成行程),按照实际成交金额换算,即每消费100元,累计1分,不足100元的,不计在内。例如,您在我社参加北京七日游,消费了1180元,那么您可获得积分11分。

(2)机票积分

会员通过网上或电话、门市预订航空机票,最终成交后(退票、5折或5折以下特价机票不计在内),按"票面价-机场建设费-燃油附加费=实际机票款"的金额换算积分,即每消费200元,累计1分,不足200元的,不计在内。例如,您在我社预订了襄阳—深圳机票,全价为1290元,即:1290元-机场建设50-燃油附加费150元=1090元,那么您可以获得积分5分。

(3)订酒店、租车、订门票积分

会员通过网上或电话、门市预订酒店或租车,最终成交后,按照次数累计积分,即每订一间房或一辆车或一张门票,累计1分。

3.如何兑换积分

(1)会员登录我社网店,在网站首页菜单栏—"旅游专题"中,挑选自己可兑换的礼品,并电话预约所兑换的礼品(或在"客户留言"栏中直接留言所心仪的礼品),我们会在一个工作日内联系您予以回复。

(2)实物礼品凭有效证件或会员卡到我社领取相应礼品,以我社指定时间为准。

(3)允许多人同时使用一个会员卡进行积分。

(4)兑换礼品后,即消减相应的积分。

(5)积分长期有效,可兑换礼品,不能兑换现金,但可充抵团费(300分以上会员卡)。如:您在我社消费数次,共积分20分,那么你可以兑换5分的礼品,还剩下15分,继续保留,也可以直接兑换20分的礼品。

(6)积分充抵团费规则:持我社会员卡,积分达300分及以上即可享受参团冲抵团费优惠,300分以下会员卡不可冲抵团费;冲抵团费客户不再重复享受我社旅游产品网络优惠报价,按门市全价冲抵,1积分可冲抵1元团费。

4.300积分及以上客人冲抵团费规则

会员持积分卡选择心仪旅游线路,不同价位旅游线路享受不同优惠:

(1)单价100元/人及以下旅游线路,每次冲抵团费最高10元/(人·次)。

（2）单价为 100~200 元/人（含 200 元）旅游线路，每人每次冲抵最高 20 元/（人·次）。

（3）单价为 200~500 元/人（含 500 元）旅游线路，每人每次冲抵最高 50 元/（人·次）。

（4）单价为 500~1000 元/人（含 1000 元）旅游线路，最高冲抵 100 元/（人·次）。

（5）单价为 1000 元~5000 元/人（含 5000 元）旅游线路，最高冲抵 200 元/（人·次）。

（6）单价为 5000 元以上旅游线路，不封顶冲抵。

例如，会员积分卡内积分 520 分，本次有 5 人报名，选择门市价为 198 元/人的武当峡谷漂流一日游，同一会员卡报名的客户（即签在同一份合同里的客人）每人冲抵最高 20 元，即每人成交价为 178 元（综合优惠：20 元/人×5＝100 元团费，共冲抵 100 分，余 420 分，仍可冲抵下次旅游团款），会员以成交价仍可再次积分，即本次本卡消费 178×5＝890 元，可再积 8 分。

再如，会员积分卡内积分 458 分，本次 2 人报名，选择门市价为 3799 元的港澳双飞五日游，每人最高冲抵 200 元，即每人成交价为 3599 元（共冲抵 400 分，余 58 分，低于 300 分下次积分达到 300 分后享受冲抵），本次交易 3599×2＝7198 元，可再积 71 分，即本卡最后余额积分为 58+71＝129 分。

5.如何查询积分

（1）持会员卡到我社现场刷卡查询您目前的积分。

（2）直接拨打客服热线，报会员卡卡号或会员卡所登记的姓名即可查询。

6.会员卡使用范围

本会员卡仅在玩美假期旅行社使用，其他旅行社均无法使用，特此说明！

本会员卡积分规则最终解释权归玩美假期旅游公司所有。

（资料来源：湖北海旅百事通国际旅行社中原路门市部网页）

【教学互动】

◎学生两两一组，模拟旅行社人员对游客进行电话回访的情景。

◎模拟中，教师提出相关问题，通过提问启发学生在回访过程中可能会发生的问题，让学生思考该如何处理。

◎通过讨论，总结客户维护的方法和技巧。

【完成成果】

◎分别设计一份散客和单位客户的档案记录表（上交）。

◎分组设计一份旅行社的年度客户关怀方案。（上交）。

【项目回顾】

由于旅行社产品具有无形性，因此旅行社该通过服务质量参与市场竞争，这其中，售后服务是旅游服务质量的延伸。售后服务在整个旅行社经营中占有重要地位，旅行社应该充分重视售后服务。旅行社售后服务主要包括处理投诉和维护客户两个方面。

旅行社在处理投诉时，要熟悉相关的法律法规，特别是 2017 年公布和实施的《旅游经营者处理投诉规范》，设置专门的机构、人员、制度来处理投诉。旅行社应当把投诉看作与客户交流沟通的机会,按照耐心倾听、认真记录、迅速处理、加强防范的原则,遵从一定的流程来用心处理投诉,将"不满意"的游客转变为"满意"的游客,最终成为自己的忠实客户。

旅行社客户维护是指旅行社建立比较系统完备的客户信息资源库,通过各种形式和渠道收集客户对旅行社的建议或意见,不断向客户提供最新的服务信息,以客户需求为中心提供标准化、个性化的服务,进一步加强旅行社与客户之间的忠诚关系的一系列行为。主要包括建档客户、回访客户和关怀客户三个方面。旅行社要对客户进行分类建档和管理,并建立相应的社群,对不同类型的客户采取不同的回访方式和关怀方式。

【同步练习】

一、填空题

1.由国家旅游局批准,旅行社处理投诉的指导性文件名称是(　　　　　　)。

2.旅游经营者应在(　　　　　　)小时内作出是否受理游客投诉的决定,特殊情况下不应超过(　　　　　　)小时。

3.旅游经营者应根据调查核实的情况以及投诉处理难易程度,作出相应的处理时限响应:对(　　　　　　)的投诉,宜在 1 小时内形成协商处理意见,最长不宜超过 24 小时;对(　　　　　　)的投诉,宜在投诉受理之日起 10 个工作日内形成协商处理意见。

4.客户维护的基本工作主要包括(　　　　　　)3 个方面。

5.运用 ABCD 管理理论对旅行社客户进行分类中,B 类客户是指(　　　　　　)。

二、选择题

1.下列哪些情况下,旅游经营者可以受理游客的投诉(　　　　　　)。

A.旅游经营者因违反合同约定致使旅游合同不能履行或者不能完全履行时

B.游客已明确导游的安全提示,但仍执意晚间外出购物,以致财物被盗

C.因旅游经营者的责任致使投诉者人身、财产受到损害时

D.其他争议和纠纷发生时

E.旅游经营者因不可抗力、意外事件致使旅游合同不能履行或者不能完全履行时

2.旅游经营者应建立投诉受理记录,记录内容包括(　　　　　　)。

A.涉事双方基本信息　　　　　　B.投诉事由或事情经过

C.相关证据及资料　　　　　　　D.投诉诉求

E.投诉者的情绪

3.如游客和旅游经营者不能达成一致处理意见的,旅游经营者应形成投诉处理终止记录,建议投诉者(　　　　　　)。

A.向消费者协会申请调解——向仲裁机构申请仲裁——向人民法院提起诉讼

B.向仲裁机构申请仲裁——向消费者协会申请调解——向人民法院提起诉讼

C.向人民法院提起诉讼——向消费者协会申请调解——向仲裁机构申请仲裁

D.向旅游投诉受理机构申请调解——向仲裁机构申请仲裁——向人民法院提起诉讼

E.向有关调解组织申请调解——向仲裁机构申请仲裁——向人民法院提起诉讼

4.客户回访的形式有(　　　　　)。

A.旅行社网站的售后服务模块

B.设在旅行社门口的游客意见箱

C.电话询问

D.旅游结束时导游安排游客填写的游客意见表

E.登门拜访

5.处理投诉的原则是(　　　　　)。

A.耐心倾听　　　　B.认真记录　　　　　　C.迅速处理

D.加强防范　　　　E.全员培训

三、名词解释

1.旅游投诉

2.旅行社客户维护

3.客户忠诚度

四、问答题

1.处理投诉的基本要求是什么?

2.旅行社如何处理导游甩团的投诉?

3.简述维护客户的重要性。

五、案例分析

2017年3月22日,陈先生一行10人参加了某旅行社组织的新、马、泰十日游。根据合同约定,陈先生缴纳了每人8000元的旅游费,旅行社提供旅游目的地的交通、住宿、餐饮、基本景点门票及游览期间旅游意外保险。3月26日,陈先生在泰国乘快艇游览芭堤雅岛返回时,海面上突然刮起了狂风,风大浪急,陈先生乘坐的快艇出现事故,造成陈先生腰椎骨折。陈先生被救上岸后,该旅行社将其送往距离当地最近的曼谷某医院。由于受伤很严重,陈先生不得不终止以后的游览行程,乘飞机直接返回中国国内住院接受进一步的治疗。

回到中国后,陈先生因为行程被迫终止,还受了伤,于是向旅行社投诉,要求该旅行社退还其在旅游目的地未游览行程的所有旅游费用,并赔偿自己由此带来的精神损失费1500元。

旅行社经过认真听取陈先生的诉求,记录并调查核实后证实:事故发生后,旅行社已按有关程序对游客陈先生进行了及时的医疗救治,并妥善安排其返回国内,旅行社为此支付了签证费,境外全程交通费,前五日行程的游览、住宿、餐饮费及境外医疗费,返程机票等共计6900元。同时,旅行社退还陈先生旅游费用余额900元,还积极协助当事人索取了这次事故的相关证明材料,为游客办理意外保险索赔提供了充实的依据。最后,旅行社出具给陈先生一份书面材料和相关证明材料,其中说明了对其提出的退款和赔偿的要求不能满足的原因和对他的慰问。请问旅行社对此投诉处理得当吗?

【实操考核】

1.考核内容:处理投诉的模拟演示和维护客户的方案。

2.考核标准：

①讲解内容全面、正确，条理清晰，详略得当，重点突出。

②讲解方法运用得当，生动有感染力。

③表情自然，有亲和力，举止文明。

④回答提问准确、熟练。

3.考核方法

①各小组在网上或相关资料中找出旅游投诉案例，进行模拟演示。

②各小组通过PPT展示小组设计的维护客户的方案。（表6-4）

表6-4　处理投诉的模拟演示和维护客户的方案评分标准表

小组成员：	模拟旅行社名称：		
测试项目	评分要点	分值	得分及备注
方案完成情况（共40分）	是否有对客户进行分类分级的建档管理	10	
	是否根据客户群拟出建立社群的方案	10	
	是否有客户拜访的计划和具体实施方案	10	
	是否有组织客户活动的策划	10	
模拟演示情况（共50分）	投诉处理是否符合逻辑，具有可操作性	15	
	是否符合投诉处理的原则	10	
	是否按照投诉处理的流程进行	15	
	团队人员的分工是否恰当，角色扮演是否准确	10	
其他（共10分）	团队的配合度和完成度、成员的礼仪礼貌	10	
合计（共100分）		100	
评语：			

附 录

附录1 旅游行业相关标准和法规条例目录

旅行社人员要熟悉旅游方面的相关政策法规、标准条例等,本书受篇幅所限,仅列举一些法律法规、国家标准和行业标准的名称,相关内容可自行到官网查阅。

一、法律法规

【1】《旅行社责任保险管理办法》(国家旅游局、中国保险监督管理委员会令第35号,2010年11月25日公布)

【2】《国务院关于促进旅游业改革发展的若干意见》(国发〔2014〕31号,2014年8月9日公布)

【3】《中国公民往来台湾地区管理办法》(1991年12月17日中华人民共和国国务院令第93号公布,根据2015年6月14日《国务院关于修改〈中国公民往来台湾地区管理办法〉的决定》修订)

【4】《国务院办公厅关于进一步促进旅游投资和消费的若干意见》(国办发〔2015〕62号,2015年8月4日公布)

【5】《中华人民共和国旅游法》(2013年4月25日第十二届全国人民代表大会常务委员会第二次会议通过;2016年11月7日第十二届全国人民代表大会常务委员会第二十四次会议修正)

【6】《国务院办公厅关于进一步扩大旅游文化体育健康养老教育培训等领域消费的意见》(国办发〔2016〕85号,2016年11月28日公布)

【7】《旅游安全管理办法》(国家旅游局第41号,2016年9月27日公布)

【8】《"十三五"旅游业发展规划》(国发〔2016〕70号,2016年12月7日公布)

【9】《旅行社条例实施细则》(2009年4月2日国家旅游局令第30号公布,2016年12月12日国家旅游局令第42号修改)

【10】《中国公民出国旅游管理办法》(2002 年 5 月 27 日中华人民共和国国务院令第 354 号公布;2017 年 3 月 1 日中华人民共和国国务院令第 676 号修改)

【11】《旅行社条例》(2009 年 2 月 20 日中华人民共和国国务院令第 550 号公布;2016 年 2 月 6 日中华人民共和国国务院令第 666 号第一次修改;2017 年 3 月 1 日中华人民共和国国务院令第 676 号第二次修改)

【12】《导游管理办法》(国家旅游局第 44 号令,2017 年 11 月 1 日公布)

【13】《国务院办公厅关于促进全域旅游发展的指导意见》(国办发〔2018〕15 号,2018 年 03 月 22 日公布)

二、国家标准

【1】《世界各国和地区名称代码》(GB/T 2659—2000)

【2】《旅游景区质量等级的划分与评定》(GB/T 17775—2003)

【3】《旅游资源分类、调查与评价》(GB/T 18972—2003)

【4】《标志用公共信息图形符号第 2 部分:旅游设施与服务符号》(GB/T 10001.2—2006)

【5】《游乐园(场)安全和服务质量》(GB/T 16767—2010)

【6】《旅游汽车公司资质等级划分》(GB/T 26364—2010)

【7】《旅游度假区等级划分》(GB/T 26358—2010)

【8】《旅游餐馆设施与服务等级划分》(GB/T 26361—2010)

【9】《旅游娱乐场所基础设施管理及服务规范》(GB/T 26353—2010)

【10】《导游服务规范》(GB/T 15971—2010)

【11】《中华人民共和国行政区划代码》(GB/T 2260—2013)

【12】《内河旅游船星级的划分及评定》(GB/T 15731—2015)

【13】《旅行社等级的划分与评定》(GB/T 31380—2015)

【14】《旅行社服务通则》(GB/T 31385—2015)

【15】《旅行社出境旅游服务规范》(GB/T 31386—2015)

【16】《旅行社产品通用规范》(GB/T 32942—2016)

【17】《旅行社服务网点服务要求》(GB/T 32943—2016)

【18】《旅游业基础术语》(GB/T 16766—2017)

【19】《导游等级划分与评定》(GB/T 34313—2017)

三、行业标准

【1】《旅行社入境旅游服务规范》(LB/T 009—2011)

【2】《旅行社国内旅游服务规范》(LB/T 004—2013)

【3】《旅游目的地信息分类与描述》(LB/T 019—2013)

【4】《旅行社安全规范》(LB/T 028—2013)

【5】《旅行社产品第三方网络交易平台经营与服务要求》(LB/T 030—2014)

【6】《导游领队引导文明旅游规范》(LB/T 039—2015)

【7】《旅行社行前说明服务规范》(LB/T 040—2015)

【8】《旅行社老年旅游服务规范》(LB/T 052—2016)

【9】《旅游经营者处理投诉规范》(LB/T 063—2017)

四、合同范本

【1】《团队境内旅游合同(示范文本)》(GF 2014—2401)

【2】《团队出境旅游合同(示范文本)》(GF 2014—2402)

【3】《大陆居民赴台湾地区旅游合同(示范文本)》(GF 2014—2403)

【4】《境内旅游组团社与地接社合同(示范文本)》(GF 2014—2411)

附录2 《旅游业基础术语》

(标准号:GB/T 16766—2017,2017-09-29 公布,2018-04-01 实施)

1 范围

本标准界定了我国旅游业中的基本概念和基础术语。

本标准适用于各类旅游业的国家标准、行业标准和地方标准的编写,也可供旅游行业各相关部门在行业管理、市场营销、经营管理、教学研讨等活动中引用和参考,以及国际间的交流和参照。

2 旅游基础

2.1 旅游 travel;tour

非就业和迁徙目的离开其惯常环境(2.3),且连续不超过一年的旅行和短期居停。

2.2 旅游者 tourist

游客 visitor

离开惯常环境(2.3)旅行,时间不超过 12 个月,且不从事获取报酬活动的人。

2.2.1 过夜游客 tourist; overnight tourist

在一个旅游目的地逗留至少 24h 以上的旅游者(2.2)。

2.2.2 一日游游客 same-day visitor

在一个旅游目的地逗留不超过 24h 的旅游者(2.2)。

2.3 惯常环境 usual environment

一个人的日常工作(或学习)、居住和人际交往的环境。

2.4 旅游资源 tourist resource

对旅游者(2.2)具有吸引力,并能给旅游经营者带来效益的自然和社会事物。

2.5 旅游产品 tourist product

通过利用、开发旅游资源提供给旅游者(2.2)的旅游吸引物与服务的组合。

2.6 旅游客源地 tourist-generating region;tourist source region

具备一定人口规模和旅游消费能力,能够向旅游地提供一定数量旅游者(2.2)的地区。

2.7　旅游需求 tourism demand

一定时期内、一定条件下旅游者(2.2)愿意且能够购买旅游产品(2.5)的数量。

2.8　旅游供给 tourism supply

旅游经营是在一定时期内、一定条件下愿意并且能够向旅游市场提供旅游产品(2.5)的数量。

2.9　旅游业 tourism;tourism industry

向旅游者(2.2)提供旅游(2.1)过程中所需要的产品和服务的产业集群。

2.10　旅游目的地 tourist destination

能够吸引一定规模数量的旅游者(2.2),具有较大空间范围和较齐全接待设施的旅游地域综合体。

2.11　旅游城市 tourist city;tourist urban

具有鲜明城市文化特色,旅游业(2.9)在当地经济发展中占据较重要地位的城市。

2.12　旅游旺季 on season;high season

一年中旅游者(2.2)到访较集中的几个月份。

2.13　旅游淡季 off season;low season

一年中旅游者(2.2)到访人数较稀少的几个月份。

2.14　旅游平季 shoulder season

一年中处于旺季与淡季之间的月份。

2.15　旅游行业景气度 tourism prosperity

反映宏观旅游(2.1)经济运行和企业生产经营所处的状况和未来发展变化趋势。

2.16　旅游卫星账户 tourism satellite account

旅游附属账户

在国民经济核算体系之外,按照国民经济核算体系的概念和分类标准,将所有由于旅游(2.1)而产生的消费和产出部分分离出来进行单独核算的虚拟账户。

2.17　旅游业增加值 tourism value-added

由旅游(2.1)产业所生产的各种旅游和非旅游产品组成的总产出减去生产过程中消耗的来自各产业部门的产品(即中间消耗)。

2.18　智慧旅游 smart tourism

运用云计算、物联网、移动互联网等信息通信技术,感测、分析、整合旅游(2.1)产业活动中的各项关键信息,对企业管理、公共服务和旅游者(2.2)出游等各种需求做出的智能响应和解决方案。

2.19　旅游电子商务 tourism electronic commerce

以网络为平台运作旅游业的商务体系。

3　旅游活动

3.1　国内旅游 domestic tourism

在本国内进行的旅游(2.1)。

3.2　出境旅游 outbound tourism

前往其他国家或地区的旅游(2.1)。

3.3　入境旅游 inbound tourism

境外居民进入中国大陆境内的旅游(2.1)。

3.4　边境旅游 border tourism

由中外双方政府商定,在不自由开放、有管制的两国间边境地区进行的跨境旅游(2.1)。

3.5　团队旅游 group tour

通过旅行社和相关旅游服务中介机构,以旅游包价的形式,按照预先设定的行程进行的有组织的旅游(2.1)。

3.6　散客旅游 independent tour

由旅游者(2.2)自行安排旅游活动行程,或通过旅游中介机构办理单项委托业务,零星支付旅游费用的旅游(2.1)。

3.7　自助旅游 self-service tour

由旅游者(2.2)完全自主选择和安排,没有全程导游陪同的旅游(2.1)。

3.8　背包旅游 bag packing; backpacker travel

以尽可能少花钱并以随身背包作行囊的自助旅游(3.7)。

3.9　观光旅游 sightseeing

以欣赏自然景观、历史古迹遗址、民俗风情等为主要目的和游览内容的旅游(2.1)。

3.10　度假旅游 holiday; vacation

以度假和休闲为主要目的和内容的旅游(2.1)。

3.11　探亲旅游 visiting relatives and friend

以探亲访友为目的的旅游(2.1)。

3.12　商务旅游 business travel

职业人士在商务活动过程中进行的旅游(2.1)。

注:除了传统的商贸经营外,还包括参加行业会展、跨国公司的区域年会、调研与考察、公司间跨区域的技术交流、产品发布会,以及公司奖励旅游等。

3.13　特种旅游 special interests tourism

从事较强自主性和个性化的非常规性的旅游(2.1)。

注:一般带有一定的冒险性和竞技性,如探险、狩猎、潜水、登山、汽车拉力赛及洲际、跨国汽车旅行等,选择志同道合的人作为旅伴,其内部有共同的价值观。有的特种旅游要经过非对外开放区,因此在政策上属于需要特别审批的旅游活动,也有的将其称为专题旅游、专项旅游和特色旅游等。

3.14　修学旅游 study tour

研学旅游

以参加结合课程教学而进行的现场教学、野外实习和考察以及参观大学校园等活动。

3.15　文化旅游 cultural tourism

以观赏异国异地传统文化、追寻文化名人遗踪或参加当地举办的各种文化活动的旅游

（2.1）。

3.16　遗产旅游 heritage tourism

以遗产资源为旅游吸引物，到遗产所在地去欣赏遗产景观，体验遗产文化氛围的旅游（2.1）。

3.17　红色旅游 red tourism

以革命纪念地、纪念物及其所承载的革命精神为吸引物的旅游（2.1）。

3.18　黑色旅游 dark tourism

以曾经发生过悲剧事件或历史上著名的死亡事件为吸引物的旅游（2.1）。

3.19　工业旅游 industrial tourism

以运营中的工厂、企业、工程等为主要吸引物的旅游（2.1）。

3.20　农业旅游 agricultural tourism；farm tourism

以农村风光、各类农业（包括林业、牧业和渔业）生产活动，以及各种当地民俗节庆活动作为主要吸引物的旅游（2.1）。

3.21　科技旅游 science and technology tourism

以各类高新科技产业的生产过程和成果为吸引物的旅游（2.1）。

3.22　教育旅游 educational tourism

以学习知识、提高教养、丰富阅历为主要目的的旅游（2.1）。

3.23　宗教旅游 religious tourism

以宗教活动或体验宗教文化为目的的旅游（2.1）。

3.24　购物旅游 shopping tour

以购买名牌商品、地方土特产品和旅游纪念品等为主要目的的旅游（2.1）。

3.25　民族旅游 ethnic tourism

以体验异域风情、独特自然生态环境和少数民族文化真实性为目的的旅游（2.1）。

3.26　民俗旅游 folklore tourism

以民俗事务、民俗活动和民间节事为主要吸引物的旅游（2.1）。

3.27　节事旅游 festival and special event

事件旅游 event tourism

以地方节日、事件活动和节日庆典为主要吸引物的旅游（2.1）。

3.28　影视旅游 movie and TV induced tourism

由电影、电视和广播的传播效应而引致的旅游（2.1）。

注：包括影视拍摄地旅游、影视节事活动地旅游、影视文化演绎出的旅游等。

3.29　乡村旅游 rural tourism

以乡村自然景观、民俗和农事活动为吸引物的旅游（2.1）。

3.30　自然旅游 nature tourism

以各种地理环境或生物构成的自然景观为吸引物的旅游（2.1）。

3.30.1　森林旅游 forest tourism

以森林景观和森林生态系统为吸引物的旅游(2.1)。

注:森林是以乔木树种为主的具有一定面积、密度和郁闭度的木本植物群落。一般包括观光游览、森林浴、野营探险、狩猎采撷、观鸟赏蝶和科考科普等几大类型。

3.30.2　草原旅游 prairie tourism

利用独特的草原自然风光、气候及此环境形成的历史人文景观和特有的民俗风情为吸引物的旅游(2.1)。

注:草原是指在半干旱条件下,以旱生或半旱生草本植物为主的生态系统,一般包括观光游览、体验民俗风情、节庆活动等。

3.30.3　湿地旅游 wetland tourism

以湿地资源和湿地生态系统作为主要吸引物的旅游(2.1)。

注:湿地是指天然的或人工的、永久性的或暂时性的沼泽地,泥炭地和水域,蓄有静止或流动、淡水或咸水水体,包括低潮时的水深浅于 6 m 的水区。自然湿地一般可分为滨海湿地、河流湿地、湖泊湿地和沼泽湿地等四大类型。湿地旅游活动一般包括观光游览、观鸟垂钓和科考科普等几大类型。

3.30.4　观鸟旅游 bird watching tourism

在自然环境中借助望远镜和鸟类图鉴在不影响野生鸟类栖息的前提下,观察和观赏鸟类的旅游(2.1)。

3.30.5　山岳旅游 mountain tourism

以观赏自然山体景观、登山运动和保健养生为目的的旅游(2.1)。

3.31　温泉旅游 spa;hot spring tourism

以温泉为主要吸引物,享受、体验沐浴和水疗以及温泉文化,康体养生为目的的旅游(2.1)。

注:温泉是指水温高于 25 ℃,且不含有对人体有害物质的地下涌出热水。

3.32　海洋旅游 marine tourism

蓝色旅游

以海洋为场所,以探险、观光、娱乐、运动、疗养为主题的旅游(2.1)。

注:一般包括海滨(海岸沙滩)旅游、海上旅游、海底旅游、海岛旅游等几大类。

3.33　扶贫旅游 poverty lift tourism

以帮助旅游目的地的贫困人口摆脱生活困境或改善生存条件的旅游(2.1)。

3.34　社会旅游 social tourism;welfare tourism

以津贴或其他形式资助低收入者或无法承担旅游费用等特定群体的旅游(2.1)。

3.35　负责任的旅游 responsible tourism

对旅游目的地环境保护自觉地负起责任的旅游(2.1)。

3.35.1　可持续旅游 sustainable tourism

不对未来的相关利益方的利益造成损害的旅游(2.1)。

3.35.2 绿色旅游 green tourism

以保护环境,保护生态平衡为主要诉求的旅游(2.1)。

3.35.3 生态旅游 ecotourism

以独特的生态资源、自然景观和与之共生的人文生态为吸引物,促进旅游者(2.2)对自然、生态的理解与学习,提高对生态环境与社区发展可持续的责任感为重要内容的旅游(2.1)。

3.36 探险旅游 adventure tourism

为挑战自我,到人迹罕至、充满神秘性或环境险恶的地方,进行带有一定危险性和刺激性的考察旅游(2.1)。

3.37 无障碍旅游 barrier-free tourism

旅游者(2.2)(包括残障人士等)出游时对旅游交通、服务、投诉、旅游产品购买等通畅和便捷的感知。

4 旅游经营

4.1 旅行社业

4.1.1 旅行社 travel agency;travel service

旅游运营商 tour operator

为旅游者(2.2)提供相关旅游服务,开展国内旅游业务、入境旅游业务或出境旅游业务,并实行独立核算的企业。

4.1.2 旅游批发商 tour wholesaler

将旅游交通、旅游住宿、旅游目的地的旅行社、旅游景点等有关旅游企业的产品和服务,组合成为不同的包价旅游线路产品或包价度假产品的中间商组织。

4.1.3 旅游代理商 travel agent

旅游零售商 retailer travel agent

只销售批发商的包价旅游产品和各类单项委托服务的旅游企业。

4.1.4 在线旅行社 online travel agency

网上旅行社 travel service on the internet

利用互联网、移动电子商务等新兴技术,满足旅游者(2.2)信息查询、产品预订及服务评价的一种经营模式或企业。

4.1.5 自由行 self package tour

只向旅游者(2.2)提供飞机票(或火车票)加上饭店预订等业务的单项委托产品。

注:一般适用于出境旅游,单项委托还包括签证(签注)的送签服务。

4.1.6 领队 tour escort;tour leader

依照规定取得出境旅游领队证,接受具有出境旅游业务经营权旅行社(4.1.1)的委派,担任出境旅游团领队工作的人员。

4.1.7 导游员 tour guide

导游 tour guide

按照《导游人员管理条例》的规定,取得导游证,接受旅行社(4.1.1)委派,为旅游者(2.2)

提供向导、讲解以及相关服务的人员。

4.1.7.1　全程陪同导游员 national guide

全陪 national guide

由接待方旅行社(4.1.1)委派或聘用,负责向旅游者(2.2)提供境内全程旅游服务的导游员(4.1.7)。

4.1.7.2　地方陪同导游人员 local guide

由地方接待旅行社(4.1.1)聘用或委派,负责为在当地游览的旅游者(2.2)提供接待、当地风土人情介绍、景区讲解等相关服务的导游员(4.1.7)。

4.1.7.3　外语导游员 foreign language-speaking tour guide

以外语作为工作语言和讲解语言的导游员(4.1.7)

注:一般分英语导游员和小语种导游员,常用的小语种包括日语、朝语(韩语)、法语、德语、西班牙语、葡萄牙语、俄语、阿拉伯语、泰语和印尼语等。

4.1.7.4　中文导游员 Chinese-speaking tour guide

以中文作为工作语言和讲解语言的导游员(4.1.7)。

注:一般分普通话导游员和方言导游员,常用的方言有广东话和闽南话等。

4.2　住宿业

4.2.1　旅游饭店 tourist hotel

以提供住宿服务为主、同时还提供餐饮、购物、娱乐、度假和商务活动等多种服务的企业。

注:按地区、类别和等级不同,习惯上也被称为宾馆、酒店、旅馆、旅社、旅舍、宾舍、客舍、度假村、俱乐部、大厦、中心等。

4.2.2　绿色饭店 green hotel

以可持续发展为理念,坚持清洁生产、倡导绿色消费、保护生态环境和合理使用资源的住宿接待企业。

4.2.3　经济型饭店 budget hotel;economy hotel;economy lodging

以提供交通便捷,价格低廉和干净整洁的客房为基本服务内容的住宿接待企业。

4.2.4　度假饭店 resort hotel

为度假旅游者(2.2)提供住宿、饮食、康乐和各种交际活动场所的企业。

4.2.5　商务饭店 business hotel

为从事企业活动的商务旅行者提供住宿、饮食和商业活动及有关设施的企业。

4.2.6　主题饭店 theme hotel

以某一历史素材或特色文化为主题,从硬件(建筑、装饰、产品等有形方面)到软件(文化氛围、文化理念、服务等无形方面)都围绕某一主题来建设的住宿接待企业。

4.2.7　分时度假酒店 time-share resort

不同的旅游者(2.2)在度假地购买和拥有同一处房产(度假饭店和公寓的客房、度假别墅)的产权或使用权,每个游客拥有每年一定时段的使用权,并可通过分时度假系统交换其使用权经营模式。

4.2.8　汽车旅馆 motel；motor lodge

设在公路旁，为自驾汽车游客提供食宿等服务的企业。

4.2.9　青年旅馆 youth hostel

为自助旅游者(2.2)，特别是青年旅游者提供住宿的企业。

4.2.10　短租公寓 youth hostel

整合城市闲置住宅资源与酒店服务理念，为旅游者(2.2)等提供自助式服务的住宿产品。

注：这是一种介于旅游饭店和长租房之间的新业态。

4.2.11　民宿 home-stay

利用自用住宅空闲房间，结合当地人文、自然景观、生态、环境资源及农林渔牧生产活动，以家庭副业方式经营，为旅游者(2.2)提供的住宿场所。

4.2.12　沙发客 sofa guest

基于互联网的人际关系，异地旅游时免费住在对方家中，并在主人的引领下体验当地文化的旅游者(2.2)。

4.3　旅游景区

4.3.1　旅游景区 tourist attraction；scenic spot

以满足旅游者(2.2)出游目的为主要功能，并具备相应旅游服务设施，提供相应旅游服务的独立管理区。

4.3.2　自然景区 natural scenic area

以大自然的山川、河湖、海洋、森林、草原、荒漠等地质地貌及生物系统为景观的旅游景区(4.3.1)。

4.3.3　文化景区 cultural attraction

以人文活动、文化遗址和遗产以及当代建设成就为景观的旅游景区(4.3.1)。

4.3.4　人造景区 man made attraction

专为吸引旅游者而人工建造的旅游景区(4.3.1)。

4.3.4.1　游乐园 amusement park

具有各种乘骑设施、游艺机、餐饮供应以及综艺表演的娱乐场所。

4.3.4.2　主题乐园 theme park

主题公园 theme park

具有一个或一组主题的游乐园(4.3.4.1)

示例：迪士尼乐园、环球影城、六旗乐园等。

注：园中的乘骑、景观、表演和建筑都围绕着某个或某组主题。

4.3.5　旅游度假区 resort

具有良好的资源和环境条件，能够满足旅游者(2.2)游憩、康体、运动、益智、娱乐等休息需求的，相对完整的度假设施聚集区。

4.3.6　旅游承载力 tourism carrying capacity

满足生态环境容量、资源容量、企业经济容量、游客心理容量和社会容量条件的客流量或旅游活动强度的极限值。

4.3.7 游客中心 tourist reception center

访客中心 visitor reception center

为旅游者(2.2)提供信息、咨询、游程安排、讲解、教育、休息等旅游(2.1)设施和服务功能的专门场所。

4.3.7.1 景区导游员 on-site guide

景区讲解员 interpreter

在旅游景区(4.3.1)为参观者进行讲解的工作人员。

4.3.7.2 遗产解说 heritage interpretation

通过言简意明的文字,将遗产的内涵、性质、特征、成因、关系、意义、价值以及功能等进行解释和说明。

4.3.7.3 遗产解说系统 tourism interpretation system

在旅游景区(4.3.1)建立的由解说信息及信息传播设施并通过合理配置、有机组合形成的游览解说体系。

4.3.8 旅游纪念品 souvenir

旅游者(2.2)在旅游目的地购买的具有浓厚当地特色的土特产品或手工艺品。

4.4 特色旅游交通

4.4.1 旅游客车 tourist coach

为旅游观光而设计和装备的客车。

4.4.2 城市观光巴士 city bus

专供旅游者(2.2)在城市市区内沿途观赏市容市貌的旅游巴士的习惯称谓。

注:这种巴士一般车身图案较为鲜艳,双层敞篷,车上配有人员导游或可供选择的多语种电子导游,游客可在行车沿线各站(一般都设在旅游景点)随意上下,所购车票一日有效。

4.4.3 旅游房车 recreation vehicle

集"旅行、住宿、娱乐、烹饪、沐浴"于一体化的旅行交通工具。

注:房车内有舒适的卧室和清洁的卫生间、客厅和厨房,还配有空调、彩电、VCD、冰箱、微波炉、煤气灶、沐浴器、双人床及沙发,可供4~6人住宿,还有多套供电系统,行驶和住宿时都能全天供电。分为不带动力的拖挂式(caravan)和带动力的自行式(motorhome)两类。

4.4.4 游船 yacht;pleasure-boat

专门运送旅游者(2.2)、供旅游者欣赏沿途风光的船舶。

注:现代远洋邮轮和内河豪华游船在很大程度上已超越了传统意义上单一客运功能,成为集运输、食宿、游览、娱乐、购物等多种功能于一体的水上豪华旅游交通工具。

4.4.5 邮轮 cruise lines

海洋上的定线、定期航行的具有各类休闲娱乐场所、设施和服务的大型客运轮船。

注:现在所说的邮轮,实际上是指在海洋中航行的旅游客轮。习惯上,邮轮指的是在海洋上的大型豪华船舶。

4.4.6 观光火车 sightseeing train

以专门运送旅游者(2.2)为运营目的的特色火车

注:车厢装修豪华,车顶一般采用透光材料,便于游客观赏车外全景。

4.4.7 索道缆车 cable car

利用钢绳牵引,输送人员或货物的设备和装置的统称。

注:车辆和钢绳架空运行称架空索道;车辆和钢绳在地面沿轨道行走的称地面缆车。一般在山岳型旅游景区使用的大多是架空索道。按牵引和行进方式,索道可以分为单线式、复线式、往复式、循环式(固定抱索式、脱挂式)等多种类型。

5 旅游公共服务

5.1 基础服务

5.1.1 旅游目的地信息系统 tourist destination information system

旅游目的地建立的旅游产品(2.5)数据库、游客信息数据库、市场分析数据库和计算机预订中心等系统。

5.1.2 游客信息服务中心 tourist information center

为旅游者(2.2)和其他公众提供旅游信息和相关咨询服务的公共服务设施。

5.1.3 旅游服务热线 tourism service hotline

由旅游行政管理部门负责建设的向国内外旅游者(2.2)提供旅游信息服务、投诉及其他各类旅游(2.1)相关服务的电话平台。

5.1.4 旅游公共信息导向系统 public information tourism system

为方便旅游者(2.2)而提供的旅游交通、旅游服务设施、旅游公共服务设施等导向要素的集合。

5.1.5 旅游集散中心 hub of tourism dispatch

在交通枢纽地区,为旅游者(2.2)设置的接待设施和服务网点。

5.1.6 旅游投诉 tourist complaint

旅游者(2.2)、海外旅行商、国内旅游经营者为维护自身和客户的合法权益,对损害其合法权益的旅游经营者和有关服务单位,以书面或口头形式向旅游行政管理部门提出请求处理或要求补偿的行为。

5.1.7 游客满意度 tourist satisfaction

游客在旅游过程中,对其预期与实际体验效果之间的差异感受与评价。

5.2 旅游规划

5.2.1 旅游总体规划 tourism master planning

在较大的区域范围内,对旅游业(2.9)的远景发展做出轮廓性的描述,以及在预期的时段范围内做出全面具体的安排。

5.2.2 旅游控制性详细规划 tourism regulatory planning

在旅游总体规划(5.2.1)的指导下,为了近期建设的需要,在某一景区或某一个项目上从宏观角度提出原则性的意见,详细规定区内建设用地的各项控制指标和其他规划管理要求,为区内一切开发建设活动提供指导的技术文件。

5.2.3 旅游修建性详细规划 tourism site planning

在旅游总体规划(5.2.1)或旅游控制性详细规划(5.2.2)的基础上,对旅游区当前建设项目进一步深化和细化的操作性技术文件。

5.2.4 旅游专项规划 tourism project planning

以旅游总体规划(5.2.1)为依据,集中对具体的旅游功能单位的发展所做的详细管理规定或具体安排和项目设计。

5.3 旅游安全与救援

5.3.1 旅游警察 tourist police

以维护旅游(2.1)公共安全秩序,解决旅游者(2.2)危难为主要职能的警察。

5.3.2 旅游救援 travel assistance

由专业的救援公司为出境旅游者(2.2)提供的援助服务。

附录3 《旅行社条例》

中华人民共和国国务院令第 666 号

(2009 年 2 月 20 日中华人民共和国国务院令第 550 号公布,自 2009 年 5 月 1 日起施行。根据 2016 年 2 月 6 日中华人民共和国国务院令第 666 号公布、自公布之日起施行的《国务院关于修改部分行政法规的决定》第一次修改,根据 2017 年 3 月 1 日中华人民共和国国务院令第 676 号公布、自公布之日起施行的《国务院关于修改和废止部分行政法规的决定》第二次修改)

第一章 总则

第一条 为了加强对旅行社的管理,保障旅游者和旅行社的合法权益,维护旅游市场秩序,促进旅游业的健康发展,制定本条例。

第二条 本条例适用于中华人民共和国境内旅行社的设立及经营活动。

本条例所称旅行社,是指从事招徕、组织、接待旅游者等活动,为旅游者提供相关旅游服务,开展国内旅游业务、入境旅游业务或者出境旅游业务的企业法人。

第三条 国务院旅游行政主管部门负责全国旅行社的监督管理工作。

县级以上地方人民政府管理旅游工作的部门按照职责负责本行政区域内旅行社的监督管理工作。

县级以上各级人民政府工商、价格、商务、外汇等有关部门,应当按照职责分工,依法对旅行社进行监督管理。

第四条 旅行社在经营活动中应当遵循自愿、平等、公平、诚信的原则,提高服务质量,维护旅游者的合法权益。

第五条 旅行社行业组织应当按照章程为旅行社提供服务,发挥协调和自律作用,引导旅

行社合法、公平竞争和诚信经营。

第二章　旅行社的设立

第六条　申请经营国内旅游业务和入境旅游业务的,应当取得企业法人资格,并且注册资本不少于 30 万元。

第七条　申请经营国内旅游业务和入境旅游业务的,应当向所在地省、自治区、直辖市旅游行政管理部门或者其委托的设区的市级旅游行政管理部门提出申请,并提交符合本条例第六条规定的相关证明文件。受理申请的旅游行政管理部门应当自受理申请之日起 20 个工作日内作出许可或者不予许可的决定。予以许可的,向申请人颁发旅行社业务经营许可证;不予许可的,书面通知申请人并说明理由。

第八条　旅行社取得经营许可满两年,且未因侵害旅游者合法权益受到行政机关罚款以上处罚的,可以申请经营出境旅游业务。

第九条　申请经营出境旅游业务的,应当向国务院旅游行政主管部门或者其委托的省、自治区、直辖市旅游行政管理部门提出申请,受理申请的旅游行政管理部门应当自受理申请之日起 20 个工作日内作出许可或者不予许可的决定。予以许可的,向申请人换发旅行社业务经营许可证;不予许可的,书面通知申请人并说明理由。

第十条　旅行社设立分社的,应当向分社所在地的工商行政管理部门办理设立登记,并自设立登记之日起 3 个工作日内向分社所在地的旅游行政管理部门备案。

旅行社分社的设立不受地域限制。分社的经营范围不得超出设立分社的旅行社的经营范围。

第十一条　旅行社设立专门招徕旅游者、提供旅游咨询的服务网点(以下简称旅行社服务网点)应当依法向工商行政管理部门办理设立登记手续,并向所在地的旅游行政管理部门备案。

旅行社服务网点应当接受旅行社的统一管理,不得从事招徕、咨询以外的活动。

第十二条　旅行社变更名称、经营场所、法定代表人等登记事项或者终止经营的,应当到工商行政管理部门办理相应的变更登记或者注销登记,并在登记办理完毕之日起 10 个工作日内,向原许可的旅游行政管理部门备案,换领或者交回旅行社业务经营许可证。

第十三条　旅行社应当自取得旅行社业务经营许可证之日起 3 个工作日内,在国务院旅游行政主管部门指定的银行开设专门的质量保证金账户,存入质量保证金,或者向作出许可的旅游行政管理部门提交依法取得的担保额度不低于相应质量保证金数额的银行担保。

经营国内旅游业务和入境旅游业务的旅行社,应当存入质量保证金 20 万元;经营出境旅游业务的旅行社,应当增存质量保证金 120 万元。

质量保证金的利息属于旅行社所有。

第十四条　旅行社每设立一个经营国内旅游业务和入境旅游业务的分社,应当向其质量保证金账户增存 5 万元;每设立一个经营出境旅游业务的分社,应当向其质量保证金账户增存 30 万元。

第十五条　有下列情形之一的,旅游行政管理部门可以使用旅行社的质量保证金:

（一）旅行社违反旅游合同约定,侵害旅游者合法权益,经旅游行政管理部门查证属实的;

（二）旅行社因解散、破产或者其他原因造成旅游者预交旅游费用损失的。

第十六条　人民法院判决、裁定及其他生效法律文书认定旅行社损害旅游者合法权益,旅行社拒绝或者无力赔偿的,人民法院可以从旅行社的质量保证金账户上划拨赔偿款。

第十七条　旅行社自交纳或者补足质量保证金之日起三年内未因侵害旅游者合法权益受到行政机关罚款以上处罚的,旅游行政管理部门应当将旅行社质量保证金的交存数额降低50%,并向社会公告。旅行社可凭省、自治区、直辖市旅游行政管理部门出具的凭证减少其质量保证金。

第十八条　旅行社在旅游行政管理部门使用质量保证金赔偿旅游者的损失,或者依法减少质量保证金后,因侵害旅游者合法权益受到行政机关罚款以上处罚的,应当在收到旅游行政管理部门补交质量保证金的通知之日起5个工作日内补足质量保证金。

第十九条　旅行社不再从事旅游业务的,凭旅游行政管理部门出具的凭证,向银行取回质量保证金。

第二十条　质量保证金存缴、使用的具体管理办法由国务院旅游行政主管部门和国务院财政部门会同有关部门另行制定。

第三章　外商投资旅行社

第二十一条　外商投资旅行社适用本章规定;本章没有规定的,适用本条例其他有关规定。

前款所称外商投资旅行社,包括中外合资经营旅行社、中外合作经营旅行社和外资旅行社。

第二十二条　外商投资企业申请经营旅行社业务,应当向所在地省、自治区、直辖市旅游行政管理部门提出申请,并提交符合本条例第六条规定条件的相关证明文件。省、自治区、直辖市旅游行政管理部门应当自受理申请之日起30个工作日内审查完毕。予以许可的,颁发旅行社业务经营许可证;不予许可的,书面通知申请人并说明理由。

设立外商投资旅行社,还应当遵守有关外商投资的法律、法规。

第二十三条　外商投资旅行社不得经营中国内地居民出国旅游业务以及赴香港特别行政区、澳门特别行政区和台湾地区旅游的业务,但是国务院决定或者我国签署的自由贸易协定和内地与香港、澳门关于建立更紧密经贸关系的安排另有规定的除外。

第四章　旅行社经营

第二十四条　旅行社向旅游者提供的旅游服务信息必须真实可靠,不得作虚假宣传。

第二十五条　经营出境旅游业务的旅行社不得组织旅游者到国务院旅游行政主管部门公布的中国公民出境旅游目的地之外的国家和地区旅游。

第二十六条　旅行社为旅游者安排或者介绍的旅游活动不得含有违反有关法律、法规规定的内容。

第二十七条　旅行社不得以低于旅游成本的报价招徕旅游者。未经旅游者同意,旅行社不得在旅游合同约定之外提供其他有偿服务。

第二十八条　旅行社为旅游者提供服务,应当与旅游者签订旅游合同并载明下列事项:

(一)旅行社的名称及其经营范围、地址、联系电话和旅行社业务经营许可证编号;

(二)旅行社经办人的姓名、联系电话;

(三)签约地点和日期;

(四)旅游行程的出发地、途经地和目的地;

(五)旅游行程中交通、住宿、餐饮服务安排及其标准;

(六)旅行社统一安排的游览项目的具体内容及时间;

(七)旅游者自由活动的时间和次数;

(八)旅游者应当交纳的旅游费用及交纳方式;

(九)旅行社安排的购物次数、停留时间及购物场所的名称;

(十)需要旅游者另行付费的游览项目及价格;

(十一)解除或者变更合同的条件和提前通知的期限;

(十二)违反合同的纠纷解决机制及应当承担的责任;

(十三)旅游服务监督、投诉电话;

(十四)双方协商一致的其他内容。

第二十九条　旅行社在与旅游者签订旅游合同时,应当对旅游合同的具体内容作出真实、准确、完整的说明。

旅行社和旅游者签订的旅游合同约定不明确或者对格式条款的理解发生争议的,应当按照通常理解予以解释;对格式条款有两种以上解释的,应当作出有利于旅游者的解释;格式条款和非格式条款不一致的,应当采用非格式条款。

第三十条　旅行社组织中国内地居民出境旅游的,应当为旅游团队安排领队全程陪同。

第三十一条　旅行社为接待旅游者委派的导游人员,应当持有国家规定的导游证。

取得出境旅游业务经营许可的旅行社为组织旅游者出境旅游委派的领队,应当取得导游证,具有相应的学历、语言能力和旅游从业经历,并与委派其从事领队业务的旅行社订立劳动合同。旅行社应当将本单位领队名单报所在地设区的市级旅游行政管理部门备案。

第三十二条　旅行社聘用导游人员、领队人员应当依法签订劳动合同,并向其支付不低于当地最低工资标准的报酬。

第三十三条　旅行社及其委派的导游人员和领队人员不得有下列行为:

(一)拒绝履行旅游合同约定的义务;

(二)非因不可抗力改变旅游合同安排的行程;

(三)欺骗、胁迫旅游者购物或者参加需要另行付费的游览项目。

第三十四条　旅行社不得要求导游人员和领队人员接待不支付接待和服务费用或者支付的费用低于接待和服务成本的旅游团队,不得要求导游人员和领队人员承担接待旅游团队的相关费用。

第三十五条　旅行社违反旅游合同约定,造成旅游者合法权益受到损害的,应当采取必要的补救措施,并及时报告旅游行政管理部门。

第三十六条　旅行社需要对旅游业务作出委托的,应当委托给具有相应资质的旅行社,征得旅游者的同意,并与接受委托的旅行社就接待旅游者的事宜签订委托合同,确定接待旅游者的各项服务安排及其标准,约定双方的权利、义务。

第三十七条　旅行社将旅游业务委托给其他旅行社的,应当向接受委托的旅行社支付不低于接待和服务成本的费用;接受委托的旅行社不得接待不支付或者不足额支付接待和服务费用的旅游团队。

接受委托的旅行社违约,造成旅游者合法权益受到损害的,作出委托的旅行社应当承担相应的赔偿责任。作出委托的旅行社赔偿后,可以向接受委托的旅行社追偿。

接受委托的旅行社故意或者重大过失造成旅游者合法权益损害的,应当承担连带责任。

第三十八条　旅行社应当投保旅行社责任险。旅行社责任险的具体方案由国务院旅游行政主管部门会同国务院保险监督管理机构另行制定。

第三十九条　旅行社对可能危及旅游者人身、财产安全的事项,应当向旅游者作出真实的说明和明确的警示,并采取防止危害发生的必要措施。

发生危及旅游者人身安全的情形的,旅行社及其委派的导游人员、领队人员应当采取必要的处置措施并及时报告旅游行政管理部门;在境外发生的,还应当及时报告中华人民共和国驻该国使领馆、相关驻外机构、当地警方。

第四十条　旅游者在境外滞留不归的,旅行社委派的领队人员应当及时向旅行社和中华人民共和国驻该国使领馆、相关驻外机构报告。旅行社接到报告后应当及时向旅游行政管理部门和公安机关报告,并协助提供非法滞留者的信息。

旅行社接待入境旅游发生旅游者非法滞留我国境内的,应当及时向旅游行政管理部门、公安机关和外事部门报告,并协助提供非法滞留者的信息。

第五章　监督检查

第四十一条　旅游、工商、价格、商务、外汇等有关部门应当依法加强对旅行社的监督管理,发现违法行为,应当及时予以处理。

第四十二条　旅游、工商、价格等行政管理部门应当及时向社会公告监督检查的情况。公告的内容包括旅行社业务经营许可证的颁发、变更、吊销、注销情况,旅行社的违法经营行为以及旅行社的诚信记录、旅游者投诉信息等。

第四十三条　旅行社损害旅游者合法权益的,旅游者可以向旅游行政管理部门、工商行政管理部门、价格主管部门、商务主管部门或者外汇管理部门投诉,接到投诉的部门应当按照其职责权限及时调查处理,并将调查处理的有关情况告知旅游者。

第四十四条　旅行社及其分社应当接受旅游行政管理部门对其旅游合同、服务质量、旅游安全、财务账簿等情况的监督检查,并按照国家有关规定向旅游行政管理部门报送经营和财务信息等统计资料。

第四十五条　旅游、工商、价格、商务、外汇等有关部门工作人员不得接受旅行社的任何馈赠,不得参加由旅行社支付费用的购物活动或者游览项目,不得通过旅行社为自己、亲友或者其他个人、组织牟取私利。

第六章　法律责任

第四十六条　违反本条例的规定,有下列情形之一的,由旅游行政管理部门或者工商行政管理部门责令改正,没收违法所得,违法所得10万元以上的,并处违法所得1倍以上5倍以下的罚款;违法所得不足10万元或者没有违法所得的,并处10万元以上50万元以下的罚款:

(一)未取得相应的旅行社业务经营许可,经营国内旅游业务、入境旅游业务、出境旅游业务的;

(二)分社超出设立分社的旅行社的经营范围经营旅游业务的;

(三)旅行社服务网点从事招徕、咨询以外的旅行社业务经营活动的。

第四十七条　旅行社转让、出租、出借旅行社业务经营许可证的,由旅游行政管理部门责令停业整顿1个月至3个月,并没收违法所得;情节严重的,吊销旅行社业务经营许可证。受让或者租借旅行社业务经营许可证的,由旅游行政管理部门责令停止非法经营,没收违法所得,并处10万元以上50万元以下的罚款。

第四十八条　违反本条例的规定,旅行社未在规定期限内向其质量保证金账户存入、增存、补足质量保证金或者提交相应的银行担保的,由旅游行政管理部门责令改正;拒不改正的,吊销旅行社业务经营许可证。

第四十九条　违反本条例的规定,旅行社不投保旅行社责任险的,由旅游行政管理部门责令改正;拒不改正的,吊销旅行社业务经营许可证。

第五十条　违反本条例的规定,旅行社有下列情形之一的,由旅游行政管理部门责令改正;拒不改正的,处1万元以下的罚款:

(一)变更名称、经营场所、法定代表人等登记事项或者终止经营,未在规定期限内向原许可的旅游行政管理部门备案,换领或者交回旅行社业务经营许可证的;

(二)设立分社未在规定期限内向分社所在地旅游行政管理部门备案的;

(三)不按照国家有关规定向旅游行政管理部门报送经营和财务信息等统计资料的。

第五十一条　违反本条例的规定,外商投资旅行社经营中国内地居民出国旅游业务以及赴香港特别行政区、澳门特别行政区和台湾地区旅游业务,或者经营出境旅游业务的旅行社组织旅游者到国务院旅游行政主管部门公布的中国公民出境旅游目的地之外的国家和地区旅游的,由旅游行政管理部门责令改正,没收违法所得,违法所得10万元以上的,并处违法所得1倍以上5倍以下的罚款;违法所得不足10万元或者没有违法所得的,并处10万元以上50万元以下的罚款;情节严重的,吊销旅行社业务经营许可证。

第五十二条　违反本条例的规定,旅行社为旅游者安排或者介绍的旅游活动含有违反有关法律、法规规定的内容的,由旅游行政管理部门责令改正,没收违法所得,并处2万元以上10万元以下的罚款;情节严重的,吊销旅行社业务经营许可证。

第五十三条　违反本条例的规定,旅行社向旅游者提供的旅游服务信息含有虚假内容或者作虚假宣传的,由工商行政管理部门依法给予处罚。

违反本条例的规定,旅行社以低于旅游成本的报价招徕旅游者的,由价格主管部门依法给予处罚。

第五十四条　违反本条例的规定,旅行社未经旅游者同意在旅游合同约定之外提供其他有偿服务的,由旅游行政管理部门责令改正,处1万元以上5万元以下的罚款。

第五十五条　违反本条例的规定,旅行社有下列情形之一的,由旅游行政管理部门责令改正,处2万元以上10万元以下的罚款;情节严重的,责令停业整顿1个月至3个月:

(一)未与旅游者签订旅游合同;

(二)与旅游者签订的旅游合同未载明本条例第二十八条规定的事项;

(三)未取得旅游者同意,将旅游业务委托给其他旅行社;

(四)将旅游业务委托给不具有相应资质的旅行社;

(五)未与接受委托的旅行社就接待旅游者的事宜签订委托合同。

第五十六条　违反本条例的规定,旅行社组织中国内地居民出境旅游,不为旅游团队安排领队全程陪同的,由旅游行政管理部门责令改正,处1万元以上5万元以下的罚款;拒不改正的,责令停业整顿1个月至3个月。

第五十七条　违反本条例的规定,旅行社委派的导游人员未持有国家规定的导游证或者委派的领队人员不具备规定的领队条件的,由旅游行政管理部门责令改正,对旅行社处2万元以上10万元以下的罚款。

第五十八条　违反本条例的规定,旅行社不向其聘用的导游人员、领队人员支付报酬,或者所支付的报酬低于当地最低工资标准的,按照《中华人民共和国劳动合同法》的有关规定处理。

第五十九条　违反本条例的规定,有下列情形之一的,对旅行社,由旅游行政管理部门或者工商行政管理部门责令改正,处10万元以上50万元以下的罚款;对导游人员、领队人员,由旅游行政管理部门责令改正,处1万元以上5万元以下的罚款;情节严重的,吊销旅行社业务经营许可证、导游证:

(一)拒不履行旅游合同约定的义务的;

(二)非因不可抗力改变旅游合同安排的行程的;

(三)欺骗、胁迫旅游者购物或者参加需要另行付费的游览项目的。

第六十条　违反本条例的规定,旅行社要求导游人员和领队人员接待不支付接待和服务费用、支付的费用低于接待和服务成本的旅游团队,或者要求导游人员和领队人员承担接待旅游团队的相关费用的,由旅游行政管理部门责令改正,处2万元以上10万元以下的罚款。

第六十一条　旅行社违反旅游合同约定,造成旅游者合法权益受到损害,不采取必要的补救措施的,由旅游行政管理部门或者工商行政管理部门责令改正,处1万元以上5万元以下的罚款;情节严重的,由旅游行政管理部门吊销旅行社业务经营许可证。

第六十二条　违反本条例的规定,有下列情形之一的,由旅游行政管理部门责令改正,停业整顿1个月至3个月;情节严重的,吊销旅行社业务经营许可证:

(一)旅行社不向接受委托的旅行社支付接待和服务费用的;

(二)旅行社向接受委托的旅行社支付的费用低于接待和服务成本的;

(三)接受委托的旅行社接待不支付或者不足额支付接待和服务费用的旅游团队的。

第六十三条　违反本条例的规定,旅行社及其委派的导游人员、领队人员有下列情形之一的,由旅游行政管理部门责令改正,对旅行社处 2 万元以上 10 万元以下的罚款;对导游人员、领队人员处 4000 元以上 2 万元以下的罚款;情节严重的,责令旅行社停业整顿 1 个月至 3 个月,或者吊销旅行社业务经营许可证、导游证:

（一）发生危及旅游者人身安全的情形,未采取必要的处置措施并及时报告的;

（二）旅行社组织出境旅游的旅游者非法滞留境外,旅行社未及时报告并协助提供非法滞留者信息的;

（三）旅行社接待入境旅游的旅游者非法滞留境内,旅行社未及时报告并协助提供非法滞留者信息的。

第六十四条　因妨害国（边）境管理受到刑事处罚的,在刑罚执行完毕之日起五年内不得从事旅行社业务经营活动;旅行社被吊销旅行社业务经营许可的,其主要负责人在旅行社业务经营许可被吊销之日起五年内不得担任任何旅行社的主要负责人。

第六十五条　旅行社违反本条例的规定,损害旅游者合法权益的,应当承担相应的民事责任;构成犯罪的,依法追究刑事责任。

第六十六条　违反本条例的规定,旅游行政管理部门或者其他有关部门及其工作人员有下列情形之一的,对直接负责的主管人员和其他直接责任人员依法给予处分:

（一）发现违法行为不及时予以处理的;

（二）未及时公告对旅行社的监督检查情况的;

（三）未及时处理旅游者投诉并将调查处理的有关情况告知旅游者的;

（四）接受旅行社的馈赠的;

（五）参加由旅行社支付费用的购物活动或者游览项目的;

（六）通过旅行社为自己、亲友或者其他个人、组织牟取私利的。

第七章　附则

第六十七条　香港特别行政区、澳门特别行政区和台湾地区的投资者在内地投资设立的旅行社,参照适用本条例。

第六十八条　本条例自 2009 年 5 月 1 日起施行。1996 年 10 月 15 日国务院发布的《旅行社管理条例》同时废止。

附录4　《旅行社条例实施细则》

（2009 年 4 月 2 日国家旅游局第 4 次局长办公会议审议通过,国家旅游局令第 30 号公布,自 2009 年 5 月 3 日起施行。根据 2016 年 12 月 6 日国家旅游局第 17 次局长办公会议审议通过,2016 年 12 月 12 日国家旅游局令第 42 号公布施行的《国家旅游局关于修改〈旅行社条例实施细则〉和废止〈出境旅游领队人员管理办法〉的决定》修改）

第一章　总则

第一条　根据《旅行社条例》(以下简称《条例》),制定本实施细则。

第二条　《条例》第二条所称招徕、组织、接待旅游者提供的相关旅游服务,主要包括:

(一)安排交通服务;

(二)安排住宿服务;

(三)安排餐饮服务;

(四)安排观光游览、休闲度假等服务;

(五)导游、领队服务;

(六)旅游咨询、旅游活动设计服务。

旅行社还可以接受委托,提供下列旅游服务:

(一)接受旅游者的委托,代订交通客票、代订住宿和代办出境、入境、签证手续等;

(二)接受机关、事业单位和社会团体的委托,为其差旅、考察、会议、展览等公务活动,代办交通、住宿、餐饮、会务等事务;

(三)接受企业委托,为其各类商务活动、奖励旅游等,代办交通、住宿、餐饮、会务、观光游览、休闲度假等事务;

(四)其他旅游服务。

前款所列出境、签证手续等服务,应当由具备出境旅游业务经营权的旅行社代办。

第三条　《条例》第二条所称国内旅游业务,是指旅行社招徕、组织和接待中国内地居民在境内旅游的业务。

《条例》第二条所称入境旅游业务,是指旅行社招徕、组织、接待外国旅游者来我国旅游,香港特别行政区、澳门特别行政区旅游者来内地旅游,台湾地区居民来大陆旅游,以及招徕、组织、接待在中国内地的外国人,在内地的香港特别行政区、澳门特别行政区居民和在大陆的台湾地区居民在境内旅游的业务。

《条例》第二条所称出境旅游业务,是指旅行社招徕、组织、接待中国内地居民出国旅游,赴香港特别行政区、澳门特别行政区和台湾地区旅游,以及招徕、组织、接待在中国内地的外国人、在内地的香港特别行政区、澳门特别行政区居民和在大陆的台湾地区居民出境旅游的业务。

第四条　对旅行社及其分支机构的监督管理,县级以上旅游行政管理部门应当按照《条例》、本细则的规定和职责,实行分级管理和属地管理。

第五条　鼓励旅行社实行服务质量等级制度;鼓励旅行社向专业化、网络化、品牌化发展。

第二章　旅行社的设立与变更

第六条　旅行社的经营场所应当符合下列要求:

(一)申请者拥有产权的营业用房,或者申请者租用的、租期不少于1年的营业用房;

(二)营业用房应当满足申请者业务经营的需要。

第七条　旅行社的营业设施应当至少包括下列设施、设备:

(一)2部以上的直线固定电话;

（二）传真机、复印机；

（三）具备与旅游行政管理部门及其他旅游经营者联网条件的计算机。

第八条 申请设立旅行社，经营国内旅游业务和入境旅游业务的，应当向省、自治区、直辖市旅游行政管理部门（简称省级旅游行政管理部门，下同）提交下列文件：

（一）设立申请书。内容包括申请设立的旅行社的中英文名称及英文缩写，设立地址，企业形式、出资人、出资额和出资方式，申请人、受理申请部门的全称、申请书名称和申请的时间；

（二）法定代表人履历表及身份证明；

（三）企业章程；

（四）经营场所的证明；

（五）营业设施、设备的证明或者说明；

（六）工商行政管理部门出具的《企业法人营业执照》。

旅游行政管理部门应当根据《条例》第六条规定的最低注册资本限额要求，通过查看企业章程、在企业信用信息公示系统查询等方式，对旅行社认缴的出资额进行审查。

旅行社经营国内旅游业务和入境旅游业务的，《企业法人营业执照》的经营范围不得包括边境旅游业务、出境旅游业务；包括相关业务的，旅游行政管理部门应当告知申请人变更经营范围；申请人不予变更的，依法不予受理行政许可申请。

省级旅游行政管理部门可以委托设区的市（含州、盟，下同）级旅游行政管理部门，受理当事人的申请并作出许可或者不予许可的决定。

第九条 受理申请的旅游行政管理部门可以对申请人的经营场所、营业设施、设备进行现场检查，或者委托下级旅游行政管理部门检查。

第十条 旅行社申请出境旅游业务的，应当向国务院旅游行政主管部门提交经营旅行社业务满两年、且连续两年未因侵害旅游者合法权益受到行政机关罚款以上处罚的承诺书和经工商行政管理部门变更经营范围的《企业法人营业执照》。

旅行社取得出境旅游经营业务许可的，由国务院旅游行政主管部门换发旅行社业务经营许可证。

国务院旅游行政主管部门可以委托省级旅游行政管理部门受理旅行社经营出境旅游业务的申请，并作出许可或者不予许可的决定。

旅行社申请经营边境旅游业务的，适用《边境旅游暂行管理办法》的规定。

旅行社申请经营赴台湾地区旅游业务的，适用《大陆居民赴台湾地区旅游管理办法》的规定。

第十一条 旅行社因业务经营需要，可以向原许可的旅游行政管理部门申请核发旅行社业务经营许可证副本。

旅行社业务经营许可证及副本，由国务院旅游行政主管部门制定统一样式，国务院旅游行政主管部门和省级旅游行政管理部门分别印制。

旅行社业务经营许可证及副本损毁或者遗失的，旅行社应当向原许可的旅游行政管理部门申请换发或者补发。

申请补发旅行社业务经营许可证及副本的,旅行社应当通过本省、自治区、直辖市范围内公开发行的报刊,或者省级以上旅游行政管理部门网站,刊登损毁或者遗失作废声明。

第十二条　旅行社名称、经营场所、出资人、法定代表人等登记事项变更的,应当在办理变更登记后,持已变更的《企业法人营业执照》向原许可的旅游行政管理部门备案。

旅行社终止经营的,应当在办理注销手续后,持工商行政管理部门出具的注销文件,向原许可的旅游行政管理部门备案。

外商投资旅行社的,适用《条例》第三章的规定。未经批准,旅行社不得引进外商投资。

第十三条　国务院旅游行政主管部门指定的作为旅行社存入质量保证金的商业银行,应当提交具有下列内容的书面承诺:

(一)同意与存入质量保证金的旅行社签订符合本实施细则第十五条规定的协议;

(二)当县级以上旅游行政管理部门或者人民法院依据《条例》规定,划拨质量保证金后3个工作日内,将划拨情况及其数额,通知旅行社所在地的省级旅游行政管理部门,并提供县级以上旅游行政管理部门出具的划拨文件或者人民法院生效法律文书的复印件;

(三)非因《条例》规定的情形,出现质量保证金减少时,承担补足义务。

旅行社应当在国务院旅游行政主管部门指定银行的范围内,选择存入质量保证金的银行。

第十四条　旅行社在银行存入质量保证金的,应当设立独立账户,存期由旅行社确定,但不得少于1年。账户存期届满1个月前,旅行社应当办理续存手续或者提交银行担保。

第十五条　旅行社存入、续存、增存质量保证金后7个工作日内,应当向作出许可的旅游行政管理部门提交存入、续存、增存质量保证金的证明文件,以及旅行社与银行达成的使用质量保证金的协议。

前款协议应当包含下列内容:

(一)旅行社与银行双方同意依照《条例》规定使用质量保证金;

(二)旅行社与银行双方承诺,除依照县级以上旅游行政管理部门出具的划拨质量保证金,或者省级以上旅游行政管理部门出具的降低、退还质量保证金的文件,以及人民法院作出的认定旅行社损害旅游者合法权益的生效法律文书外,任何单位和个人不得动用质量保证金。

第十六条　旅行社符合《条例》第十七条降低质量保证金数额规定条件的,原许可的旅游行政管理部门应当根据旅行社的要求,在10个工作日内向其出具降低质量保证金数额的文件。

第十七条　旅行社按照《条例》第十八条规定补足质量保证金后7个工作日内,应当向原许可的旅游行政管理部门提交补足的证明文件。

第三章　旅行社的分支机构

第十八条　旅行社分社(简称分社,下同)及旅行社服务网点(简称服务网点,下同),不具有法人资格,以设立分社、服务网点的旅行社(简称设立社,下同)的名义从事《条例》规定的经营活动,其经营活动的责任和后果,由设立社承担。

第十九条　设立社向分社所在地工商行政管理部门办理分社设立登记后,应当持下列文件向分社所在地与工商登记同级的旅游行政管理部门备案:

（一）分社的《营业执照》；

（二）分社经理的履历表和身份证明；

（三）增存质量保证金的证明文件。

没有同级的旅游行政管理部门的，向上一级旅游行政管理部门备案。

第二十条　分社的经营场所、营业设施、设备，应当符合本实施细则第六条、第七条规定的要求。

分社的名称中应当包含设立社名称、分社所在地地名和"分社"或者"分公司"字样。

第二十一条　服务网点是指旅行社设立的，为旅行社招徕旅游者，并以旅行社的名义与旅游者签订旅游合同的门市部等机构。

设立社可以在其所在地的省、自治区、直辖市行政区划内设立服务网点；设立社在其所在地的省、自治区、直辖市行政区划外设立分社的，可以在该分社所在地设区的市的行政区划内设立服务网点。分社不得设立服务网点。

设立社不得在前款规定的区域范围外，设立服务网点。

第二十二条　服务网点应当设在方便旅游者认识和出入的公众场所。

服务网点的名称、标牌应当包括设立社名称、服务网点所在地地名等，不得含有使消费者误解为是旅行社或者分社的内容，也不得作易使消费者误解的简称。

服务网点应当在设立社的经营范围内，招徕旅游者、提供旅游咨询服务。

第二十三条　设立社向服务网点所在地工商行政管理部门办理服务网点设立登记后，应当在3个工作日内，持下列文件向服务网点所在地与工商登记同级的旅游行政管理部门备案：

（一）服务网点的《营业执照》；

（二）服务网点经理的履历表和身份证明。

没有同级的旅游行政管理部门的，向上一级旅游行政管理部门备案。

第二十四条　分社、服务网点备案后，受理备案的旅游行政管理部门应当向旅行社颁发《旅行社分社备案登记证明》或者《旅行社服务网点备案登记证明》。

第二十五条　设立社应当与分社、服务网点的员工，订立劳动合同。

设立社应当加强对分社和服务网点的管理，对分社实行统一的人事、财务、招徕、接待制度规范，对服务网点实行统一管理、统一财务、统一招徕和统一咨询服务规范。

第四章　旅行社经营规范

第二十六条　旅行社及其分社、服务网点，应当将《旅行社业务经营许可证》、《旅行社分社备案登记证明》或者《旅行社服务网点备案登记证明》，与营业执照一起，悬挂在经营场所的显要位置。

第二十七条　旅行社业务经营许可证不得转让、出租或者出借。

旅行社的下列行为属于转让、出租或者出借旅行社业务经营许可证的行为：

（一）除招徕旅游者和符合本实施细则第四十条第一款规定的接待旅游者的情形外，准许或者默许其他企业、团体或者个人，以自己的名义从事旅行社业务经营活动的；

（二）准许其他企业、团体或者个人，以部门或者个人承包、挂靠的形式经营旅行社业务的。

第二十八条　旅行社设立的办事处、代表处或者联络处等办事机构,不得从事旅行社业务经营活动。

第二十九条　旅行社以互联网形式经营旅行社业务的,除符合法律、法规规定外,其网站首页应当载明旅行社的名称、法定代表人、许可证编号和业务经营范围,以及原许可的旅游行政管理部门的投诉电话。

第三十条　《条例》第二十六条规定的旅行社不得安排的活动,主要包括:

(一)含有损害国家利益和民族尊严内容的;

(二)含有民族、种族、宗教歧视内容的;

(三)含有淫秽、赌博、涉毒内容的;

(四)其他含有违反法律、法规规定内容的。

第三十一条　旅行社为组织旅游者出境旅游委派的领队,应当具备下列条件:

(一)取得导游证;

(二)具有大专以上学历;

(三)取得相关语言水平测试等级证书或通过外语语种导游资格考试,但为赴港澳台地区旅游委派的领队除外;

(四)具有两年以上旅行社业务经营、管理或者导游等相关从业经历;

(五)与委派其从事领队业务的取得出境旅游业务经营许可的旅行社订立劳动合同。

赴台旅游领队还应当符合《大陆居民赴台湾地区旅游管理办法》规定的要求。

第三十二条　旅行社应当将本单位领队信息及变更情况,报所在地设区的市级旅游行政管理部门备案。领队备案信息包括:身份信息、导游证号、学历、语种、语言等级(外语导游)、从业经历、所在旅行社、旅行社社会保险登记证号等。

第三十三条　领队从事领队业务,应当接受与其订立劳动合同的取得出境旅游业务许可的旅行社委派,并携带导游证、佩戴导游身份标识。

第三十四条　领队应当协助旅游者办理出入境手续,协调、监督境外地接社及从业人员履行合同,维护旅游者的合法权益。

第三十五条　不具备领队条件的,不得从事领队业务。

领队不得委托他人代为提供领队服务。

第三十六条　旅行社委派的领队,应当掌握相关旅游目的地国家(地区)语言或者英语。

第三十七条　《条例》第三十四条所规定的旅行社不得要求导游人员和领队人员承担接待旅游团队的相关费用,主要包括:

(一)垫付旅游接待费用;

(二)为接待旅游团队向旅行社支付费用;

(三)其他不合理费用。

第三十八条　旅行社招徕、组织、接待旅游者,其选择的交通、住宿、餐饮、景区等企业,应当符合具有合法经营资格和接待服务能力的要求。

第三十九条　在签订旅游合同时,旅行社不得要求旅游者必须参加旅行社安排的购物活

动或者需要旅游者另行付费的旅游项目。

同一旅游团队中,旅行社不得由于下列因素,提出与其他旅游者不同的合同事项:

(一)旅游者拒绝参加旅行社安排的购物活动或者需要旅游者另行付费的旅游项目的;

(二)旅游者存在的年龄或者职业上的差异。但旅行社提供了与其他旅游者相比更多的服务,或者旅游者主动要求的除外。

第四十条　旅行社需要将在旅游目的地接待旅游者的业务作出委托的,应当按照《条例》第三十六条的规定,委托给旅游目的地的旅行社并签订委托接待合同。

旅行社对接待旅游者的业务作出委托的,应当按照《条例》第三十六条的规定,将旅游目的地接受委托的旅行社的名称、地址、联系人和联系电话,告知旅游者。

第四十一条　旅游行程开始前,当发生约定的解除旅游合同的情形时,经征得旅游者的同意,旅行社可以将旅游者推荐给其他旅行社组织、接待,并由旅游者与被推荐的旅行社签订旅游合同。

未经旅游者同意的,旅行社不得将旅游者转交给其他旅行社组织、接待。

第四十二条　旅行社及其委派的导游人员和领队人员的下列行为,属于擅自改变旅游合同安排行程:

(一)减少游览项目或者缩短游览时间的;

(二)增加或者变更旅游项目的;

(三)增加购物次数或者延长购物时间的;

(四)其他擅自改变旅游合同安排的行为。

第四十三条　在旅游行程中,当发生不可抗力、危及旅游者人身、财产安全,或者非旅行社责任造成的意外情形,旅行社不得不调整或者变更旅游合同约定的行程安排时,应当在事前向旅游者作出说明;确因客观情况无法在事前说明的,应当在事后作出说明。

第四十四条　在旅游行程中,旅游者有权拒绝参加旅行社在旅游合同之外安排的购物活动或者需要旅游者另行付费的旅游项目。

旅行社及其委派的导游人员和领队人员不得因旅游者拒绝参加旅行社安排的购物活动或者需要旅游者另行付费的旅游项目等情形,以任何借口、理由,拒绝继续履行合同、提供服务,或者以拒绝继续履行合同、提供服务相威胁。

第四十五条　旅行社及其委派的导游人员、领队人员,应当对其提供的服务可能危及旅游者人身、财物安全的事项,向旅游者作出真实的说明和明确的警示。

在旅游行程中的自由活动时间,旅游者应当选择自己能够控制风险的活动项目,并在自己能够控制风险的范围内活动。

第四十六条　为减少自然灾害等意外风险给旅游者带来的损害,旅行社在招徕、接待旅游者时,可以提示旅游者购买旅游意外保险。

鼓励旅行社依法取得保险代理资格,并接受保险公司的委托,为旅游者提供购买人身意外伤害保险的服务。

第四十七条　发生出境旅游者非法滞留境外或者入境旅游者非法滞留境内的,旅行社应当立即向所在地县级以上旅游行政管理部门、公安机关和外事部门报告。

第四十八条　在旅游行程中,旅行社及其委派的导游人员、领队人员应当提示旅游者遵守文明旅游公约和礼仪。

第四十九条　旅行社及其委派的导游人员、领队人员在经营、服务中享有下列权利:

(一)要求旅游者如实提供旅游所必需的个人信息,按时提交相关证明文件;

(二)要求旅游者遵守旅游合同约定的旅游行程安排,妥善保管随身物品;

(三)出现突发公共事件或者其他危急情形,以及旅行社因违反旅游合同约定采取补救措施时,要求旅游者配合处理防止扩大损失,以将损失降低到最低程度;

(四)拒绝旅游者提出的超出旅游合同约定的不合理要求;

(五)制止旅游者违背旅游目的地的法律、风俗习惯的言行。

第五十条　旅行社应当妥善保存《条例》规定的招徕、组织、接待旅游者的各类合同及相关文件、资料,以备县级以上旅游行政管理部门核查。

前款所称的合同及文件、资料的保存期,应当不少于两年。

旅行社不得向其他经营者或者个人,泄露旅游者因签订旅游合同提供的个人信息;超过保存期限的旅游者个人信息资料,应当妥善销毁。

第五章　监督检查

第五十一条　根据《条例》和本实施细则规定,受理旅行社申请或者备案的旅游行政管理部门,可以要求申请人或者旅行社,对申请设立旅行社、办理《条例》规定的备案时提交的证明文件、材料的原件,提供复印件并盖章确认,交由旅游行政管理部门留存。

第五十二条　县级以上旅游行政管理部门对旅行社及其分支机构实施监督检查时,可以进入其经营场所,查阅招徕、组织、接待旅游者的各类合同、相关文件、资料,以及财务账簿、交易记录和业务单据等材料,旅行社及其分支机构应当给予配合。

县级以上旅游行政管理部门对旅行社及其分支机构监督检查时,应当由两名以上持有旅游行政执法证件的执法人员进行。

不符合前款规定要求的,旅行社及其分支机构有权拒绝检查。

第五十三条　旅行社应当按年度将下列经营和财务信息等统计资料,在次年4月15日前,报送原许可的旅游行政管理部门:

(一)旅行社的基本情况,包括企业形式、出资人、员工人数、部门设置、分支机构、网络体系等;

(二)旅行社的经营情况,包括营业收入、利税等;

(三)旅行社组织接待情况,包括国内旅游、入境旅游、出境旅游的组织、接待人数等;

(四)旅行社安全、质量、信誉情况,包括投保旅行社责任保险、认证认可和奖惩等。

对前款资料中涉及旅行社商业秘密的内容,旅游行政管理部门应当予以保密。

第五十四条　《条例》第十七条、第四十二条规定的各项公告,县级以上旅游行政管理部门应当通过本部门或者上级旅游行政管理部门的政府网站向社会发布。

质量保证金存缴数额降低、旅行社业务经营许可证的颁发、变更和注销的,国务院旅游行

政主管部门或者省级旅游行政管理部门应当在作出许可决定或者备案后 20 个工作日内向社会公告。

旅行社违法经营或者被吊销旅行社业务经营许可证的,由作出行政处罚决定的旅游行政管理部门,在处罚生效后 10 个工作日内向社会公告。

旅游者对旅行社的投诉信息,由处理投诉的旅游行政管理部门每季度向社会公告。

第五十五条 因下列情形之一,给旅游者的合法权益造成损害的,旅游者有权向县级以上旅游行政管理部门投诉:

(一)旅行社违反《条例》和本实施细则规定的;

(二)旅行社提供的服务,未达到旅游合同约定的服务标准或者档次的;

(三)旅行社破产或者其他原因造成旅游者预交旅游费用损失的。

划拨旅行社质量保证金的决定,应当由旅行社或者其分社所在地处理旅游者投诉的县级以上旅游行政管理部门作出。

第五十六条 县级以上旅游行政管理部门,可以在其法定权限内,委托符合法定条件的同级旅游质监执法机构实施监督检查。

第六章 法律责任

第五十七条 违反本实施细则第十二条第三款、第二十三条、第二十六条的规定,擅自引进外商投资、设立服务网点未在规定期限内备案,或者旅行社及其分社、服务网点未悬挂旅行社业务经营许可证、备案登记证明的,由县级以上旅游行政管理部门责令改正,可以处 1 万元以下的罚款。

第五十八条 违反本实施细则第二十二条第三款、第二十八条的规定,服务网点超出设立社经营范围招徕旅游者、提供旅游咨询服务,或者旅行社的办事处、联络处、代表处等从事旅行社业务经营活动的,由县级以上旅游行政管理部门依照《条例》第四十六条的规定处罚。

第五十九条 违反本实施细则第三十五条第二款的规定,领队委托他人代为提供领队服务,由县级以上旅游行政管理部门责令改正,可以处 1 万元以下的罚款。

第六十条 违反本实施细则第三十八条的规定,旅行社为接待旅游者选择的交通、住宿、餐饮、景区等企业,不具有合法经营资格或者接待服务能力的,由县级以上旅游行政管理部门责令改正,没收违法所得,处违法所得 3 倍以下但最高不超过 3 万元的罚款,没有违法所得的,处 1 万元以下的罚款。

第六十一条 违反本实施细则第三十九条的规定,要求旅游者必须参加旅行社安排的购物活动、需要旅游者另行付费的旅游项目,或者对同一旅游团队的旅游者提出与其他旅游者不同合同事项的,由县级以上旅游行政管理部门责令改正,处 1 万元以下的罚款。

第六十二条 违反本实施细则第四十条第二款的规定,旅行社未将旅游目的地接待旅行社的情况告知旅游者的,由县级以上旅游行政管理部门依照《条例》第五十五条的规定处罚。

第六十三条 违反本实施细则第四十一条第二款的规定,旅行社未经旅游者的同意,将旅游者转交给其他旅行社组织、接待的,由县级以上旅游行政管理部门依照《条例》第五十五条的规定处罚。

第六十四条　违反本实施细则第四十四条第二款的规定,旅行社及其导游人员和领队人员拒绝继续履行合同、提供服务,或者以拒绝继续履行合同、提供服务相威胁的,由县级以上旅游行政管理部门依照《条例》第五十九条的规定处罚。

第六十五条　违反本实施细则第五十条的规定,未妥善保存各类旅游合同及相关文件、资料,保存期不够两年,或者泄露旅游者个人信息的,由县级以上旅游行政管理部门责令改正,没收违法所得,处违法所得3倍以下但最高不超过3万元的罚款;没有违法所得的,处1万元以下的罚款。

第六十六条　对旅行社作出停业整顿行政处罚的,旅行社在停业整顿期间,不得招徕旅游者、签订旅游合同;停业整顿期间,不影响已签订的旅游合同的履行。

第七章　附则

第六十七条　本实施细则由国务院旅游行政主管部门负责解释。

第六十八条　本实施细则自2009年5月3日起施行。2001年12月27日国家旅游局公布的《旅行社管理条例实施细则》同时废止。

参考文献

[1] 徐云松,左红丽.门市操作实务[M].北京:旅游教育出版社,2006.

[2] 韩勇.旅行社经营管理[M].北京:北京大学出版社,2006.

[3] 陈永发.旅行社经营管理[M].北京:高等教育出版社,2008.

[4] 郭春慧.旅行社计调实务[M].上海:复旦大学出版社,2010.

[5] 陈启跃.旅游线路设计[M].上海:上海交通大学出版社,2010.

[6] 叶娅丽,王彪.旅行社计调师[M].北京:旅游教育出版社,2011.

[7] 张红英.旅行社营销[M].上海:复旦大学出版社,2011.

[8] 周艳春.旅行社运营操作实务[M].上海:上海交通大学出版社,2011.

[9] 薛勇民.旅游服务与管理专业教学设计指导[M].北京:外语教学与研究出版社,2012.

[10] 国家旅游局综合协调司.旅行社安全管理实务[M].北京:中国旅游出版社,2012.

[11] 尚永利,米学俭,王国瑞.旅游计调师操作标准教程[M].北京:旅游教育出版社,2012.

[12] 戴士弘.职教院校整体教改[M].北京:清华大学出版社,2012.

[13] 戴士弘.高职教改课程教学设计案例集[M].北京:清华大学出版社,2012.

[14] 孔辉,曹景洲.旅游计调概论[M].北京:中国旅游出版社,2013.

[15] 陈凌凌.旅行社业务操作技能实训[M].北京:中国旅游出版社,2013.

[16] 叶娅丽,陈学春.旅行社计调实务[M].北京:北京大学出版社,2013.

[17] 马爱萍.新编旅行社管理[M].北京:北京师范大学出版社,2013.

[18] 张颖.旅行社计调业务[M].广州:广东高等教育出版社,2013.

[19] 张建融.旅行社运营实务(新编)[M].北京:中国旅游出版社,2013.

[20] 吴丽云,刘洁.旅行社经营实务[M].北京:北京大学出版社,2013.

[21] 曾燕群.旅行社计调与外联实务[M].北京:中央广播电视大学出版社,2014.

[22] 朱晔.旅行社经营与管理实务[M].西安:西安交通大学出版社,2014.

[23] 冯国群,陈波.旅行社门市接待[M].北京:旅游教育出版社,2014.

[24] 熊晓敏.旅游圣经(上)(下)[M].北京:中国旅游出版社,2014.

[25] 范贞.旅行社计调业务[M].北京:清华大学出版社,2014.

[26] 赵文明.旅行社管理工具箱[M].北京:中国铁道出版社,2015.

[27] 叶娅丽.旅行社运营与管理[M].桂林:广西师范大学出版社,2015.

[28] 梁智.旅行社运行与管理[M].6版.大连:东北财经大学出版社,2017.